国家社科基金项目“中国公民幸福指数指标体系研究（12BSH051）”资助

JUMINFUZHIZHIBIAOTIXIGOUJIANYUYINGYONG

居民福祉指标体系构建与应用

——以山东省城乡居民为例

牛千　邢占军　著

山东大学出版社
SHANDONG UNIVERSITY PRESS
·济南·

图书在版编目（CIP）数据

居民福祉指标体系构建与应用：以山东省城乡居民为例/牛千，邢占军著．—济南：山东大学出版社，2021.10

ISBN 978-7-5607-7182-3

Ⅰ.①居… Ⅱ.①牛…②邢… Ⅲ.①居民—社会福利—研究—山东 Ⅳ.①D632.1

中国版本图书馆 CIP 数据核字（2021）第 216616 号

责任编辑 李艳玲
封面设计 王秋忆

出版发行 山东大学出版社
社　　址 山东省济南市山大南路 20 号
邮政编码 250100
发行热线 (0531)88363008
经　　销 新华书店
印　　刷 济南华林彩印有限公司
规　　格 720 毫米×1000 毫米 1/16
　　　　 17 印张 299 千字
版　　次 2021 年 10 月第 1 版
印　　次 2021 年 10 月第 1 次印刷
定　　价 79.00 元

目　录

第一章
导　论

第一节　问题提出与综述

一、问题提出

根据马克思主义发展观，社会发展是以不断满足居民日益增长的生存、生活及发展需求，最终实现人类自由全面发展为目标的。经济社会发展与人类发展在目标上是有机统一的。

21 世纪第一个十年是我国发展进入追求生活质量全面提升的崭新阶段。[①] 2007 年 10 月，党的十七大报告首次明确“加快推进以改善民生为重点的社会建设”的发展战略目标，社会福利事业的推进正式进入了政策视野。从 2008 年起，各省市政府积极响应中央政策，纷纷在政府工作报告和财政预算中着力强调民生问题，努力打造地方民生型政府。在这种“大福利”格局下，各种部门通过福利设施、津贴补助、社会服务等形式全面满足民众衣、食、住、行、科、教、文、卫等方方面面的物质和精神需求，充分保障民众享有广泛参与阶层流动、投身社会建设的机会与权益。福祉水平是评价经济社会发展与人的发展是否相适应、相协调的重要指标，是居民基于现实生活状态与感受形成的积极体验，它不仅与居民生活的客观条件密切相关，而且还与居民追求美好生活的价值取向紧密联系。[②]

“十三五”规划坚持“全面共享”“全民共享”“共建共享”“渐进共享”四大

① 邢占军. 主观幸福感测量与评价研究综述 [J]. 心理科学，2005 (3)：336-338.

② 邢占军，牛千. 获得感：供需视阈下共享发展的新标杆 [J]. 理论学刊，2017 (5)：107-112.

共享发展理念，推动经济发展完成“从无到有”的数量扩张向“从有到好”的重大转变，“着力增进人民福祉”依然是“共享发展”这条主线的具体部署。习近平总书记在十九大报告中提出：“保障和改善民生要抓住人民最关心最直接最现实的利益问题……不断促进社会公平正义，形成有效的社会治理、良好的社会秩序，使人民获得感、幸福感、安全感更加充实、更有保障、更可持续。”党的十九届五中全会《中共中央关于制定国民经济和社会发展第十四个五年规划和二〇三五年远景目标的建议》（以下简称《建议》）将“民生福祉达到新水平”作为“十四五”时期我国经济社会发展的主要目标之一。

发展阶段的差异决定了我国城乡居民与西方发达国家居民的社会福祉发展现状与趋势有着显著差异，不能照搬西方体系，需要贴合我国国情进行创新。我国当前福祉事业正处于从为部分阶层群体谋福祉迈向推进全民共享福祉的新阶段。全民共享的发展性福利的对象是全体社会成员。政府作为公共利益的守护者，通过提供公共产品、制定和实施利民政策等方式，及时弥补市场机制的缺陷，以保证社会公平和公正，切实保障民众享有不同生活领域的社会资源。

当前，社会经济发展在“量”的指标上呈现出大幅增长趋势，在经历经济增速和总量“双突破”后，仅强调经济总量与增速，而忽视人民的实际享有，就会导致社会供给难以满足民众对全面改善生活质量的期待。收入分配、就业、医疗、养老、教育等问题的突显，反映出社会事业、民生状况与经济社会发展不相匹配，民众难以全面共享社会改革发展成果，导致经济“无感增长”的隐患，进而阻碍全民共享共建社会治理格局的形成与人类社会的可持续发展。

习近平总书记在十九大报告中指出，中国特色社会主义进入新时代，我国社会主要矛盾已经转化为人民日益增长的美好生活需要和不平衡不充分的发展之间的矛盾。当前经济社会发展现状需避免仅追求经济的增速而忽略民生事业的推进、有损民众的切身利益的现象。避免人口红利与福祉发展不同步的可能，防止社会经济无感的“被增长”现象出现，以防忽略阶层分化、“一刀切”地以各种平均值（如采取某地区整体财政投入、公共服务覆盖率、某项基础设施的人均供给水平等指标）来概括社会经济发展现状的现象出现。[①]

民众能够在多大程度上享有民生事业发展成果？如何切实保证社会投入有

① 邢占军，牛千．获得感：供需视阈下共享发展的新标杆［J］．理论学刊，2017（5）：107-112.

效转化为民众生存与发展所需的社会资源？社会发展的成果如何通过制度、政策与合理的资源配置途径惠利民众，使得尽可能多的民众过得好而且是越来越好？这些问题的解决途径是：各级政府将民生工作重心进一步下移，由经济增长的“物本”视角转换为重在实际享有与真实体验的“民本”立场，以促进社会发展成果的全民共享。故亟待有针对性的、及时高效的、从民众视角出发的本土化科学评估体系来度量民众切实享有的福祉，为有效提升民众福祉水平提供实证依据。

二、福祉研究综述

（一）发展性福利与福祉的含义界定

相较于救助帮扶特殊群体的小福利政策模式，大福利格局则是以全体社会成员为对象。目前，我国正处于由小福利迈向大福利的新阶段。发展性社会福利的理念正是在福利社会中通过完善的社会福利体系得以践行的。发展性福利体系应该包括一切社会化的、能给社会成员切实带来积极体验的、能够满足他们实际需求的制度性、专业化的福祉服务领域，诸如社会保险、收入保障、医疗、教育、住房、社会服务等。其宗旨是全面满足居民发展需要，从而提高居民的生活质量，公平分配国家财富从而确保社会正义，提升居民的能力，以实现健康、教育、社会参与等领域的社会发展目标。[①]

侯文若指出，社会福利状态表现为国家以及各种社会群体配备的种种公共福利设施、津贴补助、社会服务以及种种集体福利事业，使民众的物质和文化生活得以改善。[②] 郭崇德的观点是：社会福利是国家、集体和社会为保障全体公民的基本生活，提高居民的物质文化生活质量而提供的福利性物质帮助、福利性设施和社会服务。[③] 郑功成界定中国的社会福利为“国家和社会通过社会化的福利设

---

① 田凯. 关于社会福利的定义及其与社会保障关系的再探讨［J］. 上海社会科学院学术季刊，2001（1）：157-165.

② 侯文若. 现代社会保障学［M］. 北京：红旗出版社，1993：191-199.

③ 郭崇德. 社会保障学概论［M］. 北京：北京大学出版社，1992：11-18.

施和有关福利津贴，以达到社会成员生活质量不断得到改善的良好状态”①。周沛把社会福利的内涵解读为“以政府及社会为主体，以全体社会公民与社区居民为对象，以制度化与专业性为基本保证，以保障性与服务性为主要特征，以社会支持网络为主要构架，以物质资助和精神支持为主要内容，以解决社会问题为目的，旨在不断满足公民和居民的物质与精神需求，提高社会生活质量的社会政策和社会制度”②。

中国发展研究基金会早在 2009 年 2 月发布的《中国发展报告 2008/09：构建全民共享的发展型社会福利体系》中就明确指出：普适的发展性社会福利兼具普遍性、公平性、系统性、生产性四大特征。普遍性指的是所有居民平等享有社会福利，不受区域、行业、阶层等差异限制，社会福利的分配基于平权的原则。公平性指的是在发展资源的普及程度与质量水平上保证发展渠道通畅与机会公平，在相应政策安排上不因公民身份作差异化对待。系统性指的是由政府系统地实施制度化的政策，满足居民在不同民生领域的生存、生产、生活需求，涉及就业、居住、教育、健康等能给国民带来实质性的满足感、幸福感的生活、生产领域。生产性指的是更强调社会资源对于民众人力资本的投资与支持，将发展成果惠及于民，以激励公民与社会广泛的劳动生产动力，进而促进经济稳健持续增长的同时，保证公民全面共享社会资源，享有较高水平的福祉。“发展性福利体系”的内涵包含三个层次：一是突出人本关怀，强调人的全面、协调发展，把教育培养、健康维护、就业促进等“上游”发展领域纳入社会福利项目。二是强调福利体系的渐进式发展趋势，不急功近利地盲目攀比西方福利模式，而是从中国社会经济现状与发展入手，协调社会福利体系的可持续、渐进式健康发展，从根本上把“补缺型”福利体系转变为一种与经济发展相互促进的新模式。三是从发展战略上，强调社会福利支出的投资功能，促进福利项目的社会效益最大化。发展性福利政策强调对象为全体公民，服务提供者强调多元参与，而服务目标强调公民生活质量的提高和改善。党的十九届五中全会《建议》将“民生福祉达到新水平”

---

① 郑功成. 社会保障学——理念、制度、实践与思辨［M］. 北京：商务印书馆，2008：127-131.

② 周沛. 社会福利理论：福利制度、福利体制及福利体系辨析［J］. 国家行政学院学报，2014（4）：80-85.

作为“十四五”时期我国经济社会发展的主要目标之一，使人的全面发展、全体人民共同富裕取得更为明显的实质性进展。发展性福祉的内涵更为丰富而深刻。

由以上可以看出，广义的大福利，即发展性福利，有两个维度：一是具体的社会制度与政策安排；二是民众通过社会制度与政策安排形成的不断追求生活质量提升的状态，即人类生活的幸福状态或福祉（well-being）。

对于幸福或福祉，学界存在三种研究取向：第一种是心理健康取向，一般用于临床诊断个体精神状态，排查身心异常；第二种是心理发展研究取向，评估的是个体的人格健全性以及个体潜能的开发程度；第三种是生活质量提升价值取向，更贴近此处所示的“民众通过政策与制度安排来追求生活质量提升的状态”，该取向源于福利经济学的客体“效用说”。阿瑟·庇古（A. C. Pigou）认为，社会供给为的是满足民众需求并促进其生产活动，民众通过获得商品或公共供给而产生心理满足，并获得生产、生活方面的物质改善，这正是社会福利效用价值在个体层面上的现实体现。保罗·萨缪尔森（P. A. Samuelson）依据福利的价值效用推导出“体验＝刺激/需求”[①]。体验就是福利资源对个体需求的满足度，通过对接“刺激”与“需求”，进一步提升居民个体的福祉水平。

从内容上看，福祉分为主观与客观两个层面，其中主观福祉更倾向于以社会成员的评价、体验等来具体体现，而客观福祉则更多偏向于以各生活领域的政策制度、资源分配情况来具体体现。

（二）国外的福祉内容

1. 主观福祉的内容

20 世纪 50 年代中后期，国外福祉的内容从单一的“国民经济生产”逐步延展到其他生活领域，以美国为代表的西方发达国家形成了主观福祉研究学派。美国社会心理学家莱恩强调：非物质因素随着社会经济发展，对民众主观幸福感的影响力会逐渐增大。美国密歇根大学调查研究中心自 1952 年起定期构建民生主观幸福体系，内容涉及生理的（physical）、心理的（psychological）、独立水平（level of independence）、社会关系（social relationships）、环境（environment）

---

① P. A. Samuelson. The pure theory of public expenditure [J]. Review of Economics and Statistics，1954 (4)：119.

和精神（spiritual）的协调度等。

自我标定量表（SAS）是居民以自己的态度为标定，对过去、现状及未来的生活状态作出满意度等级评定。无独有偶，不丹国王吉格梅·辛格·旺楚克在1972年提出，“国民福利总值（GNH）”可以评估社会发展情况，比国内生产总值（GDP）更具效度。越来越多的学者认为社会发展状况应由民众个人的满意度评价来界定，社会发展的最终目的应该是追求高水平的主观福祉而不是客观福祉。加拿大多伦多大学健康促进中心将福祉状态描述为居民体验到的生活发展潜力，并指出生活发展潜力受个体生活机遇的影响较大。显然，该福祉评估视角侧重个体主观体验。

2011年，经济合作与发展组织（OECD）在巴黎发布“生活满意度”评价指标体系，涵盖个人对收入、就业、住房、教育、生态、卫生、社区生活与社会组织、公共安全、工作与家庭关系的满意度以及对生活条件的整体满意度。如今美国仍延续主观福祉评价这一传统模式。美国盖洛普公司与健康管理公司合作开发出国民生活福利指标，旨在围绕居民对现在生活的评价及对近期生活状态的期待、理想人生愿景，定期对美国国民进行监测，并为政府提供建议。

2. 客观福祉的内容

随着马歇尔提出公民权利理论，以公民权、民主、平等和社会团结为核心价值的社会质量发展观逐渐为社会福祉发展与居民个体权益保障提供了理论框架。此理论框架的出发点主要是消解社会发展与个体发展之间的矛盾，可见公民权对于个体生存、发展以及社会进步颇具意义。公民权被视为具有法律效力的一种社会地位的体现。布莱恩·特纳（Bryan S. Turner）指出现代公民权问题由两方面内容构成：一是成为合格社会成员的资格，二是享有社会资源的权利。[①] 公民权利由民事权利、政治权利与社会权利三部分组成。民事权利是指那些保障公民个人安全、自由必需的权利，如人身自由权等。政治权利是指居民参与并运用政治权力的权利，如政府、政党代表选举与被选举的权利。以上两类公民权落实与保障具有国家强制性，由国家整体的法律与制度体系所决定，在微观个体层面并不具备显著

① Bryan S. Turner. Contemporary problems in the theory of citizenship [J]. Citizenship and Social Theory, 1993, 112 (2): 109.

的个体差异性。公民权中的第三项即公民的社会权利，指社会成员自主、平等地享有社会资源与福利、获得生存与发展的权利，如获得劳动收入、工作机会、居住安全、教育、卫生、社会网络等方面的权利。阿玛蒂亚·森（Amartya Sen）认为，个体之所以会产生社会阶级、社会地位、生活质量的分化，主要根源在于社会权利的行使程度不同。社会成员通过行使社会权获得社会资源这一过程既与个人奋斗相关，还受政府给付、府际合作形态、社会价值取向、社会政策与制度环境影响。

北欧国家则率先形成探讨客观福祉内容的研究模式，比如从客观角度分析民生福利在经济领域的具体体现，并相应产生了经济福利指标（IEWB）、实际进步指标（GPI）、消费信心指标（CCI）、标准欧洲晴雨表调查指标（Euro-barmeter）、幸福生命预期指标（HLE）、国际生活指标（International Living Index）、社会健康指标（Index of Social Health）、社会进步指标（Index of Social Progress）、基本和高级民生水平与国民幸福指标（Basic and Advanced QOL Indices）、民生水平与国民幸福综合指标（Comprehensive Quality of Life Scale）、荷兰生活条件指标（Netherlands Living Conditions Index）等。其中极具典型性的是荷兰生活条件指标。该指标包含了居民的住房、健康、社会文化娱乐活动、社会参与、运动、假期活动、耐用品的消费和出行信息等八个方面。其中的核心指标为生活境况，此外还有社会资源与个人特征、公共服务、生态与社会环境、主观幸福感等维度。该指标体系用于综合评价荷兰的社会福祉发展水平，监控社会风险，及时把握社会福利事业发展脉搏。1982 年，经济合作与发展组织把社会质量界定为包含 15 个客观生活领域的指标体系，包括寿命、健康、教育设施、学习、就业机会、工作条件、时间利用、收入、财产、住房条件、服务便利程度、环境污染、社会归属等。

客观指标体系除了常被用于评估社会发展、政策效应以外，还会关注特定群体的生活质量水平与福祉发展程度的差异。英国审计署发布的民生指标体系包含社会安全稳定、经济状况、政治参与、健康医疗、教育、自然环境、交通、文化休闲、社会凝聚等维度。

20 世纪 90 年代后，学界更多的是将主、客观福祉内容相结合来综合描述民众福祉状态。在主、客观福祉整合评价领域的典型案例是联合国开发计划署（UNDP）在《1990 年人文发展报告》中发布的人类发展指标（HDI），将人均

GDP、教育、健康指标均纳入指标体系中。1991—1992年，日内瓦系列会议在世界卫生组织（WHO）的指导下确立了包含个人的生理健康、心理状态、独立水平、社会关系、个人信仰以及与环境有关的综合评价指标体系。另外，还有瑞士社会质量指标体系、澳大利亚幸福指标体系、加拿大幸福指标体系、意大利民生指标体系等。其中指标内涵较为丰富的是意大利民生指标体系，该指标体系采用等权重赋权法，将社会民生指标体系划分为市政、公共服务、居住状况、安全等维度。

（三）国内的福祉内容

1. 主观福祉的内容

我国政策研究与理论学界对生活质量与福祉水平的关注起始于20世纪80年代初。国内学者与美国社会学家林南教授进行合作研究，将西方社会尤其是美国对生活状况的主观评价和生活满意度的评价视角引入国内。至此，国内对福祉研究逐渐形成主、客观并存的研究视角和方向。

主观福祉内容最早是围绕居民满意度展开的。主观福祉研究的快速发展是在2005年之后，以“幸福指数”为题名的评价研究开始出现。① 邢占军提出：主观幸福感是由居民享有的客观物质条件以及个体需求、价值取向等因素共同作用而产生的对生存与发展境况的一种积极的心理体验与评价。② 邢教授立足于社会发展现实需求与我国的人文环境，基于大量实证调查，提出了由十个次级指标构成的居民幸福指标体系，分别是知足充裕体验指标、心理健康体验指标、成长发展体验指标、社会信心体验指标、目标价值体验指标、自我接受体验指标、人际适应体验指标、身体健康体验指标、心态平衡体验指标、家庭氛围体验指标，并在反复的抽样调查中取得了理想的构想效度与可靠信度。

2. 客观福祉的内容

国内对于客观福祉内容的构建始于1983年6月诞生的《社会统计指标体系（草案）》，该体系共含13个大类、73个中类、1100多个基础指标。这13个大类

① 李桢业. 城市居民幸福指数的省际差异——沿海地区12省（区、市）城市居民统计数据的实证分析［J］. 社会科学研究，2008（3）：41-48.

② 邢占军. 幸福指数的指标体系构建与追踪研究［J］. 数据，2006（8）：10-12.

是：自然环境、家庭状况、劳动、居民收入及消费、劳动保险与社会福利、住房与生活服务、教育与培训、科学研究、卫生与环境保护、文化与体育、生活时间分配、社会秩序与安全、政治活动和社会参与。20 世纪 90 年代有研究者尝试对主、客观指标加以整合。①

在福祉指标涉及的领域、指标维度与层次方面，国内研究并没有统一明确的界定，不同视角下、不同内容范畴下的指标构建研究之间缺乏可比性。如赵彦云、李静萍认为：福祉指标包括就业、收入水平、收入分配、贫困、消费、健康、教育、环境和城市化等维度在内的 34 个基础指标。② 上海市城市社会经济调查队课题组提出包含教育、居住、社会保障三大维度的客观福祉指标。③ 纪竹荪所构建的社会生活指标体系包括社会活动参与度、对社会发展的信心、犯罪率、对社会治安状况的满意度等指标，从不同层面测量与评价了社会福利状况。④ 彭念一、李丽认为：福祉同时包含了经济内涵和非经济要素两大层面，如教育、贫困等，因此他们构建了包括收入状况、教育状况、社会安全、社会服务等八个方面的评估体系。⑤ 范柏乃认为：福祉是一个评价居民生活水平与社会发展状况的重要指标，既要反映居民经济和社会生活的现实水平，同时又要体现居民的心理满足程度与对社会发展的评价。因此，他认为民生评价指标应该立足于居民的生活形态，从经济学、社会学和心理学三个层面来构建；整个指标体系既包括客观指标也包括主观指标，客观指标应当包括教育、健康、社会保障，侧重于社会进步层面上的表征与评估。⑥ 李正龙构建了收入类、消费类、居住条件与生活环境

---

① 卢淑华，韦鲁英．生活质量主、客观指标作用机制研究［J］．中国社会科学，1992（1）：121-136.

② 赵彦云，李静萍．中国生活质量评价、分析和预测［J］．管理世界，2006（3）：32-40.

③ 上海市城市社会经济调查队课题组．城市居民生活质量评价指标体系的构建［J］．上海统计，2002（12）：18.

④ 纪竹荪．我国国民生活质量统计指标体系的构建［J］．统计信息与论坛，2003（4）：16-17.

⑤ 彭念一，李丽．我国居民生活质量评价指标与综合评价研究［J］．湖南大学学报（社会科学版），2003（5）：22.

⑥ 范柏乃．我国城市居民生活质量评价体系的构建与实际测度［J］．浙江大学学报（人文社会科学版），2006（4）：122.

类、医疗条件类、工作机会与社会保障类五大指标体系。① “全面建设小康社会统计监测课题组”构建了社会保障与社会安全指标，其中城乡基本养老保障覆盖率和基本医疗保险覆盖率共同构成基本社会保险覆盖率，可在一定程度上反映社会保障发展现状。社会安全指标则侧重评价社会不安定因素与社会秩序、稳定性。② 王国新的生活品质评价指标体系是以居住者需求为切入点，多维度综合评价居民的社会福利态度，具体维度包括区域经济、社会、政治、文化及环境综合发展效果。③ 周长城曾经以澳门为例，构建了包括物质福利、社会保障、教育水平、居住质量、社会公正等在内的指标体系。④ 周长城还从教育公平、住房保障、社会安全、社会保障绩效等角度进行政策分析与福祉水平评估。彭念一、李丽认为，民众追求高水平的生活质量就是追求经济、文化水平的提升，经济因素主要包括居民收入与支出等，而人文要素主要涵盖居民教育水平、社会安全、社会服务、城市环境等等。其运用这一指标体系对社会福祉的各个维度进行地区间、省际以及总体的比较，得到了比较理想的统计结果。⑤

（四）生活质量提升取向下的居民福祉测量与评价研究的元分析

利用中国知网和优秀学位论文库，搜集 2008—2020 年符合生活质量提升取向下的居民福祉测量与评价这一研究主题的文献，从研究发展阶段、测评内容、指标分布、研究方法与测评对象等方面进行文献元分析，探讨目前国内福祉研究的现状并把握未来走向。

1. 研究阶段

从文献数量上看，国内以“福祉”为主题的研究基本上可分为两个阶段：第

---

① 李正龙．居民生活质量的统计分析与综合评价［J］．安徽大学学报（哲学社会科学版），2008（1）：102-107.

② 全面建设小康社会统计监测课题组．2007 年中国全面建设小康社会进程统计监测报告［J］．统计研究，2009（1）：5-9.

③ 王国新．城市生活品质客观评价指标体系构建与运用——基于杭州和南京的比较研究［J］．经济地理，2009（9）：1484.

④ 周长城，刘红霞．生活质量指标构建及其前沿述评［J］．山东社会科学，2011（1）：26-29.

⑤ 彭念一、李丽．我国居民生活质量评价指标与综合评价研究［J］．湖南大学学报（社会科学版），2003（5）：22.

一阶段是2008—2015年，为快速增长时期；第二阶段是2015—2020年，为逐渐稳定并愈渐降低时期。

国内以“福祉”为主题的研究中，除了学位论文外，由基金支持的论文占总发表期刊论文数的65.1%。被资助的项目中，资金主要来源于国家社会科学基金、跨世纪优秀人才培养计划、国家科技支撑计划、全国教育科学规划、国家自然科学基金等。

2. 测评内容

随着社会的发展，福祉测评类研究的评价内容从经济基础、健康状况等生活领域逐渐扩展到职业状况、社会环境、文化氛围等。

3. 指标分布

不同福祉内容在次级指标的划分上差别较大。从总体看，出现次数最多的次级指标是经济水平，占比76.32%，其次是社会环境、医疗健康和家庭，分别为36.84%、31.58%和23.68%。而精神、职业、政治、文化、文明等指标使用频率较低。

同时，次级指标由经济领域逐步转移到非经济要素上来，指标体系逐步走向多领域有机结合而成的层次系统。

4. 研究方法与测评对象

福祉测评类研究方法主要包括层次分析法（23.68%）、德尔菲法（5.26%）和因子分析法（7.89%）。

福祉测评类研究调查对象涵盖很广，有以城市居民或农村居民为调查对象的研究，有以城市整体为调查对象的研究，有对国家整体社会质量进行内容评估的研究，还有针对不同行业从业者构建指标体系的研究。

（五）总结

生活质量提升取向下的居民福祉测量与评价研究，从反映的内容上可区分为主观和客观两大部分。从具体的指标体系构建角度来看，反映外化的事实现象、行为或数量特征的指标被称为客观指标，而测量与评价内容为人的主观认识的、反映情绪体验与情感状态的则为主观指标。

其中，主观指标可以分为“内指评价”“外指评价”。内指评价是指个体的决策风格、认知方式等内隐的、稳定的、反映个体主观情感状态与认知的观念，如中国居民主观幸福感量表（SWBS），就是基于体验论与社会调查构建得来的倾向于反映个体主观体验的内指性观念指标。而外指评价则指的是个体以一定社会文化背景作参照，对外在社会现象进行描述与评价时产生的感受、态度立场或者情感状态等，充分体现了个体对外在对象的认知内容与深度。[①]

生活质量提升取向下的居民福祉测评研究中的测量单位分为宏观社会、微观个体两类。以宏观社会为单位的指标关注的是社会发展的整体趋势与水平，诸如社会政策背景、组织发展与经济生产发展程度等。这类宏观社会指标通常以“人均”“比率”等来反映，往往为政府部门和统计学、经济学等学科所采用。而注重微观的、以个人为单位的微观指标关注个体对生活状况的感知或不同生活领域资源的利用程度，会以个体的行为强度、态度反馈等来反映。

在福祉指标体系测量与评价实施阶段，可通过社会输入型指标和社会输出型指标进行不同角度的福祉评价。社会输入型指标侧重测评国家为居民生存、生活质量提高的制度保证与客观资源的投入阶段，是政策过程的前端指标；由于居民真实主观体验与后期的社会收益不能确定，因而它也被称为“预期的福祉水平”。而输出型指标体系的构建逻辑是以现实经验为参照，对应构建不同生活领域、范畴、各个层次的量化指标，强调的是社会资源在民生改善上的实际效果。福祉发展水平高，即输入好、输出好；福祉发展不协调，即输入好、输出差；福祉被剥夺，即输入、输出均较差。其中“被剥夺”状态包括纵向相对剥夺与横向相对剥夺。纵向相对剥夺是以个人历史经验为参照；横向相对剥夺主要指的是个体与同时期或同情境下的其他参照阶层比较时产生的心态不平衡或者不公平感，社会输入的不均等、不公平是背后的重要因素。只有民众真真切切地享有社会经济持续增长所带来的社会资源，才能够体验到经济的“有感发展”。所以，从社会福祉输出的角度去评估民众的实际享有才是度量福祉的关键。

我国“十三五”规划纲要与党的十九大报告明确指出，“增进民生福祉是发

① 卢淑华，韦鲁英．生活质量主、客观指标作用机制研究［J］．中国社会科学，1992（1）：121-136；罗萍，姜星莉．试论生活质量评估的客观指标、主观指标及主、客观指标辐合趋势［J］．市场与人口分析，2002（2）：50-56.

展的根本目的”，打通社会资源分配过程中的壁垒，全面提升社会各阶层的生活满意度，消除基本福祉分配过程中的城乡区隔、地区分割、行业间的差别，化解历史矛盾，防止产生新的利益不平衡。这不仅是保障社会财富分配公平正义之所在，更是实现全面共享社会发展成果的有效途径。

综述已有的福祉测评研究发现：(1) 现有研究对“福祉”的理论概念与测评内涵没有统一明确的界定。(2) 缺乏对福祉测评的不同研究价值取向、不同类别测评指标的辨析。(3) 已有研究中存在同一套福祉指标体系涵盖不同取向测评指标的现象。从数据分析角度对指标进行聚合加权时将性质上无法比较的指标杂糅，会大大降低指标体系的结构效度。(4) 现有的福祉测评调查对象多集中于某一个特殊的群体，欠缺具有城乡普适性、可推广价值的福祉评价工具。(5) 尚缺乏探讨主、客观福祉关系的实证研究。虽詹天庠、陈义平提出过生活质量测评领域主、客观指标整合的理念，但并没有研究给出明确的操作化机制。(6) 通过分析现有实证类研究的研究机制和方法发现，目前指标构建存在学术研究与现实公共管理、社会政策实际情境相脱节的隐忧，缺乏与政策制定、执行、监督相关的一手数据资料作为指标设计的依据，故指标体系的应用价值有待检验。

第二节 研究目的与意义

一、研究目的

本书以马克思主义经典作家关于人的自由全面发展理论为依据和指导，借鉴国内外对于福祉的评价研究，充分考虑本国文化背景和发展的阶段性特征，综合运用心理学、社会学、经济学等学科的理论与方法，以生活质量提升意义为取向，界定“福祉”为民众共享社会资源、不断追求生活质量提升的状态，从居民个体的视角出发，对我国福祉指标体系进行构建，为量化居民在不同生活领域中对于社会资源的实际享有程度以及由此产生的认知体验构建一套居民主、客观福祉评估工具。其中，客观福祉旨在量化居民在各生活领域中对社会资源的实际享有，主观福祉主要量化城乡居民对社会资源的实际享有的主观评价与体验。

以山东省城乡居民为例，在检验指标体系可靠性与有效性的同时，通过各领域的客观福祉“变异”有效预测及解释各主观福祉的“变异”，量化主、客观福祉间关系，同时围绕不同人群的主、客观福祉指标特点，为提升不同生活领域居民的资源享有，促进主、客观福祉相互协调发展，为探索福祉提升机制提供实证依据。本书从民众感知获得的视角回顾“十三五”时期不同领域民生福祉所取得的成效，在充分梳理和分析现存问题的基础上对“十四五”时期民生建设进行展望。

二、研究意义

（一）学理意义

通过梳理文献，在厘定发展性福利两大维度、辨析“福祉”三大研究取向的基础上，丰富“福祉”的理论内涵。本书将“福祉”界定为：在生活质量提升的价值取向下，民众通过共享社会资源追求生活质量不断提升的状态。

借鉴国内外先进的指标结构模式，查漏补缺，立足于输出型指标范畴，完善福祉指标体系中的指标层次划分与理论模型构建，提高了指标体系的科学性、结构性、完备性。辨析反映福祉水平的主观与客观指标、输入型与输出型指标、宏观指标与微观指标、内指性指标与外指性指标。从居民实际生产、生活领域切入，构建了包含内指性指标与外指性指标的主观福祉指标体系，以及反映居民个体对社会资源实际享有的客观福祉指标体系，丰富了“福祉”的操作性定义与测评内涵。

（二）现实意义

经济繁荣不是为了提高产值，而是增加居民福祉，即社会发展是以切实提升民众生活质量、为民谋福祉为导向的。城乡居民社会资源的实际享有及对此的评价与体验是评价社会发展成效的标准之一，是优化各项社会资源配置的有力依据。

各民生领域社会资源的投入与配置以及民众实际享有的社会资源间可能存在落差，这是因为社会成员并非单一的、原子化的、均质的，而是具有主体认知能力以及多元化诉求的不同个体。而不同生活领域的社会资源并非铁板一块，因而评估与提升民众社会资源享有程度就不能采取“一刀切”模式。相应的，如何精准适配不同特征“分众”的需求就值得学界与政策实务界去关注。如何在发展中保障和改善民生，以使不同群体的获得感、幸福感、安全感都能够更加充实、更有保障、更可持续？来自城乡居民的调查数据可以为评估、提升各项福祉提供实证依据。

“十三五”规划纲要及党的十九大报告提出切实保障民众广泛享有社会福祉，“十四五”时期我国经济社会发展的重要目标更是实现“民生福祉达到新水平”，这就更需要充分了解民众最关心最直接最现实的利益问题，充分探讨民生福祉提升的影响因素，以满足民众长远发展的现实需要，不断实现人民对美好生活的向往。十九届四中全会《中共中央关于坚持和完善中国特色社会主义制度、推进国家治理体系和治理能力现代化若干重大问题的决定》中，民生福祉方面的表述屡次涉及“重点群体支持体系”的内容，诸如完善重点群体就业支持体系、帮助重点群体顺利参与社会保险、健全重点群体的帮扶制度等。本书不仅为评估居民层面的福祉水平提供了工具，还通过应用该福祉指标体系，甄别出各福祉领域需特别关注、存在迫切需求的重点群体，提炼出影响不同领域民生福祉水平的关键政策、资源供给因素，对不同居民群体在各领域社会资源上的享有进行多重比较，为有针对性地推进社会事业与福利政策落地积累了实证依据。

第三节　研究方法

一、内容分析法

对国内外已有研究现状进行述评，在归纳总结前人已有研究成果的基础上发现其中的不足及有待提高的地方，为本书研究寻找突破口，同时借鉴已有研究成果中相关的经验启示，为本书写作提供理论参考。梳理国内外学术研究、政策文件、新闻报道、会议公报、统计年鉴等资料，通过 Nvivo 10.0、Tagxedo 等软件分类、归纳、分析福祉指标的发展脉络、指标层次与内容、范畴等，以便完成指标体系的理论构建。

二、问卷调查法

在构建与应用指标体系阶段，均采用编制问卷与调查研究法，并利用题总相关鉴别力分析、相关性分析、层次分析、主成分分析、多维耦合分析等分析技术进行指标筛查、体系构建；对各福祉指标在人口学特征上的分布进行描述统计，对于典型指标在人口学特征上的显著差异进行分析讨论，探讨主、客观指标间的关系。

三、访谈法

采用深度访谈方法搜集资料和素材。在指标体系构建过程中对专家、典型居民进行个案访谈；在问卷调查过程中对施测对象进行访谈，结合来自不同调查对象的访谈内容，围绕福祉提升机制进行思考。

第四节　研究创新与局限

一、研究创新

通过理论构建、探索性构建与实证构建多个阶段，构建居民福祉测评工具。采用调查数据与理论概念双驱动的方式，经历了指标体系理论构建、探索性构建与实证构建多个阶段，创新性地提高了指标的完备性。将自上而下的理论概念界定与自下而上的一手数据分析归纳两种技术机制在研究中融合。从现实环境出发，先对能够反映居民生产、生活领域福祉水平的要素进行初步的了解和考察，通过文本分析与质性访谈，归纳概括得出备选指标，为以后深入研究提供基础和方向，以克服指标构建的盲目性，提高指标设计阶段的完备性。而后再分阶段进行问卷调查的预测与山东省范围内的正式施测与实证分析，对指标体系的信效度进行检验；将客观指标体系中的总指标、一级指标、二级指标等设为因变量，将下一层中各指标作为相应上层指标的自变量，进行多变量线性回归，以明确不同层次客观指标间的关系，提高指标体系的构想效度，完善居民主、客观福祉指标体系的结构层次。

本书最终构建出的居民福祉指标体系包含 64 个客观基础指标、38 个主观基础指标（18 个外指指标、20 个内指指标）。客观福祉指标量化的是居民在健康、劳动、人居环境、文化、社会保障、社会网络参与六大领域的社会资源实际享有程度，客观福祉指标由健康福祉、劳动福祉、人居环境福祉、文化福祉、社会保障福祉、社会网络参与福祉六大次级指标拟合而成。主观福祉量化的是居民对各生活领域社会资源的实际享有的外指性主观评价以及内指性主观体验。主观福祉指标是由满意度、需求满足感、改善感外指性指标与主观幸福感体验内指性指标拟合而成。福祉指标体系经过测量学特性检验具有良好的信效度。

本书创新性地探讨了客观福祉与内指性、外指性主观福祉间的关系，丰富了福祉测评指标类别。为了丰富福祉指标体系的指标类别与测量内容，进一步提高主观指标对于客观生活领域的指向性，在各生产生活领域加入个人对各生活领域资源享有的改善感、需求满足感与满意度三类外指评价指标。“改善感”主要来量化民众是否能够切实感受到各生活领域福祉的优化与提升；“需求满足感”则是以民众个体的需求与期待为参照，来测量与评价客观生活领域社会资源对个体需求的满足程度；“满意度”则是评估个体对各生活领域社会资源享有的满意度水平。三大外指性指标与内指性主观福祉——“主观幸福感体验”共同拟合成为主观福祉指标。

同时，本书在主、客观福祉整合视角下，探索出居民福祉提升机制（见图 1-1），并基于各福祉指标在人口学特征上的显著差异，为提升居民在不同生活领域的资源享有程度，促进主、客观福祉的协调发展进行分析。具体分析遵循如下四点：

第一，进行山东省内抽样调查，统计不同地市受调查居民就业情况、受教育程度、住宅地、子女数、性别、年龄、婚姻状况。通过方差分析，进一步分解不同人口学特征下居民的福祉指标变异来源。在各生活领域里，找到导致不同群体间福祉差异的核心指标。

第二，基于典型基础指标，分析不同人口学特征下居民群体的显著差异。在各生活领域里，找到典型指标上与其他群体在福祉享有上显著缺失的居民群体。

第三，通过客观福祉建立对主观福祉的回归模型，量化客观福祉对不同主观福祉的预测解释量；找到哪些客观指标会密切影响主观幸福感体验，哪些客观指标会显著作用于不同生活领域的居民满意感、改善感、需求满足感。

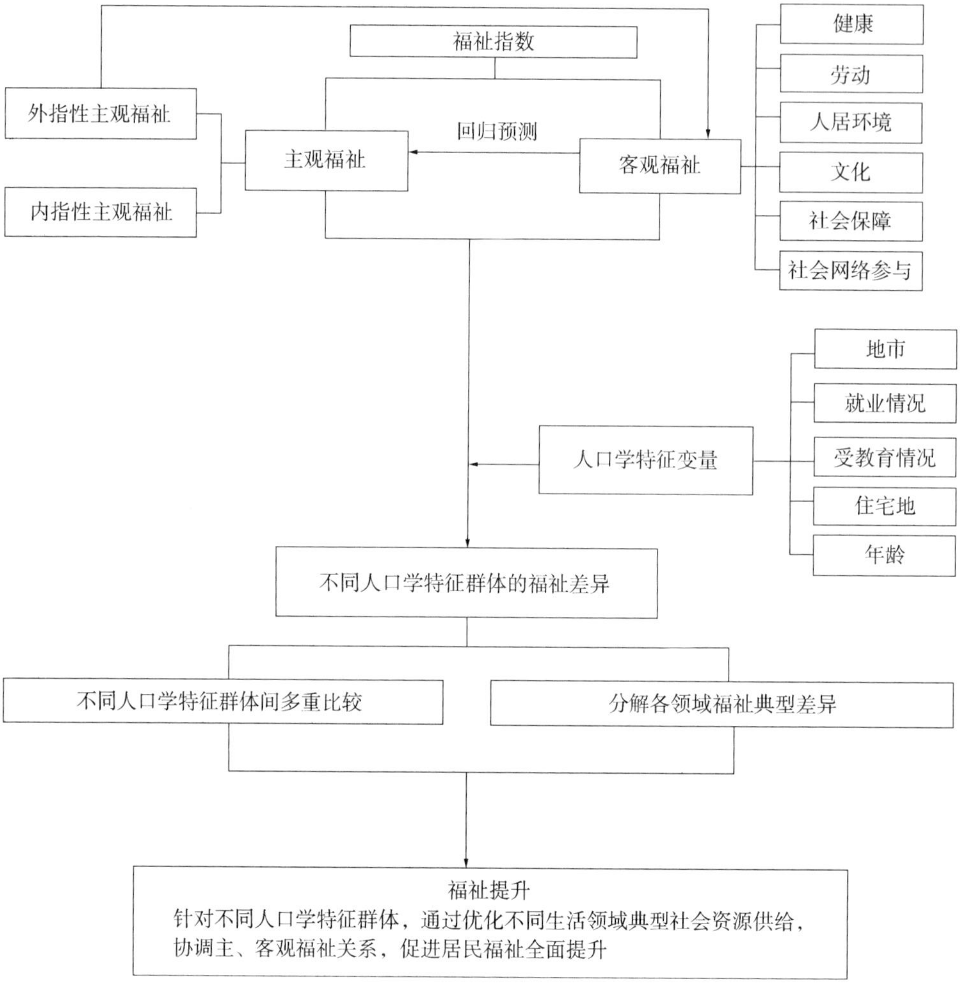

图 1-1　主、客观福祉整合视角下福祉提升分析框架

第四，围绕各人口学特征变量、客观福祉指标、主观福祉指标间回归解释关系进行研究，分析主、客观福祉关系是否受不同人口学特征变量的影响。

二、研究局限

第一，为保持福祉的可持续发展，应避免同一时期集中对单一领域的过度投入所引发的透支及“踩踏”效应。健康和谐的社会环境要以开放的胸怀接纳所有社会成员，为其自由、全面发展提供公平的机会与恰当的资源。不同个体所处的区域环境、文化背景、社会发展程度的不同，以及改革中出现的贫富差距、地域差距、行业差距等非均衡状况都可能造成相对剥夺感，阻碍共享发展目标的达成。因此，描述与衡量福祉水平绝不能搞“一刀切”。由于社会成员存在差异，所以在福祉提升方面要做到补短板、惠民生，统筹区域协调发展；既要考虑社会发展的整体诉求，又要考虑到个体特征及区域差异，保障民众不因身份、年龄、性别、职业、社会地位等差别影响其参与社会生产生活、享有社会发展成果的权利。福祉提升过程中要调整供给结构以精准适配不同民众，充分尊重个体差异，实现社会经济发展与福祉进步的“空间正义”。从城乡角度看，农村是短板；从区域分布看，西部地区是短板；从群体角度看，失能、穷困、孤独、病患者则是短板。这些在社会资源获取方面存在困难的居民群体迫切需要社会补偿机制来获得生产、生活的机会。政府应在科、教、文、卫等影响居民个人发展机会与创新能力培养的社会软环境上投入更多关注。所以，福祉提升过程中应打通社会流动渠道，维护公正的社会秩序，让每个人都能够通过公平竞争实现自我发展，尽可能地避免资源的单一聚集所引发的“虹吸式”失衡。

第二，在以改善民生为重点的社会建设中，主、客观福祉之间的关系是一个动态探索与实践的过程。客观福祉的增加并不一定能带来主观福祉的线性增长，不同物质条件对人们积极体验与评价的作用也不同。本书针对提升居民福祉的建议，并没有进行专门的政策效应检验，这是本书的局限之一；需在今后的研究中检验政策建议部分的可行性、有效性，并通过与现有政策相比较，审视各项相关政策的正、负面效应和完备性。

第三，各个生活领域的居民福祉都可以作为一个单独的研究领域进行深入探索。研究“福祉”内容包含什么，这本身不仅是现实导向的研究选题，更是具有哲学意味的问题。本书把关注点放在了居民对不同社会资源的享有情况以及不同生活领域的公共政策对居民福祉的优化提升作用上。但需要清晰地意识到，提升福祉的因素中一定包含了超出公共管理与社会政策边界的众多其他要素，也会随社会、经济发展而有所变化。这是本书的第二个局限。对于居民福祉的测评，无论是理论还是方法，都有待深入跟踪探讨，并在不同调查对象中进行应用、检验与完善。

第二章

居民主—客观福祉指标体系构建

第一节 指标体系的理论构建

本书在梳理相关理论依据的基础上，对福祉指标体系进行理论构建，初步形成包含健康、人居环境、劳动、文化、社会保障、社会网络参与六大指标的客观福祉指数，以及包含外指性指标与内指性指标的主观福祉指标。

一、理论依据

（一）马克思“以人为中心”的全面发展观

按照马克思的理解，社会发展的根本目的是保证每个个体“自由而全面的发展”，未来美好的共产主义社会可以为每个人的自由全面的发展提供条件。从历史长河来看，人的自由全面发展程度集中体现在特定发展阶段居民的福祉（well-being）状况。1995年联合国社会发展问题世界首脑会议通过《哥本哈根宣言和行动纲领》：社会发展是全世界人民的愿景，也是各国政府的责任。社会发展以人为本，社会发展的最终目标是全面改善人类生活质量。“以人为中心”的社会全面发展的内涵有如下几个层次：

（1）发展是由人自己并为自己来完成的过程。

（2）发展关心个人命运及状态的改善。

（3）发展是开发的过程。

（4）每个国家发展应当按照自己的愿望来实施。

以人为中心的全面发展观不仅关心个体的发展水平，还将人与社会的关系纳入考量之中，实现真正持久的发展。其内涵是全球性的以人为中心的社会发展，是个体与自然、文化环境的双向、有效的长期互动，以期实现个体潜能发挥与发展的伟大目标。从测评层面看，不同生活领域的福祉指标体系需要涵盖环境、个体以及环境与个体、社会的动态关系及发展规律。

（二）社会可持续发展模型

社会经济迅猛发展带来了许多负向影响，诸如城市越发拥挤、自然资源逐渐枯竭等。德内拉·梅多斯（Donella Meadows）等在《增长的极限》中明确提出人类的发展需秉承可持续协调发展的准绳，恣意耗竭生态资源的做法太过激进，会使人类社会陷入困境。1987 年在联合国世界环境与发展委员会的报告中，挪威首相布伦特兰夫人发表《我们共同的未来》，正式提出“可持续发展”概念，全面阐述了环境与人类社会发展相互影响与平衡的问题。该论点激起当时社会舆论与学界一片轰动。

可持续发展不仅包含生态环境保护的内容，还涵盖社会经济发展的永续性问题。经济增长与人类物质水平的提升不能以自然环境的不可逆性破坏与社会全面失调发展为代价。想要达成美好的生存状态，需要以长远发展的眼光严肃看待环境的承载能力和资源的可得性、可利用性问题，即以共生视角来审视自然环境与人类社会进步的关系，经济发展结构是否足够合理、自然保护与社会经济是否实现协调发展，与民众生活质量的提升与否息息相关。

社会可持续发展中关于促进“协调性”的目标，是协调经济水平增长的可持续性、社会关系改良的可持续性和环境资源配置与利用的可持续性，其中资源的可持续利用和生态环境的可持续发展是使得社会系统得以协调运转的基础。从宏观社会系统的运行规则来看，自然、民众、社会是支持经济社会生活有序发展的重要子系统，在特定的时空范围内，各个因素交互作用，共同影响个体发展与社会进步；如果不同子系统间无法协调运转，则会产生“木桶效应”，任何一方面的短板都可以造成社会体系的全面崩塌，以某一系统为代价谋求的另一方面的激进增长是不可持续的“虚假繁荣”模式。

可持续发展模型解答了怎样在社会经济发展与其他社会系统间寻求平衡的问题。[①] 持续的公共管理资源通过各社会系统、政策、制度供给给居民个体，各系

① 王五一. 中国区域环境健康与发展综合分析［M］. 北京：中国环境出版社，2014：42-55.

统的可持续协调互动则为个体获得良好的生存状态与积极的认知体验起到奠基作用。评价社会供给效果，能够有利于全面提升个体与环境的互动效率和个体的实际收益，满足个体对环境资源与生态空间的需求，以在对接供需的基础上更大程度地完善个体主观认知与体验。福祉指标体系不仅要起到监测、调控作用，还要起到导向作用，所以将发展可持续性纳入福祉水平的评估要素中是非常必要的。

（三）罗尔斯的社会公平正义理论

约翰·罗尔斯（John Rawls）指出，公民的社会态度很大程度上受社会公平正义性的影响。自由和机会的公正、收入财富分配的公正、社会地位的公正、人格的公正都是全社会共同的价值追求，是公共管理的目标。其中，机会均等是其他各项资源公平享有的前提保障，社会公平正义是维护社会稳定与发展的前提。[①] 初次分配环节里获取社会资源的机会均等是个人生存与发展的必备条件。受教育机会和就业机会的均等则是满足个人发展需要、打破社会阶层固化的必经之路，教育与劳动就业等维度更是评估个体发展的关键要素。无论公民享有多少社会资源，社会地位是高是低，都应通过通畅的社会阶层流动机制获得相应的发展机会、权益与财富。

所有阶层都能够共享社会发展的成果，任何一利益方的生存与发展都不以牺牲另一利益方为前提，在现实生活领域，具体表现为各社会阶层在民主决策（如公民投票）、经济效率（如劳动收入与支出）、社会阶层流动（如基础教育的公平性与职业行为养成教育）、人居环境（公民免受自然灾害、事故）等领域的资源享有能够保障底线公平。社会成员间的差异当保持在合理的范围内，即使是处于弱势阶层的社会成员也当获得相应的生存、发展资源，并能够选择居所、职业或休闲等，且社会成员间差异会随着社会发展而得到持续的缩小。故构建一个城乡居民普遍适用的、涉及日常生产生活各领域的、以居民个体为测量与评价单位的福祉评价工具，以求探测出城乡居民在各生活领域的社会资源享有程度的分布与差异，对于促进社会公平正义和实现共同富裕具有重要的学术价值与政策意义。

从现实的社会资源分配与享有角度来审视的话，公平和效率分属两个标准维度，并非互相独立、割裂。从马克思主义经济正义理论角度看，这个标准与当前

---

① John Rawls. A Theory of Justice [M]. The Belknap Press of Harvard University, 1999：3.

社会所采取的经济发展战略模式有关。如果实行符合劳动者禀赋结构的发展战略，则会出现劳动收入不断提高、资本边际产值不断下降的局面，那么以资本为主要收入来源的人群和以劳动为主要收入来源的人群之间的收入差距会不断缩小；同时，高效率的经济增长会使社会保障和救济体系获得更好的发展，以更好地预防发生社会利益失衡的局面，避免新的社会矛盾生成。故在居民个体层面研究劳动者经济生产成效的同时深入探究社会福祉分配与风险保障的效用十分必要。

（四）弗雷德里克·赫茨伯格的“保健—激励”理论

弗雷德里克·赫茨伯格（Frederick Herzberg）的“保健—激励”理论认为，保健与激励可以彼此独立，并且以不同的方式激发个体参与经济生产活动，保健与激励两类动机会影响居民的生活形态与主观感受。其中，基本保健动机即个体渴望获得生存的资源，这类资源指衣、食、住、行各基本生存领域的客观物质条件；而愉悦自我精神世界、获得自我价值实现的动机为激励性动机。[①] 两类动机并存，这就解释了为什么经济的持续发展、民众物质生活质量水平的持续提升并没有导致民众积极体验的持续提升，因为基本生存所需的物质条件提升与改善只是停留在满足“保健动机”的层面，而高品质生活则要求精神生活的丰富、心理需要的满足等，生活品质的持续提升需要充分满足个体对于生存与发展的双重动机。“保健—激励”理论在福祉指标选取上的启示是，福祉测评既需要涉及保障层面的内容，又需要涉及发展性、激励性的内容。

（五）涂尔干的社会团结理论

涂尔干（Émile Durkheim）在《社会分工论》中以社会分工为标准来划分人与社会的复杂关系，即人类社会的关系呈现“机械团结”与“有机团结”两类。机械团结指的是被动的组织结构，是依靠规则、秩序与法律构成的体系化社会关系，而有机团结是积极的、对社会整合具有推动作用的，往往通过劳动分工合作、社会网络参与等不同的场景与形式使居民互相接触、个体参与社会的频率、强度增加。在这种“有机团结”中，个体的发展与社会的发展产生密切的联

① B. L. Fredrickson，T. Joiner. Positive emotions trigger upward spirals toward emotional well-being [J]. Psychological Science，2002，13 (2)：172.

系，使得个体获益的同时还可以使得社会呈现团结整合的积极形态。个体对社会生活的参与、体验、态度与评价是衡量社会团结程度的一组在个体层面得以体现的递进指标。① 个体通过参与社会生活来获得不同程度的积极或是消极的体验，并对参与社会生活的情况与社会资源的享有程度作出评价、形成较为稳定的态度倾向，这种态度评价又继而会对个体参与社会活动、获取社会资源的行为选择产生影响，从而影响社会整合的程度。故及时测查个体参与社会生活、获取社会资源过程中的认知体验、行为方式与频率强度、态度倾向，并通过政策干预积极引导个体参与社会互动的行为，对于促进社会团结有着重要的价值。

（六）布朗芬布伦纳的生态系统论

在勒温的拓扑观取向②下，布朗芬布伦纳（Urie Bronfenbrenner）提出，社会环境与社会成员的关系构成一个网状的生态网络系统，由四个环境成分镶嵌而成。按照社会环境与社会成员的相互关联紧密度，由密切到疏离、由内向外分别为：（1）微观系统（microsystem），即包含与个体产生密切互动的环境，如家庭与社区邻里等；（2）中间系统（mesosystem），包括个体与多个环境的相互作用（如家庭与工作单位或学校所在的区县等）；（3）外在系统（exosystem），即发生在两个及以上环境之间的联系，如一定的社会政策环境与福利保障资源等，该环境层次中的要素对个体产生较为间接的影响；（4）宏观系统（macrosystem），指多种层次生态系统（微观系统、中间系统和外在系统）在整个社会文化背景中彼此联系而形成的认知信念或宏观意识形态。③ 社会成员个体与社会不同层次的环境都在不停地进行交互作用与持续的联系，各层次生活领域中的各项政策、资源、机会、反馈均对个体的发展产生不同程度的影响。在设计指标层次结构时需要全面考虑不同层次环境成分对个体参与经济生产、生活的实际影响。

从社会生态系统（见图 2-1）中可以看出，基于输出型指标的福祉评价主体

---

① 埃米尔·涂尔干．社会分工论［M］．渠东，译．北京：生活·读书·新知三联书店．2000：73-100.

② 以个体与环境互动为主张的“拓扑心理学”的代表勒温认为，个体的需求满足与能力发展既非依赖环境，也不独立于环境之外。

③ U. Bronfenbrenner. The ecology of human development：Experiments by nature and design［M］. Cambridge，MA：Harvard University Press，1979：1-20.

与测量和评价单位是生活在特定环境中的居民个体。但人与人、人与环境之间，都在不同社会情境下进行着持续的互相联系与作用。不同生活领域与环境中的个体间、个体与环境间的互动程度不同，由内到外逐渐由密切到疏离。主要可以从三个不同的层次来理解：一是以一定时空下的居民个体为测量单位，评价的是个体的行为动机、生活形态；二是从居住地以及邻近地区出发，评估个体与环境之间的互动；三是以宏观社会为测量单位，评价的是社会结构、形态变迁与经济发展水平等。如若评价公民个体是否实现全面自由的发展，需从个体视角出发，测评的是个体实际享有社会资源的情况或者主观评价，并与宏观层面指标体系搜集到的信息一起，共同为提升公民生活质量提供依据。

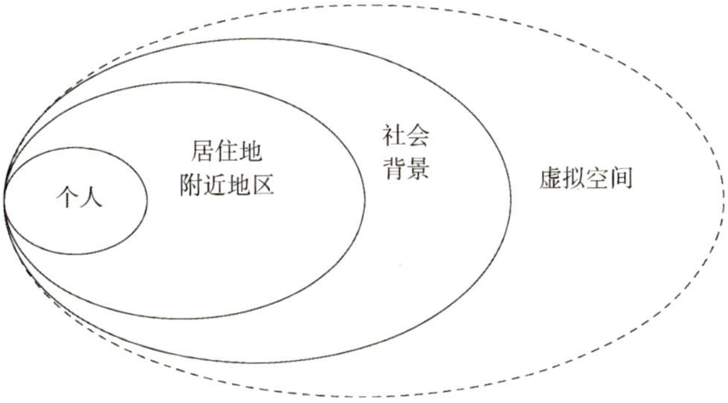

图 2-1 社会生态系统图示

（七）沃尔夫冈·查普夫的四种生活质量水平理论

德国研究者沃尔夫冈·查普夫（Wolfgang Zapf）从不同生活领域的客观与主观两个维度对生活质量进行水平评估，并将两维度组合，得到四种生活质量水平，分别为：(1) 福祉（well-being），即客观生活质量好，主观生活质量也好；(2) 不协调（dissonance），即客观生活质量好，主观生活质量差；（3）适应（adaptation），即客观生活质量差，主观生活质量好；（4）被剥夺（deprivation），即客观生活质量差，主观生活质量也差。[①] 可见，实现民众生活质量的全面提升，不仅要提升和满足公民的客观物质生活条件与需要，还切实改善民众的

① 沃尔夫冈·查普夫. 现代化与社会转型［M］. 陆宏成，陈黎，译. 北京：社会科学文献出版社，1998：122-134.

主观评价与体验。

(八) 维恩霍夫的生活内涵论

荷兰学者维恩霍夫 (R. Veenhoven) 主张从生活机会和结果、外在和内在质量这几个维度来构建生活内涵:

(1) 环境适宜 (livability of the environment)。联合国统计委员会1976年提出社会环境指标，共含有家庭环境、住房环境、居住环境、文化环境四个客观维度。随着全球范围内社会经济文化的发展，关于环境的概念在进一步拓展，内涵也得到进一步丰富。

(2) 个人生活能力 (life-ability of the person)。具体指个人应对生存、生活问题的素质，包含了身心健康、认知方式与人格特征等内容。

(3) 客观生活效用 (objective utility of life)。具体包括家庭 (如抚养子女、赡养老人)、社会 (如维护公民权) 和整个人类所发挥的价值。

(4) 主观生活评定 (subjective appreciation of life)。这里指个体对于生活的主观评价，包括对各生活领域中资源享有的满意度、主要情绪体验及评价等。[①]

这一理论为构建生活质量提升取向下的福祉指标体系提供了具体的指标内容与维度。

(九) 布尔迪厄的消费资料形式分类

布尔迪厄 (Pierre Bourdieu) 认为，个体对消费资料的选择倾向能够使得社会阶层得以自然分化，且使得个体快速产生某种群体认同感与社会归属感，故个体选择的消费资料特征在一定意义上可以度量、分化个体享有社会资源的程度。[②] 政治经济学依据物权对消费资料进行划分：一是市场上可以由个人自由购买，个人可以随意占用、消费的；二是不能被分割的产品和服务，比如交通、医疗、闲暇设施等。而根据载体形式，则可将个体消费资料分为货币、实物、服务、信息。

在设计具体备选指标时，要充分考虑到不同消费资料类别与形式的差异，以

---

① R. Veenhoven. The four quality of life: Ordering concepts and measures of the good life [J]. Journal of Happiness Studies, 2000 (1): 112.

② 皮埃尔·布迪厄，华康德. 实践与反思：反思社会学导引 [M]. 李猛，李康，译. 北京：中央编译出版社，1998: 98-130.

保障指标的完备性。

(十) 特德·格尔的“相对剥夺感”理论

美国社会学家特德·格尔(Ted Gell)在《人为什么造反》中提出:个体之所以会产生不公平感与被剥夺的不良体验,主要原因可以归结为社会资源的分配不均。在某些社会资源获得方面,处于劣势的个体因缺乏生存或发展的资源与机会,而在社会活动中处于被动位置,无法获得社会主体性①,无法全面享受到社会发展成果。

个体在对自己的社会资源享有现状上有两个社会参考框架:一是他人,二是个体的以往经验。当个人认为与己相似的个体(属于同一社会范畴,如相同或相似社会阶层、与自己保持稳定联系的个体)得到了自己并没有的资源时,或者在一个纵向的时间轴里,当下相对于过去某一时间点在某一方面资源获取及享有上存在水平下降的趋势,个体的期望与当前社会资源实际收益之间产生的这种消极的冲突体验即为相对剥夺感。② 在特定的社会参考框架下,相对剥夺感不仅是个体对是否遭受权益侵犯的主观体验感受,也是民众对社会资源分配制度与社会政策公平合法性的态度。若个体长期体验到相对剥夺感,则会产生抵抗、仇视社会、破坏社会秩序的隐患。③

在公共政策制定过程中,为了避免某群体利益受损,平衡社会整体发展要求与民众实际生产、生活诉求间的关系,需适度补偿弱势群体利益,完善多元社会支持体系。只有通过完善社会支持网络、调整机制等诸多措施对资源进行整合,协调社会矛盾、防范社会风险,促进社会秩序的构建,才可以全面切实地提高民众的积极体验。

(十一) 尤尔根·哈贝马斯的“制度包容”与考斯塔·艾斯平-安德森的“去商品化”

尤尔根·哈贝马斯(Jürgen Habermas)认为,制度对个人的“包容”可以

① 吴忠民. 贫困问题与当代中国的贫困 [J]. 文史哲,1999 (6):97-102.

② W. C. Runciman. Relative deprivation and social justice: A study of attitudes to social inequality in twentieth-century England [M]. Berkeley and Los Angeles: University of California Press,1966:1-15.

③ 孟慧新,Miguel A. Salazar,胡晓江. 农民工的权利观、剥夺感与社会参考框架 [J]. 学海,2013 (3):72-84.

在某种程度上理解为制度中的个人彼此平等，不能否定他们作为个体与其他个体之间的绝对差异，不能将其排斥在外；在制度包容过程中不能同化他者，应正视其特征。而福利社会学著名学者考斯塔·艾斯平-安德森（Gosta Esping-Andersen）提出的“去商品化”理论则是从社会权利的由来出发展开论述，认为社会权利是按公民身份而非市场购买能力进行分层，判断标准是它在多大程度上允许人们依靠市场以外的力量去改善其生活水准，即去商品化的程度。

我国“十四五”规划提出，要实现“覆盖全民、统筹城乡、公平统一、可持续的多层次社会保障体系”，特别关注健全灵活就业人员、退役军人社保制度。习近平总书记更是在中共中央政治局第二十八次集体学习时强调社会保障事业高质量、可持续发展的重要性。社保制度要具有全覆盖的群体包容性，且统筹水平高，社保制度对灵活就业人员等重点对象的广泛包容亦需具有可持续性，以适配不同参保者的现实情况，对多元责任主体产生持续的激励作用。采用“去商品化”理论与“制度包容”来解读社保制度对不同群体的包容，有三个层面的意涵：第一层次是社会保障体系全民覆盖，个人不仅仅依赖自由市场来换取保障资格，而是有高度的制度参与可及性。社保体系对全民具备广泛接纳与一定的普惠性。第二层次是社保体系在保障居民基本生活水平的同时提高对参保者的激励性，促进个人能力与价值得以发展。第三层次是政府—社区—单位等多元主体间责任界定清晰，权重关系均衡，以促进社保责任主体向多元支柱格局稳健拓展。

（十二）多重嵌套机制

嵌套制是一种可靠的运行机制，主要应用于管理领域，通过动态过程的监测、风险因素的分析、干预功效的度量来进行系统化的风险管理，让各个干预要素形成相互补充、相互配合、相互牵制的格局，实现多维动态规划。良好的协同效应能够使子系统发挥应有的功能，保障系统整体性功能的发挥。罗伯·布林（Rob Bray）等人在评估社会政策时发现，现代社会政策往往包含多重嵌套因素和一系列相应效果，复杂的结构体在评估时需要更加复合的方法。[①] 大数据将成

① J. Rob Bray，Matthew Gray，Kelly Hand，Ilan Katz. Compulsory income management in the northern territory-evaluating its impact [J]. Australian Journal of Social Issues，2015，50（4）：373-396.

为政策评估中的关键资源。充分发挥行政管理大数据的价值，将不同的数据加以链接以寻找相关关系，将成为不同因素相互嵌套、实现社会政策良好运行的一条可行路径。

二、构建指标体系的理论原则

（一）完备性原则

指标完备性指的是体系内各层次指标能在协同基础上实现整体的测评目标。指标的设计应紧扣主题，全面反映测评对象在核心关键要素上的特点，以保障综合评价指标的全面性和可信性。

（二）简易可行性原则

各层次评价指标是由评价目标逐层分解而形成的，是评价目标的具体化、行为化。评价指标体系中最基础层次的指标必须是可以具体度量的，是具体的、有针对性的，可采用数量化统计或者操作化语言来加以量化，以得出某种数量关系或者可度量的指征。

（三）结构性原则

构建指标体系时应避免指标所代表的信息失真以及线性重复。指标体系内同一层次各指标彼此独立，不相互包含，不存在归属或者因果影响关系，且指标之间在目标上要一致，没有测量原则上的冲突矛盾。

（四）目标一致性原则

评价目标可以逐层分解，且每层级目标均吻合指标体系的整体评价目标。

（五）前瞻性原则

指标体系的构建要有一定的预测性和导向性，要综合考虑所处时代的社会现实与动态发展。

（六）灵敏性原则

在具体构建指标时，各层级指标需要能够围绕主题内容对测评对象特征的变化情况进行贴切、科学合理的反映，具有显著的敏锐度。

三、概念界定与理论框架

通过文献法，初步构建主—客观福祉指标，并对各级指标进行初步理论界定。客观福祉包含健康、人居环境、文化、劳动、社会保障、社会网络参与六大指标；主观福祉包含外指性指标与内指性指标。

（一）客观福祉指标

1. 健康指标

健康指标是社会环境发展状态在个体生存状态上的集中体现，对绝大多数成员而言，健康指标代表先天生理条件、后天自然与社会化环境共同作用下形成的，可自查、评估与干预的适应状态。[①] 健康状态对人类生产生活起基础性保障作用。

本书中健康福祉指标评价的是城乡居民维护个体良好适应状态的先天生理条件、后天自然与社会环境中的资源享有程度，健康维护与疾病干预资源享有得越充分，则得分越高。根据不同的健康状态，将一级指标拟划分为"预防保健"与"治疗康复"两个二级指标。通过文献研究，将基础指标加以设计并初步分类（见表 2-1）。

表 2-1　健康指标层次表[②]

一级指标	健　康	
二级指标	预防保健	举例：食品安全；威胁生存的安全隐患；健身时间；体检频率；接受体检的机构；疫苗接种；日常保健常识科普度；信息更新周期
	治疗康复	举例：医药开支；医疗机构离家距离；病休时间；器官受累；慢性病康复；流行病感染；自理能力；健康档案更新周期

① G. L. Engel. The need for a new medical model: A challenge for bio-medicine [J]. Dimensions of Behavior, 1977, 196: 3-21.

② 基础指标来源与依据：北京大学中国社会科学调查中心"中国家庭追踪调查"（2010）；《"健康中国 2030"规划纲要》《国务院关于印发全民健身计划（2016—2020 年）的通知》；第 30 届世界卫生组织康复医疗专家委员会（1969）康复工作规定；国发〔2016〕77 号《"十三五"卫生与健康规划的通知》；中国健康与养老追踪调查（China Health and Retirement Longitudinal Survey, CHARLS）2018 年数据库。

2. 人居环境指标

国际文明居住标准界定的居住质量包含宏观生存环境与微观住房条件，两层面的环境资源都是人类基本生存所必需的。微观住房条件指的是居所内部配套，而宏观生存环境的内涵丰富，不仅包括自然生态环境，还包括住房周围配套与公共基础设施。

本书中人居环境福祉指标评价的是城乡居民在住房以及居住社区与社会环境方面的资源享有程度，住房及周围环境越宜居、人居资源配套越充分，则得分越高。根据居住资源的公共性区分为“住房环境”与“公共设施与环境”两个二级指标，通过文献研究，将基础指标加以设计并初步分类（见表 2-2）。

表 2-2　人居环境指标层次表①

一级指标	人居环境	
二级指标	住房环境	举例：住房建筑面积；住所耐用消费品量；住房购买力；住房购买潜力；生活设施配套；房屋功能性配套
	公共设施与环境	举例：公交站距社区距离；公共交通候车时间；交通消费比重；最近站点公交车数量；生活垃圾处理频率；工业垃圾、生活垃圾污染度；森林植被、公共绿地减少度；耕地退化度；社区活动场所量；物业管理服务；社会治安信息化；通信信号稳定度

3. 文化指标

最初的“文化”由学校教育作集中反映，强调教育结果，而后大而化之到“意义再生产过程”的宏观形态，逐步演变为“对人力资本的全面投资与支持”。② “文化”的内涵意义日益丰富，其资源范畴也在日趋拓展。马克思曾指出，文化生活的重要组成部分是休闲，而休闲和劳动是人的自由全面发展的双重

① 基础指标来源与依据：中国经济实验研究院城市生活质量研究中心《中国城市生活质量报告》(2015)；建设部政策研究中心“全面建设小康社会居住目标研究”课题组《全面小康社会的居住目标》(2004)；国家发展和改革委员会《中华人民共和国国民经济和社会发展第十个五年计划纲要》(2001)；第十二届全国人民代表大会常务委员会第二十五次会议《中华人民共和国公共文化服务保障法》(2016)；中国人民大学中国调查与数据中心《中国综合社会调查（CGSS)》；国家质检总局、中央综治办、国家标准委《社会治安综合治理基础数据规范》(2016)。

② Tony Bennett. Cultural studies: A reluctant discipline [J]. Cultural Studies, 1998, 12 (4): 528-545.

社会生活基础。其中的休闲娱乐可看作人的基本生存状态之一，诸如各种艺术、体育和娱乐性的精神活动等为个人成长和经济发展提供了机会与潜力，对于个人而言可以缓解压力，有利于自我身心健康恢复、创伤修复，并促进人际关系的和谐构建，也是提高生产效率的重要途径。①

本书中文化福祉指标评价的是城乡居民在满足精神需求、提高文化素质与技能、实现个人发展权利方面的资源享有程度。文化资源享有得越充分，得分越高。根据文化资源的选择自主性，分为“教育”“休闲”两个二级指标。通过文献研究，将基础指标加以设计并初步分类（见表 2-3）。

表 2-3　文化指标层次表②

一级指标	文化	
二级指标	教育	举例：义务教育完成度；义务教育后升学情况；受教育年限；教育产品消费
	休闲	举例：娱乐休闲费用；文化产品消费；图书阅读量；参观展览量；日常信息来源；日常信息接收情况；积极参与活动时间；户内/户外活动时间；异地休闲活动时间；异地旅游方式；无酬劳动时间；休闲娱乐时间；自由支配时间；休闲场馆；异地休闲时间

4. 劳动指标

个体的经济生产活动参与水平与经济福祉集中反映在劳动领域，包含劳动过程及结果，如劳动环境、劳动机会、收入与支出等。③ 2000 年世界劳动报告提出“无薪

---

① Y. Iwasaki, K. Mackay, J. Mactavish. Gender-based analyses of coping with stress among professional managers: Leisure coping and non-leisure coping [J]. Journal of Leisure Research, 2005, 37 (1): 1-28.

② 基础指标来源与依据：中华人民共和国劳动和社会保障部《集体合同规定》(2004)；财政部、人力资源和社会保障部《就业补助资金管理暂行办法》(2016)；文化财政政策研究基地《中国公共文化政策研究试验基地观察报告》(2016)；《国务院办公厅关于进一步扩大旅游文化体育健康养老教育培训消费的意见》；国务院办公厅《关于加快发展健身休闲产业的指导意见》(2016)；文化部、新闻出版广电总局、体育总局、发展改革委、财政部《关于推进县级文化馆图书馆总分馆制建设的指导意见》(2016)；国家统计局《时间利用调查方案》(2001)。

③ R. Albert, O. D. Duncan, Paul Hatt, and C. C. North. Occupations and social status [M]. New York: The Free Press, 1961: 317-318.

酬劳动”的概念。[①] 薪酬劳动即有薪酬报偿和官方税收的社会劳动，无薪酬劳动指的则是因失业或因家庭、个人变故而从事无薪酬报偿的、官方税收以外的非社会劳动。

本书中劳动福祉指标评价的是城乡居民在输出劳动量过程中所需资源的享有程度，劳动所需资源的享有量越高，得分越高。按照是否有收益报偿区分为“薪酬劳动”“无薪酬劳动”两个二级指标。通过文献研究，将基础指标加以设计并初步分类（见表 2-4）。

表 2-4 劳动指标层次表[②]

一级指标	劳动	
二级指标	薪酬劳动	举例：薪酬劳动时间与非薪酬劳动时间比；个人收支比；劳动成本；劳动场所配套；劳动信息更新周期；劳务供需信息查询；劳务纠纷申诉时效；劳动技能培训及时性
	非薪酬劳动	举例：非薪酬劳动成本；劳动场所配套

5. 社会保障指标

根据国际劳工组织的规范化概念，考虑我国现实制度环境，社会保障指的是国家依法为民众普遍提供旨在保障一定生活质量水平和尽可能保障民众生产生活与发展的资金、服务与相应的制度安排。总体上包括保障性福利，即满足城乡居民基本生活需要的福利制度；非保障性福利，即满足城乡居民发展需求的必要的福利制度。[③] 而在保障性制度体系中，则包含社会救助、社会保险、社会福利事业和优抚安置四个项目。

为满足本书“构建对城乡居民具有普适性的各生活领域福祉指标体系”这一研究目的，本书将社会保障指标界定为以政府及社会为供给方、以城乡居民为对象、以制度为基础的社会保障项目。由于社会救助、优抚安置两个保障性制度项目不具备“广泛性”“普适性”等要求，故忽略不计。本书中社会保障福祉指标

① 国际劳工局. 2000 年世界劳动报告［M］. 中国劳动社会保障出版社，2000：30.

② 基础指标来源与依据：劳动和社会保障部《服务与就业管理规定》（2007）；劳动和社会保障部《集体合同规定》（2004）；人力资源和社会保障部《中华人民共和国人力资源和社会保障部劳动统计年鉴》（2015）。

③ 尚晓援. “社会福利”与“社会保障”再认识［J］. 中国社会科学，2001（3）：113-121.

评价的是城乡居民在政府及社会为供给方、以制度为基础的社会保障项目上的资源享有程度，社会保障资源享有程度越高，社会保障福祉指标越高。按照社会保障的制度性差异，将“社会保险”与“社会福利事业”作为该领域的两个二级指标，通过文献研究，将基础指标加以设计并初步分类（见表 2-5）。

表 2-5　社会保障指标层次表①

一级指标	社会保障	
二级指标	社会保险	举例：社会保险参与度；保险缴费额度
	社会福利事业	举例：社会组织参与；社会志愿活动参与

6. 社会网络参与指标

在社会资本理论中，社会体系中的各成员间存在相互联系，社会群体间存在相互作用，彼此互相认同与互信，这种认同与互信关系的集中体现即社会资源的交换与资源的共享。② 社会资本通过社会网络参与形成积累、交换等效应，利于个体潜力的激发及社会组织效率的提高，增强各类社会资本的迭代。

本书中社会网络参与福祉指标评价的是城乡居民在参与社会关系互动中所需的渠道与介质方面的资源享有程度，社会网络参与的渠道越多、资源享有越充分，则得分越高。根据参与互动的对象不同，社会网络资源分为“社会决策”与“人际互动”两个二级指标。通过文献研究，将基础指标加以设计并初步分类（见表 2-6）。

表 2-6　社会网络参与指标层次表③

一级指标	社会网络参与	
二级指标	政治决策	举例：话语权的行使
	人际互动	举例：家庭成员互动频率；邻里街坊互动频率；人际互动频率

① 基础指标来源与依据：中国人民大学中国调查与数据中心《中国综合社会调查（CGSS）》（2013 年，2017 年）。

② 弗雷德·鲍威尔，何文辉．国家、福利与公民社会［J］．马克思主义与现实，2003（2）：60-69.

③ 基础指标来源与依据：中国人民大学中国调查与数据中心《中国综合社会调查（CGSS）》（2013 年，2017 年）。

（二）主观福祉指标

主观福祉主要量化城乡居民对各生活领域社会资源实际享有的外指性评价与内指性评价。倾向于反映个体主观体验的为内指性评价；外指性评价则指的是个体依据一定社会文化背景，对外在社会现象事实进行描述与评价时产生的感受、态度立场或者情感状态等，充分体现了个体对外在对象的认知内容与深度。[①]

1. 内指性指标

本书主观福祉中的内指性评价指标采用中国居民主观幸福感量表（SWBS）所涉指标，包含如下指标：

（1）知足充裕体验指标：与周围的人相比，我很知足；我对家里的收入感到满意。

（2）心理健康体验指标：我常因一些小事而烦恼；碰到不开心的事情时，很长时间内我都打不起精神来。

（3）社会信心体验指标：社会给居民提供的出路会越来越多；我对社会的发展感到很有信心。

（4）成长进步体验指标：随着年龄增长，我从生活中悟出了许多道理，这使我变得更坚强、更有能力；我设立的生活目标多数能够给我鼓劲，而不是泄气。

（5）目标价值体验指标：我经常感到自己只是在混日子；我不清楚自己一生所做的事情有什么意义。

（6）自我接受体验指标：我比较喜欢自己的个性；我感到高兴的是，这些年自己的看法变得越来越成熟。

（7）身体健康体验指标：我经常感到自己身体某些部位特别不舒服；我很为自己的健康状况感到苦恼。

（8）心态平衡体验指标：我的运气比别人差；与周围人相比，我感到自己挺吃亏。

（9）人际适应体验指标：我常常感到自己很难与他人建立友谊；我感到似乎

① 卢淑华，韦鲁英．生活质量主、客观指标作用机制研究［J］．中国社会科学，1992（1）：121-136；罗萍，姜星莉．试论生活质量评估的客观指标、主观指标及主、客观指标辐合趋势［J］．市场与人口分析，2002（2）：50-56.

大多数人都比我朋友多。

（10）家庭氛围体验指标：和家人在一起，我感到特别愉快；我有时感到很难与家人（包括父母、爱人、孩子等）沟通。

2. 外指性指标

本书主观福祉中的外指性指标指的是居民对各生活领域资源享有的感受，包括改善感、需求满足感与满意度。其中，“改善感”主要用来量化民众是否能够切实感受到各生活领域福祉的优化与提升；“需求满足感”则是以民众个体的需求与期待为参照，来测量与评价社会资源对个体需求的满足程度；满意度则是评估个体对某生活领域资源享有的满意程度。

第二节　基于质性访谈的探索性构建

为避免基础指标缺乏可操作性、理论构建与现实政策环境相脱节，同时为提高各领域指标对城乡居民的普适性，保证指标设计能够较全面地符合城乡居民的现实生活情境，本书围绕不同生活领域的各项社会资源，就“良好的生活状态是什么，包含哪些要素，哪些要素可以反映个体享有的社会资源水平”这一主题，选取典型个案，进行半开放式访谈。利用 Nvivo 辅助人工进行文本分析，通过开放式编码、主题分类、频次统计等步骤，在基于文献研究的基础上梳理备选指标，并进一步归纳指标的层次结构。

一、典型个案访谈

先后抽取典型个案组织两轮深度访谈。第一轮访谈对象选取的是与人居环境、健康、劳动、社会保障、文化、社会网络六个领域密切相关的公共部门从业者，第二轮选取具有典型性的城乡居民进行访谈。

第一轮抽取访谈对象时，依据 2010 年全国第六次人口普查、《中国劳动统计年鉴》（2018—2020 年）、《中国人口和就业统计年鉴》（2018—2020 年）等资料中对公共部门职能的划分与界定，有针对性地选择与人居环境、健康、劳动、社会保障、文化、社会网络六个领域社会资源存在密切联系的公共部门，包括城市、农村的国有企业、政府机关、社会事业单位、社会组织、私营企业、个体工商户等不同主体，抽取部分具有典型性的访谈对象（见表 2-7）。

表 2-7　典型个案访谈涉及的公共部门与职能表

公共部门	具体内容
人力资源与社会保障	公共就业服务 劳动者发展权益保障 职业资格认证与培训 职工福利
公共安全	事故处理 治安管理与宣传
交通	城市客运管理
卫生医疗	街道—社区医疗服务 预防免疫 医疗保险登记 住院护理
社会组织	社会组织管理
基层政府	社区公用设施建设
媒体传播	民生新闻采集 网络运营
工商管理	消费者权益保护 食品安全
文化教育	文体场馆申报 毕业生就业信息采集
住房保障与房产管理	房产登记管理 房屋维修
旅游	出境旅游签证审批 国内游产品推广

围绕“良好的城市、农村生活状态应包含哪些要素，哪些要素可以评估、衡量生活状况的好坏”这些内容设计问题（见表 2-8）。与每位访谈对象的访谈时间为 30—50 分钟。以该轮访谈材料为主要依据，帮助选取各领域中对城乡居民具有普适性的社会资源。

表 2-8　公共部门典型个案访谈问题举例

一、基本话术
1. 就您的职能范围内，您认为能够反映居民生活质量与幸福体验水平高低的要素有哪些？ 2. 每个领域下社会政策与社会资源投入落实到城乡居民个体层面的事实有哪些？各政策的理想目标是什么？日常工作中群众反映最多、最关心的与本部门相关的问题有哪些？ 3. 大概能惠及多少居民，即政策的惠民范围与规模、覆盖程度如何？
二、分单位系统举例
（一）人力资源与社会保障系统 1. 职业资格培训与认证部门 您能大体介绍一下咱们地区对于专业资格的设定有几大门类吗？ 咱们搞过统一的职业技能培训吗？频率是怎样的？主要面向的群体是哪些？ 2. 公共就业服务 对于就业，咱们系统一般是通过哪些宣传渠道进行发布的？面向的群体是哪些？覆盖受众多少？一般多久会更新一次？ 3. 劳动者发展权益保障 服务主要面向的群体是哪些？来咱们部门的劳资纠纷案件大概涉及哪些类别？ 4. 职工福利 保险缴费分为哪几个档次？职工缴纳的费用占收入的大概比例范围是什么？
（二）教育系统 1. 教委 咱们地区的义务教育后升学率（升入高中）大概是多少？ 2. 教育局 高中毕业后的去向都有哪几类？各自比例大概是多少？
（三）旅游局 本地居民的旅游行为分为哪几类（省内、省外、国内、国外游）？选择在本地休闲的居民大概会有多少？有没有专门的政策去鼓励居民旅游？ 出国旅游休闲的居民比例大概有多少？
（四）公安系统 1. 宣传部门 治安效果与犯罪率是否通报？通过什么平台宣传？ 2. 交警事故科 日常交通事故发生频率如何？多发段是什么时间？地段是哪里？ 居民高发交通事故原因是什么？ 3. 治安部门或刑警队 反映社会治安的主要要素有哪些？治安隐患包含哪些？ 4. 出境旅游签证审批部门 出境游比例是多少？

续表

（五）卫生系统 1. 预防免疫 居民最常来接种的是什么疫苗？通过哪些渠道进行预防免疫知识的宣传？ 2. 社区医疗服务 每人每年接受社区医疗服务的种类有哪些？ 3. 医保办 参与医疗保险的居民比例达到多少？ 居民的主要医保药品类别有哪些？ 医保信息与政策的通报、咨询渠道有哪些？ 4. 门诊及住院部 常见的慢性病与传染病有哪些种类？ 5. 医院办公室 对于本地区的发病率等常规信息，咱们的通报公示渠道有哪些？咱们有没有建立一个类似于疾病数据库之类的资料库？一般的更新频率是怎样的？ 咱们地区居民的体检频率如何？体检时候一般都是去哪里（社区门诊、县市级医院还是其他医疗机构，还是医药公司提供的免费服务）？
（六）基层政府部门 街道办 咱们社区里有多少民间组织？一般有哪些社区团体？分成哪几类（社区居委会、业主委员会、志愿类、文体类、社区福利类、维护权益类等）？是否为这些组织提供活动的场地？
（七）媒体（广播、电视、报刊、网络等） 有关民生的信息更新频率是多少？ 当地收视（听）率调查显示观众（听众）最喜欢的节目类型是什么？ 网络通信信号是否稳定？报修的原因多是什么？
（八）工商部门 1. 食安部门 咱们部门在日常工作中，食品抽检频率怎样？在排查中主要存在的问题有哪些？ 2. 消费者权益保护部门 日常市场监管中遇到的最大问题有哪些？ 对消费者的保护措施或政策有哪些？为消费者提供的投诉、反馈信息平台有哪些？ 顾客主动维权申诉的比例与案件查处的周期是多少？
（九）民政局 社会组织管理部门 对于社会组织的管理政策是如何宣传的？ 社会组织一般有哪些类型？涵盖的范围有哪些？群众参与度最高的是哪些？
（十）文化局 咱们地区的图书馆有多少（包含社区图书漂流站）？借阅书占总藏书量的比例是多少？ 组织的主要文体活动包含哪些？活动周期在什么区间范围内？主要面向群体分别是哪些？

续表

（十一）体育局 体育场每年每单位的申请使用频率是多少？申请使用体育场的单位机构占比是怎样的？ 承办活动的主要类别包括哪些？
（十二）住房保障局和房产管理局 信息管理中心 人均住房面积为多少？ 危及住房安全的主要环境（包括自然、社会环境）的要素有哪些？ 本市的住房均价为多少？房价收入比大概是怎样的一个区间？ 近几年的拆迁、旧居改造的主要目标是什么？是改善居民住房环境、街区风貌还是完善城（乡）生活功能？重点针对哪个群体？ 生活用电、用水、双气供给等普及情况如何？覆盖街区的比例是多少？ 新建社区的绿地、健身区等休闲娱乐场所的面积占比是多少？ 社区是否有物业配套？服务范围包括哪些业务？
（十三）城市客运管理处 县区内、城乡间最主要的客运交通工具是哪些？公共客运的发车频率是多少？公交覆盖的道路比例是多少？ 城际之间的主要客运交通方式有哪些？居民的主要选择是什么？各选择所占比例是多少？

第二轮是从获取、评价社会资源的角度，以住宅地所属社区类型与行业类别作为基本依据，选取典型城乡居民进行访谈。职业是个体参与社会生产生活、获取社会资源的重要途径，而社区/村落是各种社会资源得以整合、管理的基层组织单位。职业分类参考的是《中华人民共和国劳动法》中对用人单位的划分，同时综合了 2010 年全国第六次人口普查、2018—2020 年《中国劳动统计年鉴》《中国人口和就业统计年鉴》对企业控股性质、单位机构的界定。采用立意抽样选取城市居民 27 名、农村居民 14 名，并平衡访谈对象在性别、受教育程度、年龄等变量上的分布（见表 2-9）。

表 2-9　城乡居民典型访谈对象特征统计表　（N=41）

人口学特征变量	分类	人数（人）	百分比（%）
住宅地所属社区类型	自然村落	13	31.71
	街居型社区	6	14.63
	商品房	19	46.34
	单位型社区	2	4.88
	城中村	1	2.44

续表

人口学特征变量	分类	人数（人）	百分比（%）
年龄	20—30 岁	4	9.76
	31—40 岁	10	24.39
	41—50 岁	10	24.39
	51—60 岁	9	21.95
	61—70 岁	3	7.32
	71—80 岁	5	12.20
性别	男	20	48.78
	女	21	51.22
职业	个体经营	11	26.83
	无业	2	4.88
	民企职工	4	9.76
	民企退休职工	1	2.44
	国企职工	3	7.32
	国企退休职工	1	2.43
	务农	12	29.27
	机关与事业单位职工	4	9.76
	机关与事业单位退休职工	3	7.32
受教育程度	小学以下	2	4.88
	小学	3	7.32
	初中	7	17.07
	中专	5	12.20
	高职	2	4.88
	高中	9	21.95
	大专	6	14.63
	本科	5	12.20
	研究生	2	4.88

访谈设计了城乡居民容易理解的半开放式问题（见表 2-10），围绕“良好的城市、农村生活状态应包含哪些要素，哪些要素可以评估、衡量生活状况的好

坏”这些内容，设计方法参考了质性观察与访谈的流程。[①] 如“从个人角度，您认为好的生活是什么样子？由什么构成？能否举例说明？”继而请受访者深入列举健康、居住环境、劳动、文化、社会保障、社会网络各个领域中反映生活质量与福祉水平的要素、事件以及所看重的社会资源等。与每位访谈对象访谈时间为50分钟。

表 2-10　城乡居民典型个案访谈问题举例

一、开放式问题（10 分钟） 1. 从个人及家庭角度您认为哪些生活、生产领域能够反映自己的生活质量与幸福体验？ 2. 能否对于您所列举的要素进行举例？ 3. 若受访者难以回答或理解有碍，请进行举例提问。“比如说，您觉得诸如健康、居住环境、职业或者劳动生产、文化以及休闲娱乐、社会保障等方面，有哪些要素会反映个体的生活、生产质量水平与幸福感、满足感？并分别举出一些例子。”		
二、半封闭式聚焦性问题（40 分钟）		
一级指标	二级指标	问题举例
健康	预防保健	1. 反映健身效果的要素有哪些？ 2. 每周的健身时间是多长？ 3. 您亲历过的食品安全问题有哪些？近一年来经历过多少次？ 4. 有哪些要素能够反映疾病预防水平？
	治疗康复	1. 反映医疗服务质量的要素有哪些？
劳动	薪酬劳动	1. 择业时主要考虑哪些要素？哪些要素可以反映工作好坏？ 2. 反映工作表现与职业发展水平的要素有哪些？ 3. 劳务信息主要查询渠道包括哪些？
	非薪酬劳动	1. 家庭劳动、职业工作对生活质量与幸福感的影响有何区别？是否能够反映出生活质量水平的高低？ 2. 日常从事的无薪酬给付的主要劳动包含哪些种类？
人居环境	住房环境	1. 目前住房内配套都有什么？ 2. 在住房格局方面最看重的要素包含什么？
	公共设施与环境	1. 生活中的主要污染源是什么？并举例说明。 2. 哪些要素会反映出居住环境的好坏？ 3. 住房周边的配套设施与资源包含什么？ 4. 日常常采用的出行方式有哪些？ 5. 社区或是街道居委会日常职能都有哪些？

① 约翰·洛夫兰德，等．分析社会情境：质性观察与分析方法［M］．林小英，译．重庆大学出版社，2009：232-250.

续表

文化	教育	1. 有哪些要素可以反映教育水平？ 2. 好的学校都包含哪些要素？
	休闲	1. 日常休闲时常关注的信息都有哪些类别？ 2. 休闲活动的类别有哪些？ 3. 旅游一般去哪里？ 4. 休闲的场所是哪些？
社会保障	社会保险	1. 社会保障、互助团体、社会救助、慈善等项目能否反映一个人的生活质量水平？ 2. 参与的保险种类都有哪些？
	社会福利事业	
社会网络参与	政治决策	1. 参与居委会与村委会选举的积极性。 2. 为村居或社区建设建言献策的意愿与频率。 3. 家庭聚会的频率与形式。 4. 除了家人之外，最常与邻居还是朋友互动？频率如何？
	人际互动	

二、文本分析

将访谈录音、现场记录转录为文本，对访谈记录进行回溯、补充、梳理，成稿后进行“文本清洗”，即除去没有意义的词或者地名、时间等，最终形成有效文本共计 49.33 万字。

对访谈记录文本采用开放式编码，并进行类属分析，在基于文献研究构建的一、二级指标层次下采集基础指标的来源要素，即在访谈资料中寻找反复出现的主题，并根据已有的文献研究与理论分析对关键词属性进行识别，将主题概念摘取出并编码。[①] 将具有相同属性的资料归为同一类别，保留对城乡居民具有普适性的社会资源分类及下属具体项目。

分析过程由 4 组研究生（每组 3 名）“背靠背”进行，研究生专业涉及行政管理、社会保障、应用心理学、社会学、公共卫生事业管理。不同组别研究生分别对文本中的某个主题进行类属分析，组间对于文本分析处理互不干预，只有同组内研究生互相分工配合。完成一轮后不同组再交换主题，进行新一轮的类属分析。当无法再通过文本分析获取新的主题和依据时，则质性分析模型在理论上达到饱和[②]，最终根据同一主题不同组的分析结果再阅读、反复确认、补充、核查，以确保分析信效度。在

① 吴继霞，黄希庭．诚信结构初探［J］．心理学报，2012（3）：354-368.

② A. Strauss，J. M. Corbin. Basics of qualitative research：Grounded theory procedures and techniques［J］. Modern Language Journal，1990，77（2）：129.

完成编码任务后，通过多因素方差分析对不同组别评分者在每一次级要素的频次进行一致性检验。[①] 相关系数均在0.8以上，信度较为理想（见表2-11）。

表2-11 评价者一致性检验结果表（Cronbach's α系数）

预防保健	治疗康复	薪酬劳动	非薪酬劳动	住房环境	公共设施与环境	教育	休闲	社会保险	社会福利事业	政治决策	人际互动
0.86	0.81	0.92	0.88	0.82	0.89	0.94	0.82	0.93	0.85	0.81	0.84

为核查、修正文本分析结果，提高核心概念提取的准确性，完善基础指标的来源要素采集过程，将需方典型个案访谈有效文本导入Nvivo10.0，辅助人工进行编码、统计。

Nvivo中编码分为自由节点（free nodes）和树状节点（tree nodes）。软件编码采用的是自上而下的理论驱动与自下而上的概念类属两种范式。先依据指标体系的理论构建与文献研究结果，人为将健康、劳动、人居环境、文化、社会保障、社会网络确定为6个树节点（一级指标），并设立子节点（二级指标），而后通过程序运行把属于同一类范畴的自由节点归类到特定的树节点下；在获得全部自由节点后，比对人工文本分析结果，结合供方典型个案访谈内容，将对城乡居民不具普适性的题项剔除，自此完成自下而上的“现实驱动”，以形成基础指标的要素库（见表2-12）。

表2-12 基础指标的要素归纳与统计表

一级指标	二级指标	基础指标素材：主题及人次情况	百分比（%）
健康	预防保健	营养均衡度 23/41	56.10
		健身规律性 14/41	34.15
		食品安全 13/41	31.71
		查体诊断及时性 7/41	17.07
		饮食与作息规律 6/41	14.63
		烟酒等不良生活嗜好品摄入 2/41	4.88

① 王春萍．基于公理化方法的贫困评价与度量研究 [J]．社会科学辑刊，2007（2）：72-75.

续表

一级指标	二级指标	基础指标素材：主题及人次情况	百分比（%）
健康	预防保健	针灸、推拿、中药保健品等保健理疗 2/41	4.88
		保健常识传播 1/41	2.44
	治疗康复	医生经验与专业技术 4/41	9.76
		医疗设备完备性 2/41	4.88
		医务工作者服务态度 2/41	4.88
劳动	薪酬劳动	薪酬收支 37/41	90.24
		工作环境安全度 22/41	53.66
		劳动时间规律性 11/41	26.83
		通勤便捷度 6/41	14.63
		劳务信息查询方便度 3/41	7.32
	非薪酬劳动	无薪酬劳动 4/41（种类 4 人次/时间 2 人次）	9.76
人居环境	住房环境	水、电、暖、煤气、卫生厕所等配套完备性 21/41	51.22
		采光、通风等房屋功能性 5/41	12.20
		房间功能分区独立性 5/41	12.20
		住房面积 4/41	9.76
		房屋安全 1/41	2.44
	公共设施与环境	周边交通、教育、医疗等公共资源便利度 27/41	65.85
		空气、噪声、水质等污染度 23/41	56.10
		治安程度 8/41	19.51
		绿化、卫生等社区物业管理健全度 6/41	14.63
		街坊邻里熟识度 5/41	12.20
		通信网络稳定度 6/41	14.63
文化	教育	受教育程度质量 16/41（含教师素质 8 人次/硬件教学教辅设备 6 人次/师生比 1 人次）	39.02
		人文氛围 [illegible]（[illegible] 0 人次/日常接收信息丰富度 3 人次）	[illegible]
	休闲	活动丰富度 19/41	46.34
		公共休闲空间 15/41	36.59
		旅游选择多样性 8/41	19.51

续表

一级指标	二级指标	基础指标素材：主题及人次情况	百分比（%）
社会保障	社会保险	保险参与度 19/41	46.34
	社会福利事业	福利事业志愿参与度 5/41	12.20
社会网络	政治决策	5/41（民生诉求反馈便捷度 4 人次/村委会或居委会选举 1 人次）	12.20
	人际互动	家庭互动 41/41	100.00
		邻里互动 23/41	56.00
		朋辈人际互动 20/41	48.78

将以上基于质性分析而形成的基础指标的来源要素，通过 Tagxedo 工具，以不同领域备选指标来源要素词云图进行直观呈现（见图 2-2），最终形成了健康、人居环境、劳动、文化、社会保障、社会网络参与六大领域，56 个备选基础指标来源要素。①

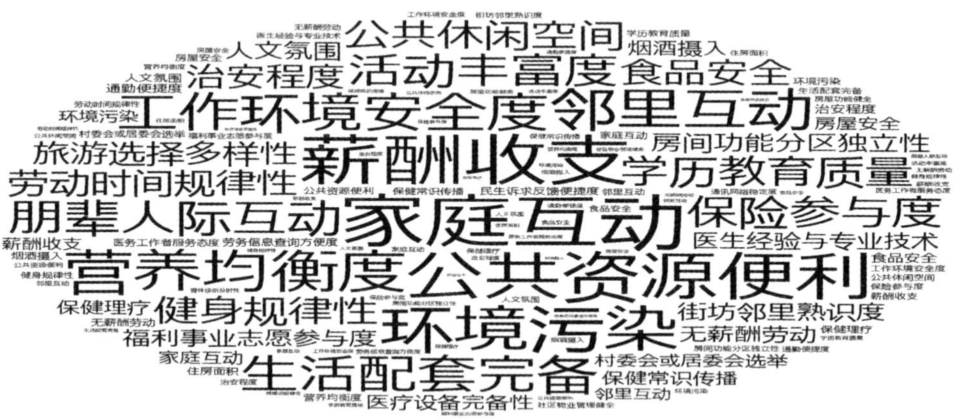

图 2-2 福祉指标体系备选指标来源要素词云图

① 部分内容已公开发表，具体可见牛千，邢占军. 幸福指数输出型指标体系探索性建构：基于文献研究及质性访谈 [J]. 南京社会科学，2017（8）：82-89.

第三节　基于抽样调查的实证分析

本部分调查及实证研究历时两年，通过抽样调查、验证福祉指标体系的测量学特性，逐一筛查、分层次检验不同指标，并依据抽样调查的数据分析结果，辅以学者专家访谈内容的文本分析，修订指标①，最终形成包含38个主观基础指标（18个外指性指标、20个内指性指标）、64个客观基础指标的福祉指标体系。该福祉指标体系中的客观福祉指标量化的是居民在健康、劳动、人居环境、文化、社会保障、社会网络参与六大领域的社会资源实际享有程度；主观福祉指标量化的是居民对各生活领域社会资源的实际享有的外指性主观评价（即满意度、需求满足感、改善感）以及内指性主观体验（即主观幸福感）。

一、抽样调查

（一）调查工具

本书构建的福祉指标体系包含主、客观福祉指标，其中主观福祉包含内指性与外指性两类指标，根据指标不同属性相应构建问卷题项如下（问卷见附录1）：

（1）反映调查对象的基本信息题项。

（2）在理论基础上加以探索构建形成了居民客观福祉指标体系，其中含56道题项（实证构建中的变量说明见附录2）。

（3）《中国居民主观幸福感量表简本（SWBS-CC）》中的20道题项。题项采

① 本书中的内指性指标采用《中国居民主观幸福感量表简本（SWBS-CC）》中的20道题项作为变量。因该主观幸福感测量工具已经过大量的检验与应用，信效度优良、指标鉴别力过硬，故本部分研究主要围绕客观福祉指标以及外指性主观福祉指标体系展开指标鉴别力、信效度的参数分析与结构分析，检验指标体系的测量学特性，并着重进行外指性主观指标与客观指标的修订。

用6点计分，从“很不同意、不同意、有点不同意、有点同意、同意、非常同意”分别计1至6分；其中第4、5、6、9、10、11、13、15、17、18、20题为反向计分。每题项采用6级评分制。

(4) 关于外指性主观指标的题项（共18个题项）如下所列。

改善感：您感受到了最近一年来哪些状况得以改善？

需求满足感：您在哪些方面的需求得到了满足？

满意度：您对某生活领域资源享有状况的满意度水平如何？

（二）抽样调查

1. 样本特征

遵循配额抽样原则，在山东省德州市与烟台市选取1008位18—90岁的城乡居民作为指标体系实证构建阶段的有效样本，以保证总体中的典型人口特征变量在样本构成中均得以良好体现；通过调查问卷中“人口学变量”的填写情况进行质量检测，以确保个案的有效性与样本的代表性。有效问卷需要同时满足以下条件，否则作为废卷进行剔除（指标体系应用部分的有效问卷质量审核标准相同）：

(1) 人口学特征完整。

(2) 人口学特征与问卷调查题项填写情况无逻辑上的冲突矛盾，如就业情况为“无业”，则社会保险模块中的参保情况就不能出现“城镇职工医疗保险”。

调查过程中，每天对当日调查个案问卷填写情况进行质量审核与有效问卷筛查，及时统计有效问卷的人口特征分布，并将实测分布与配额抽样的目标分布进行对比，以于次日对现有有效样本进行查漏补缺；对存在缺口的样本群体进行有针对性的补充，以满足系统配额抽样的要求，使样本的代表性提高。样本在各人口特征变量上的分布情况如表2-13所示。①

① 对各人口特征变量的分类，参照2018—2020年《中国人口和就业统计年鉴》《中国劳动统计年鉴》《山东统计年鉴》、山东省第六次与第七次人口普查等资料中的相关界定。

表 2-13 样本在各人口特征变量上的分布情况

人口特征变量		抽样分布
居住地	城镇	515
	农村	493
年龄	20 岁以下	39
	20—29	169
	30—39	242
	40—49	244
	50—59	146
	60—69	118
	70—79	43
	80—89	7
性别	男	449
	女	559
行业	务农	372
	个体	100
	私营企业	120
	国有企业	104
	非就业人口，包含学生、失业人口、待就业人员等	40
	机关、事业单位与社会非营利组织	135
	其他单位共计	84
	股份合作单位	—
	联营单位	—
	有限责任公司	—
	股份有限公司	—
	港澳台商投资单位	—
	外商投资单位	—
	村办企业	—
	现役军人	—
	离退休人员	53

续表

人口特征变量		抽样分布
受教育程度	小学以下	36
	小学	87
	初中	275
	高中	237
	大学专科	205
	大学本科	151
	研究生	17
民族	汉族	1005
	少数民族	3

研究表明，随着经济结构的调整，职业类别为单一“务农”的群体比例逐步下降，而从事第二、第三产业的就业人口比率不断提高。正是基于这种社会现实，本书在对“务农”这一职业类别进行界定时，以“农业劳动时间与收入占比”作为参考标准——近一年通过农林牧副渔业生产获取个人主要收入（农业劳动所得大于总收入的50%），且农业劳动在个人的劳动时间中占比最大的劳动者为务农群体。

“个体”指的是在工商管理部门注册登记，并持有城镇户口或在城镇长期居住，经批准从事个体工商经营的就业人员，包括个体经营者和在个体工商户劳动的家庭帮工和雇工。

私营就业人员指的是在工商管理部门注册登记，其经营地址设在县城关镇以上（含县城关镇）的私营企业的就业人员，包括私营企业投资者和雇工。

国有企业就业人员指在资产归国家所有的经济组织中就业的劳动者，包括按《中华人民共和国企业法人登记管理条例》规定登记注册的非公司制的经济组织。

失业人员指的是有劳动能力，在调查期间无工作，当前有就业可能并以某种方式寻找工作的人员。在劳动力调查中，16岁及以上、具有劳动能力并同时符合以下各项条件的人员被列为失业人员：第一，在调查期内未从事为取得劳动报酬或经营利润的劳动，也没有处于就业定义中的暂时未工作状态；第二，在某一特定期间内采取了某种方式寻找工作；第三，当前如有工作机会可以在一个特定期间内应聘就业或从事自营职业。

离休、退休、退职人员指正式办理了离休、退休、退职手续，并享受相应的离休、退休、退职待遇的人员。

此外，在城乡一体化趋势下，户籍的利益捆绑机制已几近瓦解，基于户籍制度的差别化社会利益分配机制已不符合全民共享社会发展成果的现实要求，更不适应当前劳动力自由流动的市场环境现状。挂空户口，人户分离，户口漏登、重登等现象在实际调研中频发，故不再选取计划经济年代建立起来的户籍制度，即农业户口、非农户口二元分类来作为采样依据，而是通过居民常驻地作为采样依据之一。

2. 调查实施

调查对象为18—90岁居民。采用团体施测和入户施测相结合的方法，对于不识字、视力不好或者其他原因不便独立填写问卷的调查对象采用团体施测方式。在调查对象答卷完毕后，施测者与调查对象进行简短的访谈。主要围绕问卷中指标表达是否流畅、有无歧义，答题是否难以表述或选择，题项意图是否不明或难以理解等问题展开访谈，以便为后面修正指标、对指标体系查漏补缺作准备。

（三）数据分析

本书采用SPSS 22、Amos 21等软件对所采集的数据进行相关鉴别力分析、相关性分析、主成分分析、因子分析等，进行指标体系的构建、题项筛选的确定。

1. 样本在六大生活领域题项中的描述统计

(1) 样本在选择题各个选项上的频率分布（见表2-14）

通过样本在不同题项上的分布发现，样本分布出现极端异常的有两个题项，需要对选项进行重新分类调整：A12中1分和2分选项比例均为0.3%，且5分选项的比例为91.1%；C43中3分选项无样本分布。

表 2-14　样本在选择题各分值项上的分布表　（%）

	1	2	3	4	5
A5 查阅健康记录方便	12.6	5.6	27.3	39.5	11.9
A6 查阅健康知识方便度	8.4	5.1	27.5	43.8	12.8
A8 饮酒量	4.2	11.0	9.3	21.0	48.1
A9 三餐营养均衡	2.6	9.6	47.2	34.9	5.2
A10 作息规律	2.6	11.6	27.5	43.5	13.5
A12 生活自理能力	0.3	0.3	—	6.6	91.1
A13 服药频率	1.3	9.5	24.0	48.3	16.1
A14 健康资源享有的满意度	3.2	7.5	40.8	37.2	10.0
A15 感受到医疗改革	1.7	7.9	42.2	37.4	9.4
A16 健康得到满足	1.7	7.9	42.2	37.4	9.4
B25 劳动就业信息获取	5.6	4.3	17.9	48.7	17.5
B27 日常从事家务	36.5	28.0	15.4	14.3	4.3
B28 劳动资源享有的满意度	1.4	5.5	32.8	45.6	11.7
B29 劳动资源改善	1.3	5.2	44.6	37.8	7.7
B30 劳动需求满足	1.6	5.4	43.0	38.7	7.8
C36 周围自然环境	1.4	2.8	29.2	47.9	18.3
C43 灾害事故	1.8	7.4	—	27.7	62.1
C44 居住资源享有的满意度	1.8	6.0	31.3	48.3	12.3
C45 居住环境得到了改善	2.3	6.7	33.8	45.0	10.9
C46 环境需求得到满足	2.2	7.8	38.9	42.2	8.0
D50 观展频率	37.4	19.2	21.4	12.7	9.3
D53 文化资源享有的满意度	3.7	12.8	41.5	35.2	6.0
D54 文化休闲资源不断改善	1.7	5.0	44.5	40.9	7.1
D55 文化休闲需求得到满足	2.7	8.9	45.0	35.0	7.4
E62 住房满意度	5.0	8.6	39.1	39.3	6.8
E63 社会保障改革带来了好处	3.1	6.8	40.1	41.1	7.8
E64 社会保障需求得到满足	2.7	7.3	43.5	38.5	6.7
F68 家人互动频率	4.2	13.1	9.6	15.9	55.3
F69 邻里互动频率	12.5	19.9	10.6	19.6	35.9
F70 朋友互动频率	4.4	18.2	13.4	22.4	40.3
F72 社会网络资源享有的满意度	1.2	6.4	43.3	40.4	7.0
F73 社会网络得到了改善	0.5	5.2	43.1	44.1	6.4
F74 社会网络需求满足	1.7	5.6	44.4	41.8	5.4

（2）样本“自填”类数值型数据如表 2-15 所示。

题项中，没有标准差小于 1 的情况，指标鉴别力尚可。

表 2-15　样本“自填”类数值型数据描述统计表

	数据均值	数据标准差	数据方差	数据变异系数
健身时间（分钟）	30.612	35.798	1281.461	1.169
到健身地时间（分钟）	11.909	12.886	166.044	1.082
到医疗点时间（分钟）	15.040	13.326	177.594	0.886
体检间隔（月/次）	9.047	6.592	43.456	0.729
吸烟量（支/天）	2.640	6.008	36.095	2.276
自付医药费（元/年）	1734.603	8764.925	76823916.507	5.053
月均收入（元）	2425.860	1777.839	3160712.965	0.733
工作日平均劳动时间（时/天）	12.566	132.618	17587.524	10.554
休息时间（天/月）	5.769	6.703	44.935	1.162
居所到劳动场地交通时间（分钟）	15.594	16.906	285.822	1.084
培训时长（时/年）	60.081	369.500	136530.112	6.150
常住居所的人均住房面积（平方米）	44.556	116.602	13596.037	2.617
每天可自由支配时间（时/天）	6.980	7.328	53.706	1.050
受教育年限（年）	10.662	4.108	16.878	0.385
文化产品支出（元/年）	2080.478	6311.225	39831556.603	3.034
去年外出旅游时间（天/年）	4.216	7.493	56.145	1.777
参与社会福利活动次数（次/年）	0.963	2.350	5.523	2.440

2. 主观指标测量学特性检验

《中国居民主观幸福感量表简本（SWBS-CC）》中有 20 题，采用 6 点计分，从“很不同意、不同意、有点不同意、有点同意、同意、非常同意”分别计 1 至 6 分，其中主观量表中的第 4、5、6、9、10、11、13、15、17、18、20 题为反向计分。每题项采用 1—6 级评分制。

（1）信度检验

将主观量表的量表总分、各维度分量表得分进行内在一致性信度检验，检验结果如表 2-16 所示。

表 2-16 信度检验参数表

量表	总量表	社会信心	成长发展	目标价值	人际适应	自我接受	家庭氛围	心态平衡	身体健康	知足充裕	心理健康
α	0.575	0.587	0.548	0.580	0.637	0.413	0.643	0.658	0.720	0.581	0.483

（2）主成分分析与因子载荷分布

进行 KMO 检验和 Bartlett's 球形检验，得到 KMO 值为 0.870，表示适合进行因子分析（见表 2-17）；Bartlett's 球形检验显示 P 值为 0.000，说明变量间具有相关性，主成分分析有效。同时借助相关系数矩阵图，观察到大部分数据相关系数都比较高，极少数相关关系较弱，因此可以提取主成分，适合进行主成分分析。

表 2-17 KMO 检验和 Bartlett's 球形检验表

KMO 检验统计量		0.870
Bartlett's 球形检验	近似卡方值（Approx. Chi-Square）	4787.957
	自由度（df）	190.000
	显著性（Sig.）	0.000

3. 客观指标测量学特性分析

（1）赋值与统一量纲

根据题型来分类：选择题 A—F 选项使用 1—6 六点计分，得分越高，客观福祉指标得分越高（实证构建阶段施测问卷中题项第 5、6、9、10、12、13、14、15、16、25、27、28、29、30、36、44、45、46、53、54、55、62、63、64、72、73、74 题为反向计分）；“是否”题为 0、1 两类计分（实证构建阶段施测问卷中题项第 37、38、40、41 题为反向计分）；“自填”类数值型题项得分越高，客观福祉指标得分水平越高（实证构建阶段施测问卷中题项第 2、3、4、7、11、18、20 题为反向计分）。对问卷中的题项进行统一无量纲化处理，计算 Z 分数以统一单位。①

① Z 指的是对应指标得分的标准分，因每个分量表（分指标）中的项目个数不同，无法直接加总求算总分，故先进行标准分转换，形成等距变量以进行加减运算、主成分分析与回归等多种数据分析。

（2）指标鉴别力分析

鉴别力又称区分度，是测验指标的主要内容，是评价指标质量、筛选指标的主要指标与依据。指标的鉴别力越高，说明指标的质量越好。不同指标由各类题项形式呈现。[①]

由于每个领域分量表的题项个数不同，因此在计算分量表与总量表总分时，需要将各变量上的数据进行类正态化处理后再计入总分。根据不同题项所采集的变量特征不同（标准化后的“自填”类数值型题项与标准化后的“多项选择”类题项对应的是连续性变量；“是否”类题项对应的是二分类类别变量），采取相应的相关系数来进行指标鉴别力分析：

①“是否”类指标鉴别力指标

住房配套（C32b 住房电、C32g 住房通风）、工业垃圾（C40）与总量表分数的相关显著性水平分别为 0.389、0.064、0.134，均大于 0.05，说明其与总量表总分不存在显著相关关系（见表 2-18）。日常关注信息（D51d 文艺类、D51e 民生服务类）与所属分量表相关的显著性水平分别为 0.757 和 0.493，均大于 0.05，说明其与所属分量表得分不存在显著相关关系。

住房配套（C32b 住房电、C32g 住房通风）、工业垃圾（C40）、日常关注信息（D51e 民生服务类）与总量表的相关系数分别为 0.044、0.094、0.076、0.015，均低于同等自由度与显著性水平范围内的相关系数边界值 0.113。劳动场所配套（B21a 劳动自来水、B21b 劳动电、B21h 劳动通风）、噪声污染（C38）、生活垃圾（C41）与所属分量表相关系数分别为 0.033、0.001、0.054、0.028、0.061，低于边界值 0.062。

“是否”类题项中未出现与所属分量表或总量表得分均无显著相关的题项，

① 六大生活领域中的各客观指标总分（共 6 个总分）均包含满意度、获得感、需求满足感三个指标分数，且代入的是计算后、加总后的指标得分。如 B21 题代入相应维度总分的是加总后的场所配套种数，C31 代入相应维度总分的是计算后常住居所中的人均住房面积，C32 代入相应维度总分的是加总后的住房配套种数，D49 代入相应维度总分的是计算后的文化产品占月支出比例，E63 代入相应维度总分的是加总后的医疗保险种数，E64 代入相应维度总分的是加总后的养老保险种数，D52 代入相应维度总分的是加总的日常接受信息的种数，E69 代入相应维度总分的是自付医药费占总医药费开销的比例。

拟暂不考虑从中删除题项。计划调整住房配套（C32b 住房电、C32g 住房通风）、工业垃圾（C40）、日常关注信息（D51d 文艺类、D51e 民生服务类）、劳动场所配套（B21a 劳动自来水、B21b 劳动电、B21h 劳动通风）、噪声污染（C38）、生活垃圾（C41）。

表 2-18　“是否”类题项得分与全量表总分、所属分量表得分的相关系数表

	与总量表的相关系数（斯皮尔曼相关系数）	与所属分量表的相关系数（斯皮尔曼相关系数）
B21a	0.254	0.033
B21b	0.172	0.001
B21c	0.372	0.084
B21d	0.325	0.076
B21e	0.338	0.093
B21f	0.219	0.064
B21g	0.348	0.116
B21h	0.194	0.054
C32a	0.145	0.116
C32b	0.044	0.067
C32c	0.327	0.218
C32d	0.293	0.149
C32e	0.254	0.256
C32f	0.275	0.271
C32g	0.094	0.133
C32h	0.144	0.144
C32i	0.408	0.412
C37	0.241	0.071
C38	0.240	0.028
C39	0.238	0.115
C40	0.076	0.063
C41	0.206	0.061
C42	0.328	0.217

续表

	与总量表的相关系数（斯皮尔曼相关系数）	与所属分量表的相关系数（斯皮尔曼相关系数）
C43	0.231	0.067
D51a	0.270	0.401
D51b	0.220	0.360
D51c	0.144	0.366
D51d	0.125	0.277
D51e	0.015	0.245
E56a	0.221	0.227
E56b	0.387	0.525
E56c	0.194	0.351
E56d	0.201	0.130
E56e	0.361	0.546
E56f	0.249	0.482
E56g	0.285	0.624
E56h	0.370	0.669
E56I	0.278	0.595
E56j	0.347	0.671
F65	0.303	0.410
F66	0.281	0.378
F67	0.157	0.382

注：A 指的是健康领域；B 指的是劳动领域；C 指的是人居环境领域；D 指的是文化领域；E 指的是社会保障；F 指的是社会网络参与领域。下同。

②“多项选择”类指标鉴别力指标

A8（饮酒量）与总量表得分相关的显著性水平为0.065，大于0.05，与总量表得分不存在显著相关关系（见表2-19）。

B27（日常从事家务）与总量表的相关系数为0.105，低于同等自由度与显著性水平范围内的边界值0.113。“多项选择”类题项中未出现与所属分量表或总量表得分均无显著相关的题项，基于相关系数未达到显著水平的题项情况，故计划调整A8（饮酒量）、B27（日常从事家务）。

表 2-19 “多项选择”类题项得分与全量表总分、所属分量表得分的相关系数表

	与总量表的相关系数（皮尔逊相关系数）	与所属分量表的相关系数（皮尔逊相关系数）
A5	0.404	0.612
A6	0.406	0.538
A8	0.026	0.092
A9	0.458	0.573
A10	0.318	0.470
A12	0.204	0.230
A13	0.182	0.335
A14	0.315	0.543
A15	0.465	0.632
A16	0.490	0.641
B25	0.523	0.588
B27	0.105	0.265
B28	0.541	0.564
B29	0.525	0.553
B30	0.584	0.615
C36	0.494	0.622
C43	0.231	0.359
C44	0.488	0.669
C45	0.470	0.633
C46	0.495	0.619
D53	0.545	0.611
D54	0.504	0.647
D55	0.554	0.622
E62	0.632	0.650
E63	0.638	0.609
E64	0.677	0.619
F68	0.213	0.473
F69	0.128	0.557
F70	0.143	0.517
F72	0.507	0.704
F73	0.508	0.714
F74	0.491	0.695

③“自填”类数值型指标鉴别力指标

A2（到健身地时间）、A3（到医疗点时间）、A11（自付医药费）、B20（到劳动场所交通时间）与总量表得分相关的显著性水平分别为0.448、0.197、0.258、0.435，均大于0.05，与总量表得分不存在显著相关关系。A3（到医疗点时间）、B18（工作日平均劳动时间）与所属分量表得分的相关系数显著性水平分别为0.186、0.149，大于0.05，说明上述题项与所属分量表得分不存在显著相关关系（见表2-20）。

A3与总量表得分的相关系数低于同等自由度与显著性水平范围内的边界值0.113，A3与所属分量表的相关系数低于同等自由度与显著性水平范围内的边界值0.062。

由于“自填”类数值型题项中仅有A3与所属分量表、总量表的相关系数均未达显著，故考虑剔除A3（到医疗点时间）；调整A2（到健身地时间）、A11（自付医药费）、B18（工作日平均劳动时间）、B20（到劳动场所交通时间）4道题项。通过综合鉴别力分析，拟删除A8、B27、A3、B18。

表2-20 “自填”类数值型题项得分与全量表总分、所属分量表得分的相关系数表

	与总量表相关（皮尔逊相关系数）	与所属分量表相关（皮尔逊相关系数）
A1	0.247	0.364
A2	0.038	0.166
A3	0.065	0.050
A4	0.137	0.184
A7	0.057	0.100
A11	0.136	0.132
B17	0.316	0.472
B18	0.150	0.054
B19	0.215	0.125
B20	0.040	0.174
[illegible]	0.326	0.314
C31	0.245	0.222
D47	0.298	0.292
D48	0.219	0.248
D50	0.126	0.300
D52	0.367	0.440
F71	0.232	0.236

（3）信度分析

本书使用内部一致性系数（Cronbach's α 系数）检验信度（见表 2-21）。分量表“健康”和“文化”信度分别为 0.523 和 0.556，需要特别调整修订。其他量表信度基本达到 0.7，且总量表信度系数达到 0.863，说明本书中总量表信度优良，分量表信度也较好。[①]

表 2-21　内在一致性信度表

量表	总量表	健康分量表	劳动分量表	人居环境分量表	文化分量表	社会保障分量表	社会网络参与分量表
α	0.863	0.523	0.728	0.721	0.556	0.700	0.692

（4）客观福祉指标因子载荷

由 SPSS 检验结果显示，当显著性 Sig.＜0.05 时[②]，说明变量间具有相关性。结果可见，KMO 值为 0.742，表示适合进行主成分分析；Bartlett's 球形检验显示 P 值为 0.000，说明变量间具有相关性，主成分分析法有效（见表 2-22）。同时借助相关系数矩阵图，观察大部分数据相关系数都比较高，极少数相关关系较弱，适合进行主成分分析。

① 通常 Cronbach's α 系数的值在 0—1。一般而言，如果 α 系数不超过 0.6，则说明内部一致性信度不足；如果在 0.6—0.7，该量表应予以修订，但仍不失价值；如果在 0.7—0.8，则说明具有相当的信度；达到 0.8—0.9 时说明信度非常好。

② 采用主成分分析，呈现各个题项的因子载荷，即在尽可能不损失信息或者少损失信息的情况下，将多个变量减少为少数几个具有相互独立维度的变量，这几个变量（因子）可以高度概括大量数据中的信息，从而起到既减少变量个数、又再现变量之间联系的目的。在主成分分析法前，将所获得的数据借助相关系数矩阵图进行 KMO 检验和 Bartlett's 球形检验。KMO 检验用于检查变量间的偏相关性，取值为 0—1。KMO 统计量越接近于 1，变量的偏相关性越强，主成分分析法的效果越好。实际分析中，KMO 统计量在 0.9 以上，表示非常适合进行主成分分析法；在 0.8—0.9 时，表示很适合进行主成分分析法；在 0.7—0.8 时，表示适合进行主成分分析法。当 KMO 统计量在 0.5 以下时，此时不适合进行主成分分析法。利用 Bartlett's 球形检验可判断，如果相关矩阵是单位矩阵，则主成分分析法无效。

表 2-22　KMO 检验和 Bartlett's 球形检验表

KMO 检验统计量		0.742
Bartlett's 球形检验	近似卡方值（Approx. Chi-Square）	9135.296
	显著性（Sig.）	0.000

通过主成分分析发现，根据特征值大于 1 为选取主成分因子的原则，经初步筛选后，共有 25 个特征值大于 1 的主成分因子（见表 2-23），能够解释总变异的 65.083%。另外前 23 个公因子累计方差贡献率达到 60%以上；“旋转平方和载入”一栏显示的是旋转以后的因子提取结果。

表 2-23　主成分分析参数表

	初始特征根			提取平方和载入			旋转平方和载入		
	总计	变异（%）	累计（%）	总计	变异（%）	累计（%）	总计	变异（%）	累计（%）
1	7.757	10.626	10.626	7.757	10.626	10.626	3.850	5.274	5.274
2	3.919	5.368	15.994	3.919	5.368	15.994	3.664	5.019	10.293
3	2.840	3.891	19.885	2.840	3.891	19.885	3.053	4.182	14.475
4	2.455	3.363	23.248	2.455	3.363	23.248	2.502	3.427	17.903
5	2.251	3.083	26.331	2.251	3.083	26.331	2.315	3.171	21.074
6	2.050	2.808	29.139	2.050	2.808	29.139	2.251	3.083	24.157
7	1.896	2.597	31.736	1.896	2.597	31.736	2.181	2.987	27.145
8	1.807	2.475	34.211	1.807	2.475	34.211	2.103	2.881	30.026
9	1.759	2.410	36.621	1.759	2.410	36.621	1.927	2.640	32.666
10	1.736	2.378	38.998	1.736	2.378	38.998	1.803	2.470	35.135
11	1.611	2.207	41.206	1.611	2.207	41.206	1.685	2.308	37.444
12	1.542	2.112	43.318	1.542	2.112	43.318	1.625	2.225	39.669
13	1.479	2.026	45.344	1.479	2.026	45.344	1.621	2.220	41.889
14	1.404	1.923	47.267	1.404	1.923	47.267	1.603	2.196	44.085
15	1.344	1.842	49.108	1.344	1.842	49.108	1.574	2.157	46.242
16	1.324	1.813	50.922	1.324	1.813	50.922	1.537	2.106	48.348
17	1.313	1.798	52.720	1.313	1.798	52.720	1.512	2.072	50.419
18	1.277	1.750	54.470	1.277	1.750	54.470	1.501	2.057	52.476

续表

	初始特征根			提取平方和载入			旋转平方和载入		
	总计	变异（%）	累计（%）	总计	变异（%）	累计（%）	总计	变异（%）	累计（%）
19	1.225	1.679	56.149	1.225	1.679	56.149	1.493	2.045	54.521
20	1.177	1.612	57.761	1.177	1.612	57.761	1.374	1.882	56.403
21	1.122	1.537	59.298	1.122	1.537	59.298	1.293	1.771	58.174
22	1.092	1.497	60.794	1.092	1.497	60.794	1.293	1.771	59.944
23	1.086	1.488	62.282	1.086	1.488	62.282	1.280	1.753	61.697
24	1.027	1.406	63.688	1.027	1.406	63.688	1.241	1.699	63.397
25	1.018	1.395	65.083	1.018	1.395	65.083	1.231	1.687	65.083

在表 2-23 中，第 1—6 个主成分解释力急剧下降，第 7—12 个主成分降幅较为明显，而后趋于平缓下降，基本符合六大客观生活领域的前期体系构建框架。

本书中，主成分分析法检验 6 个一级指标结构及各指标的因子载荷。

根据 Kaiser 准则，当样本量大于 500 时，各题的平均共同度在 0.16 以上为理想题项。E56b、E56a、E56e、B21d、B21、E56h、E56d、B21e、E56j、B21g、E56g、B21a、A9、B25、F69、A6、B21b、A5、E56I、C41、D47、B19、F70、C38、C32i、C37、C36、E56f、E56c、A8、F68、B18、C40、A1、A13、C32c、B17、A10、F66、C32f、C32d、A4、C32e、B21h、C42、C31、C32g、F65、D49、C43、D51c、D50、B21f 的共同度分布理想（见表 2-24）。

表 2-24　6 个主成分分析时的公因子方差分布（共同度分布）表

题项	提取	题项	提取
E56b	0.779	A10	0.243
E56a	0.734	F66	0.239
E56e	0.727	C32f	0.234
B21d	0.663	C32d	0.220
B21	0.628	A4	0.218
E56h	0.620	C32e	0.217
E56d	0.585	B21h	0.217

续表

题项	提取	题项	提取
B21e	0.558	C42	0.201
E56j	0.557	C31	0.191
B21g	0.518	C32g	0.189
E56g	0.484	F65	0.186
B21a	0.474	D49	0.178
A9	0.462	C43	0.167
B25	0.462	D51c	0.162
F69	0.456	D50	0.161
A6	0.442	B21f	0.160
B21b	0.427	D51d	0.145
A5	0.426	D52	0.141
E56I	0.421	B27	0.125
C41	0.403	B20	0.121
D47	0.390	A3	0.118
B19	0.381	D51b	0.116
F70	0.361	D51a	0.114
C38	0.355	A7	0.104
C32i	0.355	C32h	0.102
C37	0.347	A11	0.099
C36	0.342	C39	0.099
E56f	0.336	F67	0.099
E56c	0.296	A12	0.096
A8	0.293	B26	0.087
F68	0.293	A2	0.080
B18	0.277	F71	0.078
C40	0.272	D51[illegible]	0.070
A1	0.268	C32a	0.064
A13	0.262	D48	0.035
C32c	0.256	C32b	0.033
B17	0.256		

通过主成分分析发现，前6个主成分的特征值分别为7.757、3.919、2.840、2.455、2.251、2.050，对前6个主成分进行方差极大正交旋转以明确其结构。使用主成分分析方法分析题项对应各主成分的因子载荷，因子载荷取临界值0.4。社会保险参与、受教育年限、劳动环境配套、住房环境配套、休息时间、居所到劳动场所时间、朋友互动、家人互动、健身时间、查阅健康记录、劳动就业信息数量、三餐均衡、是否参加政府组织、生活垃圾、空气污染、噪声污染、工业垃圾、周围自然环境、饮酒量、住房面积的因子载荷大于等于0.4，在主成分分析的因子载荷分布上较为理想。

在6个主成分分析中，在共同度参数筛查标准之上，进一步以因子载荷>0.4为标准进行筛查，结果如表2-25所示。

表2-25　6个主成分对应的因子载荷分布表（因子载荷>0.4）

	共同度	因子一	因子二	因子三	因子四	因子五	因子六
E56b	0.779	0.857	—	—	—	—	—
E56e	0.727	0.831	—	—	—	—	—
E56h	0.620	0.666	—	—	—	—	—
E56j	0.557	0.660	—	—	—	—	—
E56g	0.484	0.577	—	—	—	—	—
E56I	0.421	0.514		—	—	—	—
D47	0.390	0.473		—	—	—	—
B21c	0.628	—	0.720	—	—	—	—
B21d	0.663	—	0.698	—	—	—	—
B21e	0.558	—	0.693	—	—	—	—
B21a	0.474	—	0.640	—	—	—	—
B21b	0.427	—	0.607	—	—	—	—
B21g	0.518	—	0.553	—	—	—	—
C32g	0.189	—	0.402	—	—	—	—
B19	0.381	—	—	0.600	—	—	—
F69	0.456	—	—	0.575	—	—	—
F70	0.361	—	—	0.510	—	—	—
F68	0.293	—	—	0.445	—	—	—

续表

	共同度	因子一	因子二	因子三	因子四	因子五	因子六
A1	0.268	—	—	0.440	—	—	—
A6	0.442	—	—	—	0.648	—	—
A5	0.426	—	—	—	0.619	—	—
B25	0.462	—	—	—	0.578	—	—
A9	0.462	—	—	—	0.514	—	—
F66	0.239	—	—	—	0.465	—	—
C41	0.403	—	—	—	—	0.605	—
C37	0.347	—	—	—	—	0.572	—
C38	0.355	—	—	—	—	0.534	—
C40	0.272	—	—	—	—	0.454	—
C36	0.272	—	—	—	—	0.429	—
C32d	0.220	—	—	—	—	0.406	—
E56c	0.296	—	—	—	—	—	0.514
A8	0.293	—	—	—	—	—	0.493
E56f	0.336	—	—	—	—	—	0.460
C31	0.191	—	—	—	—	—	0.405

在12个主成分分析中，在共同度参数筛查标准之上，进一步以因子载荷>0.4为标准进行筛查。12个主成分分布对应的题项中，社会保险、邻里互动、查阅健康记录、获取健康知识、三餐营养、朋友互动、休闲时间、家人互动、生活垃圾、工业垃圾、劳动就业信息、劳动环境配套、空气污染、工作日平均劳动时间、饮酒量、噪声污染、居所到劳动场所时间、住房配套、服药频率、日常关注信息种类、健身时间、周围自然环境、灾害事故、吸烟量、受教育年限、从事家务、住房面积、是否加入非政府组织、参与社会福利活动次数、是否行使话语权、是否参加投票、到健身地时间、到医疗点时间、日常医药费较为理想（见表2-26）。

表 2-26　12 个主成分对应的因子载荷分布表(因子载荷>0.4)

	共同度	因子一	因子二	因子三	因子四	因子五	因子六	因子七	因子八	因子九	因子十	因子十一	因子十二
E56b	0.818	0.863	—	—	—	—	—	—	—	—	—	—	—
E56e	0.767	0.842	—	—	—	—	—	—	—	—	—	—	—
E56j	0.609	0.567	—	—	—	—	—	—	—	—	—	—	—
E56h	0.687	0.534	—	—	—	—	—	—	—	—	—	—	—
E56g	0.639	0.421	—	—	—	—	—	—	—	—	—	—	—
D47	0.399	0.411	—	—	—	—	—	—	—	—	—	—	—
B21d	0.710	—	0.749	—	—	—	—	—	—	—	—	—	—
B21a	0.570	—	0.724	—	—	—	—	—	—	—	—	—	—
B21c	0.654	—	0.718	—	—	—	—	—	—	—	—	—	—
B21b	0.555	—	0.700	—	—	—	—	—	—	—	—	—	—
B21g	0.587	—	0.625	—	—	—	—	—	—	—	—	—	—
B21e	0.578	—	0.601	—	—	—	—	—	—	—	—	—	—
A5	0.628	—	—	0.771	—	—	—	—	—	—	—	—	—
A6	0.556	—	—	0.713	—	—	—	—	—	—	—	—	—
A9	0.560	—	—	0.611	—	—	—	—	—	—	—	—	—
B25	0.512	—	—	0.540	—	—	—	—	—	—	—	—	—

续表

	共同度	因子一	因子二	因子三	因子四	因子五	因子六	因子七	因子八	因子九	因子十	因子十一	因子十二
B18	0.477	—	—	—	0.656	—	—	—	—	—	—	—	—
A13	0.425	—	—	—	0.579	—	—	—	—	—	—	—	—
F70	0.575	—	—	—	—	0.743	—	—	—	—	—	—	—
F69	0.632	—	—	—	—	0.725	—	—	—	—	—	—	—
F68	0.533	—	—	—	—	0.714	—	—	—	—	—	—	—
C32c	0.447	—	—	—	—	—	0.568						
B21h	0.492	—	—	—	—	—	0.525						
C32d	0.351	—	—	—	—	—	0.508						
C32f	0.371	—	—	—	—	—	0.508						
B21f	0.384	—	—	—	—	—	0.497						
C41	0.528	—	—	—	—	—	—	0.651	—	—	—	—	—
C40	0.515	—	—	—	—	—	—	0.635	—	—	—	—	—
C38	0.462	—	—	—	—	—	—	0.608	—	—	—	—	—
C43	0.281	—	—	—	—	—	—	0.442	—	—	—	—	—
E56g	0.639	—	—	—	—	—	—	—	0.534	—	—	—	—
E56I	0.575	—	—	—	—	—	—	—	0.515	—	—	—	—

续表

	共同度	因子一	因子二	因子三	因子四	因子五	因子六	因子七	因子八	因子九	因子十	因子十一	因子十二
D51b	0.424	—	—	—	—	—	—	—	0.506	—	—	—	—
D51a	0.301	—	—	—	—	—	—	—	0.437	—	—	—	—
E56h	0.687	—	—	—	—	—	—	—	0.429	—	—	—	—
E56c	0.613	—	—	—	—	—	—	—	—	0.728	—	—	—
E56f	0.533	—	—	—	—	—	—	—	—	0.659	—	—	—
C31	0.320	—	—	—	—	—	—	—	—	0.459	—	—	—
A7	0.312	—	—	—	—	—	—	—	—	—	0.520	—	—
D51c	0.358	—	—	—	—	—	—	—	—	—	0.518	—	—
B27	0.379	—	—	—	—	—	—	—	—	—	0.478	—	—
F66	0.466	—	—	—	—	—	—	—	—	—	—	0.615	—
F71	0.344	—	—	—	—	—	—	—	—	—	—	0.539	—
F67	0.393	—	—	—	—	—	—					0.530	
F65	0.368	—	—	—	—	—	—					0.419	
B20	0.442	—	—	—	—	—	—						0.571
A3	0.334	—	—	—	—	—	—						0.481
A11	0.312	—	—	—	—	—	—						0.473
A2	0.285	—	—	—	—	—	—						0.471

通过客观生活领域总量表题项总体的主成分分析，基于前期对于指标体系的理论与质性分析构建可知，健康（预防保健、治疗康复）、劳动（薪酬劳动、非薪酬劳动）、人居环境（住房环境、公共设施与环境）、文化（教育、休闲）、社会保障（社会保险、社会福利事业）、社会网络参与（政治决策、人际互动）六大领域、12 次级维度的体系框架的因子载荷与共同度较为理想（见表 2-27）。

表 2-27　12 个主成分分析时的公因子方差分布（共同度分布）表

题项	提取	题项	提取
E56b	0.818	A1	0.410
E56a	0.796	C36	0.401
E56e	0.767	D47	0.399
B21d	0.710	F67	0.393
E56h	0.687	B21f	0.384
E56d	0.663	B27	0.379
B21c	0.654	C32e	0.377
E56g	0.639	C32f	0.371
F69	0.632	F65	0.368
A5	0.628	B17	0.358
E56c	0.613	D51c	0.358
E56j	0.609	C32d	0.351
B21g	0.587	F71	0.344
B21e	0.578	A3	0.334
F70	0.575	C31	0.320
E56I	0.575	A10	0.317
B21a	0.570	A7	0.312
A9	0.560	A11	0.312
A8	0.550	C42	0.308
B21b	0.555	D51a	0.301
B19	0.549	A4	0.294
F68	0.533	C32g	0.288
E56f	0.533	C32h	0.285
C41	0.528	A2	0.285

续表

题项	提取	题项	提取
C40	0.515	D49	0.283
B25	0.512	C43	0.281
B21h	0.492	D50	0.264
C37	0.492	A12	0.257
B18	0.477	D51d	0.244
A8	0.473	C39	0.200
F66	0.466	D52	0.193
C38	0.462	C32b	0.174
C32c	0.447	B26	0.163
B20	0.442	D51e	0.119
C32i	0.440	C32a	0.112
A13	0.425	D48	0.100
D51b	0.424		

注：除去 D51e、C32a、D48，其余题目共同度在 0.16 以上，较为理想。

在实证构建阶段的问卷调查中，问卷的 E56、D47、B21、C32、B19、F69、F70、F68、A1、A5、A6、B25、A9、A13、F66、C41、C37、C38、C40、C36、C31 涉及健康、文化、人居环境、劳动、社会保障、社会网络参与六大维度，且因子载荷、共同度、鉴别力均理想。

①分量表“健康”主成分分析

通过主成分分析发现，特征值大于 1 的公因子累计方差贡献率为 56.114%（见表 2-28）。第 1 和第 2 个主成分的解释力急剧下降。

表 2-28 “健康”主成分分析表

	初始特征根			提取平方和载入			旋转平方和载入		
	总计	变异（%）	累计（%）	总计	变异（%）	累计（%）	总计	变异（%）	累计（%）
1	2.179	16.762	16.762	2.179	16.762	16.762	2.152	16.552	16.552
2	1.605	12.346	29.108	1.605	12.346	29.108	1.375	10.578	27.130
3	1.341	10.319	39.428	1.341	10.319	39.428	1.325	10.194	37.325
4	1.121	8.626	48.054	1.121	8.626	48.054	1.241	9.545	46.869

续表

	初始特征根			提取平方和载入			旋转平方和载入		
	总计	变异（%）	累计（%）	总计	变异（%）	累计（%）	总计	变异（%）	累计（%）
5	1.048	8.060	56.114	1.048	8.060	56.114	1.202	9.244	56.114
6	0.969	7.452	63.566	—	—	—	—	—	—
7	0.923	7.098	70.665	—	—	—	—	—	—
8	0.907	6.979	77.644	—	—	—	—	—	—
9	0.733	5.641	83.285	—	—	—	—	—	—
10	0.661	5.082	88.367	—	—	—	—	—	—
11	0.625	4.809	93.175	—	—	—	—	—	—
12	0.566	4.357	97.532	—	—	—	—	—	—
13	0.321	2.468	100.000	—	—	—	—	—	—

②分量表“劳动”主成分分析

通过主成分分析发现，特征值大于 1 的公因子累计方差贡献率为 58.500%（见表 2-29）。第 1 和第 2 个主成分的解释力急剧下降。

表 2-29 “劳动”主成分分析表

	初始特征根			提取平方和载入			旋转平方和载入		
	总计	变异（%）	累计（%）	总计	变异（%）	累计（%）	总计	变异（%）	累计（%）
1	3.646	24.309	24.309	3.646	24.309	24.309	3.357	22.380	22.380
2	1.540	10.269	34.578	1.540	10.269	34.578	1.477	9.845	32.225
3	1.463	9.754	44.332	1.463	9.754	44.332	1.472	9.814	42.038
4	1.107	7.382	51.714	1.107	7.382	51.714	1.447	9.645	51.684
5	1.018	6.786	58.500	1.018	6.786	58.500	1.023	6.817	58.500
6	0.956	6.376	64.876	—	—	—	—	—	—
7	0.871	5.805	70.681	—	—	—	—	—	—
8	0.757	5.048	75.729	—	—	—	—	—	
9	0.664	4.423	80.153	—	—	—	—	—	—
10	0.648	4.323	84.475	—	—	—	—	—	—
11	0.594	3.962	88.438	—	—	—	—	—	—
12	0.547	3.649	92.087	—	—	—	—	—	—

续表

	初始特征根			提取平方和载入			旋转平方和载入		
	总计	变异（%）	累计（%）	总计	变异（%）	累计（%）	总计	变异（%）	累计（%）
13	0.425	2.832	94.919	—	—	—	—	—	—
14	0.399	2.661	97.580	—	—	—	—	—	—
15	0.363	2.420	100.000	—	—	—	—	—	—

③分量表“人居环境”主成分分析

通过主成分分析发现，特征值大于 1 的公因子累计方差贡献率为 56.274%（见表 2-30）。第 1 和第 2 个主成分的解释力急剧下降。

表 2-30 “人居环境”主成分分析表

	初始特征根			提取平方和载入			旋转平方和载入		
	总计	变异（%）	累计（%）	总计	变异（%）	累计（%）	总计	变异（%）	累计（%）
1	2.637	14.652	14.652	2.637	14.652	14.652	2.150	11.947	11.947
2	1.898	10.546	25.197	1.898	10.546	25.197	1.821	10.114	22.061
3	1.287	7.151	32.348	1.287	7.151	32.348	1.694	9.412	31.473
4	1.221	6.781	39.129	1.221	6.781	39.129	1.221	6.783	38.257
5	1.051	5.839	44.968	1.051	5.839	44.968	1.108	6.155	44.412
6	1.022	5.677	50.645	1.022	5.677	50.645	1.104	6.134	50.546
7	1.013	5.630	56.274	1.013	5.630	56.274	1.031	5.729	56.274
8	0.967	5.374	61.648	—	—	—	—	—	—
9	0.925	5.137	66.785	—	—	—	—	—	—
10	0.866	4.814	71.598	—	—	—	—	—	—
11	0.816	4.533	76.132	—	—	—	—	—	—
12	0.748	4.154	80.286	—	—	—	—	—	—
13	0.729	4.053	84.338	—	—	—	—	—	—
14	0.640	3.558	87.896	—	—	—	—	—	—
15	0.616	3.420	91.316	—	—	—	—	—	—
16	0.559	3.106	94.422	—	—	—	—	—	—
17	0.520	2.887	97.309	—	—	—	—	—	—
18	0.484	2.691	100.000	—	—	—	—	—	—

④分量表“文化”主成分分析

通过主成分分析发现，特征值大于 1 的公因子累计方差贡献率为 51.817%（见表 2-31）。“旋转平方和载入”一栏显示的是旋转以后的因子提取结果，与旋转之前差别不大。本分析在第 1 和第 2 个主成分处急剧下降。

表 2-31 “文化”主成分分析表

	初始特征根			提取平方和载入			旋转平方和载入		
	总计	变异（%）	累计（%）	总计	变异（%）	累计（%）	总计	变异（%）	累计（%）
1	1.681	16.812	16.812	1.681	16.812	16.812	1.504	15.037	15.037
2	1.231	12.312	29.125	1.231	12.312	29.125	1.286	12.858	27.895
3	1.177	11.775	40.899	1.177	11.775	40.899	1.238	12.381	40.276
4	1.092	10.918	51.817	1.092	10.918	51.817	1.154	11.541	51.817
5	0.994	9.942	61.760	—	—	—	—	—	—
6	0.928	9.279	71.038	—	—	—	—	—	—
7	0.785	7.847	78.885	—	—	—	—	—	—
8	0.747	7.469	86.355	—	—	—	—	—	—
9	0.725	7.247	93.602	—	—	—	—	—	—
10	0.640	6.398	100.000	—	—	—	—	—	—

⑤分量表“社会保障”主成分分析

通过主成分分析发现，特征值大于 1 的公因子累计方差贡献率为 74.158%（见表 2-32）。第 1 和第 2 个主成分的解释力急剧下降。

表 2-32 “社会保障”主成分分析表

	初始特征根			提取平方和载入			旋转平方和载入		
	总计	变异（%）	累计（%）	总计	变异（%）	累计（%）	总计	变异（%）	累计（%）
1	4.504	45.039	45.039	4.504	45.039	45.039	3.022	30.221	30.221
2	1.576	15.759	60.798	1.576	15.759	60.798	2.795	27.953	58.174
3	1.336	13.360	74.158	1.336	13.360	74.158	1.598	15.984	74.158
4	0.568	5.683	79.841	—	—	—	—	—	—
5	0.505	5.050	84.891	—	—	—	—	—	—
6	0.436	4.360	89.251	—	—	—	—	—	—

续表

	初始特征根			提取平方和载入			旋转平方和载入		
	总计	变异（%）	累计（%）	总计	变异（%）	累计（%）	总计	变异（%）	累计（%）
7	0.395	3.948	93.199	—	—	—	—	—	—
8	0.292	2.919	96.118	—	—	—	—	—	—
9	0.269	2.695	98.813	—	—	—	—	—	—
10	0.119	1.187	100.000	—	—	—	—	—	—

⑥分量表“社会网络参与”主成分分析

通过主成分分析发现，特征值大于 1 的公因子累计方差贡献率为 66.014%（见表 2-33）。第 1 到第 3 个主成分的解释力急剧下降。

表 2-33　“社会网络参与”主成分分析表

	初始特征根			提取平方和载入			旋转平方和载入		
	总计	变异（%）	累计（%）	总计	变异（%）	累计（%）	总计	变异（%）	累计（%）
1	2.066	29.515	29.515	2.066	29.515	29.515	2.058	29.405	29.405
2	1.543	22.036	51.551	1.543	22.036	51.551	1.365	19.503	48.908
3	1.012	14.463	66.014	1.012	14.463	66.014	1.197	17.106	66.014
4	0.824	11.778	77.793	—	—	—	—	—	—
5	0.622	8.885	86.678	—	—	—	—	—	—
6	0.538	7.687	94.365	—	—	—	—	—	—
7	0.394	5.635	100.000	—	—	—	—	—	—

综上，经主成分分析后发现，各量表公因子解释量均为 51%—75%，效度尚可，六大生活领域内基本都是前两个主成分解释量最大。

二、指标修订

问卷调查结果分析完毕后，针对需要修正或删减、增加的指标对各领域专家进行咨询与访谈。各专家均在 20 世纪 80 年代中期以来从事福祉评估领域的研究（通过文献搜索进行联系）。在此基础上再次补充文献研究，以完善指标的修正过程。

（一）访谈专家基本情况

在专家访谈环节，一共联系到11位学者、专家。他们来自高校、地方科研机构、党政机关，涉及公共教育资源规划与政策研究、社会医学与卫生事业管理、旅游管理、房产管理、生活质量与公共政策评价等专业领域。我们通过电话、邮件、实地访谈、视频连线等方式对这几位学者、专家进行深度访谈。

（二）基于调查结果与学者、专家访谈的指标修订

1. 对答案呈极端分布的题项的处理

针对有效样本在选择题项上分布存在极端值的情况（如A12中1分和2分选项比例均为0.3%，且5分选项的比例为91.1%；C43中3分选项无样本分布），将选择题项中的“一般或说不好”选项去掉，以6点计分为标准。根据“样本在某一选项上过于集中，则将该选项裂变成程度不同的两个选项”的原则，将实证构建阶段施测问卷版本中的所有“一般或说不好”裂变为两项，如“符合、不符合”“满意、不满意”“规律、不规律”“便捷、不便捷”，然后与“比较……不太……”“非常、非常不”共同组成6点计分形式。

(1)“观看或参与文体活动（如参观文化馆、博物馆、展览，看电影、文艺表演）的频率”中，选项A.“一年不到1次”上样本分布近40%。走访过的4个村落中的居民都反映从未参与过类似文体活动，于是改为：A. 完全不观看、不参与，B. 几年1次，C. 一年1次，D. 一年几次，E. 约每月1次，F. 约每周1次及以上。

(2)“F68家人互动频率”“F69邻里互动频率”“F70朋友互动频率”这三题样本在最后一项“每周1次及以上”的分布高达40%—56%，因此将选项重新修正为：A. 几年1次，B. 一年1次，C. 一年几次，D. 约每月1次，E. 约每周1次，F. 每周几次。

(3)“您平常用药情况”一题中，有48%以上的居民选择D“经常用药”，因此将选项重新调整为：A. 几乎不用药，B. 极少用药，C. 偶尔用药，D. 有时用药，E. 经常用药，F. 每天用药。

(4) 第50题缺失样本占总样本比例为4.1%，变异系数[①]为1.05。因此将“可自由支配时间”进一步给出明确释义与界定，将原问卷50题改为：您每天除了吃饭、睡觉等必要的起居活动与劳动时间以外，其余休闲时间约为________时/天。

(5) 据居民对于社会医疗与养老保险两道题项的反馈情况可以看出，20%的居民会考虑参与商业性养老与医疗保险作为社会保险的重要补充，另参考2013年中国综合社会调查“社会保障”维度对于不同保险险种参与的调查题项，将56题与57题的选项作了补充，增添了商业性医疗保险与商业性养老保险。更改后为：

①您是否参与：

城乡居民基本医疗保险：A. 是　B. 否

城镇职工基本医疗保险：A. 是　B. 否

公费医疗：A. 是　B. 否

商业性医疗保险：A. 是　B. 否

②您是否参与：

城乡居民基本养老保险：A. 是　B. 否

城镇职工基本养老保险：A. 是　B. 否

机关事业单位或企业职业年金：A. 是　B. 否

商业性养老保险：A. 是　B. 否

(6) A12题“您的生活自理情况”的选项D.“几乎无法自理”、E.“完全不能自理”的比例均为0.3%，A.“完全能够自理”的比例高达91.1%。参考《劳动能力鉴定职工工伤与职业病致残等级》(GB/T16180—2006)与《自理能力及生活能力评估表(Barthel指标评定表)》将选项重新调整为：A. 完全能够自理，

① 当需要比较两组数据离散程度大小的时候，如果两组数据的测量与评价尺度相差太大，或者因数据量纲的不同，直接使用标准差来进行比较不合适，此时就应当消除测量与评价尺度和量纲的影响，而变异系数可以做到这一点。它是原始数据标准差与原始数据平均数的比。项目的标准差越大，说明个体在该项目上得分的分布越广，该项目也越能够鉴别出个体反应的差异；反之，说明个体在该项目的得分分布范围小，该项目对个体反应差异性的鉴别力较低。

B. 均可基本自理，C. 生活大部分自理，D. 生活部分自理，E. 生活大部分无法自理，F. 完全无法自理。

2. 对题意表达有歧义的题项的处理

（1）根据指标鉴别力分析以及居民访谈所反馈的情况可以发现，有近76.45％的居民反映72—74题中的“社会网络参与”的意义太过笼统，难以理解，不知道如何评价。在正式问卷中修订为“社会决策参与与社会团体活动”这样更为典型的社会网络参与行为，以便将提问聚焦。原72—74题更改为：

①您对自己的社会决策参与或社会团体活动情况感到：

②您感到自己的社会决策参与或社会团体活动情况近年来得到了改善：

③您在社会决策参与或社会团体活动中的需求得到了满足：

（2）结合房地产专业的教授与学者专家的访谈内容，根据事件的性质区分为治安、灾害事故与自然灾害，语义更为明确。C43题改为“您常住居所附近治安、灾害事故与自然灾害频率为________”。根据C43题实证构建阶段样本在各分值项上的分布将选项调整为：A. 频繁发生，B. 时常发生，C. 有时，D. 偶尔发生，E. 极少发生，F. 几乎不发生。

（3）在试测过程中有15.67％的居民在作答第17题时会问“月收入是不是就是指固定工资”。此题设置的目的在于测量与评价个体薪酬、福利以及财产性收入。劳动经济学中将此界定为通过资本、技术和管理等要素参与社会生产和生活活动所产生的收入。在正式问卷中特别注明“目前您的平均月收入大约________元（包括工资及除工资外的其他收入）”。

3. 对内在一致性信度不足的题项的处理

（1）“文化领域”分量表内在一致性信度不足0.6。“十三五”时期基本公共服务领域主要发展指标显示，电视、广播的总城乡覆盖率已达98％；国民综合阅读率（全国每年有阅读行为，包括图书报刊、数字出版物和手机媒体读物等的城乡人数占总人口比例）已达到79.6％。第18次全国国民阅读调查显示：2020年我国成年人包括书报刊和数字出版物在内的各种媒介的综合阅读率为81.3％，人均纸质图书阅读量为4.70本，人均电子书阅读量为3.29本，可见广播、电视是一项对于城乡居民具有普适性的基本公共文化服务均等化指标，而阅读行为则是衡量文化生活发展程度的重要指标。除此之外，文化资源管理与政策规划方面的专家反馈到，随着纸媒逐渐被多样化的网络媒体替代，民众的阅读方式也有更多选择，国家许多宏观统计指标，诸如年人均阅读册数、公共文化站图书流动率等就不具备广泛的适用性，读书量难以通过纸质书册数或者纸媒的信息流量来衡量。综合以上调查，拟在“文化领域”中增加三题：

①您常住居所可否接收电视信号　A. 是　B. 否

②您常住居所可否接收广播信号　A. 是　B. 否

③您阅读图书报刊、数字出版物或者手机媒体读物的频率是________分钟/天

(2) 由于“健康”分量表内在一致性信度系数不够理想，就此重点采访了社会医学与公共卫生事业管理方面的教授与专家，将“健康”领域增加三个题项：

①近一年连续卧床天数________（反向计分）。

②近一年由于生病耽误工作、劳动的天数________（反向计分）。

③入睡是否存在困难？

A. 长期依赖药物才能入睡

B. 经常依靠药物帮助入睡

C. 时常需要药物促进入睡

D. 偶尔发生但不需要药物

E. 极少发生

F. 几乎不发生

(3) 在“居住和劳动”中，住房配套（C32b 住房电等）、劳动场所配套（B21b 劳动电等）与所属分量表相关性不显著。

供电可靠率是供电质量的重要指标，也是提高电能质量的重要目标。供电可靠率是用用户年平均停电时间和全年累计用电小时数来表示。为方便测量与评价，将 21 题与 32 题中关于供电的小题删除，另外作以下设计：

①您的常住居所近一年停电________次（反向计分）。

②您的劳动场所近一年停电________次（反向计分）。

(4) A8“饮酒量”与总量表得分无显著相关。通过访谈发现，五成调查对象饮用不同酒水的频率不同，且依赖程度也不同，每次的计量也难以估测，拟删

除该题项。

（5）B27“日常从事家务”与总量表得分无显著相关，拟删除。

（6）A3“到医疗点时间”与所属分量表、总量表的相关系数均未达显著，故考虑剔除 A3“到医疗点时间”。

（7）B18“工作日平均劳动时间”与所属分量表得分无显著相关，且与 D“文化”分量表第 50 题（原为“可自由支配时间”）目的一致，内容重复，因此拟从 B“劳动”分量表中剔除。现将原 18 题改为“您每天除了吃饭、睡觉等必要的起居活动与劳动时间以外，其余休息时间约为________时/天”。

4. 对鉴别力不足的题项的处理

（1）访谈中发现，居民在作答第 51 题时普遍会提问：该题项是问的电视节目信息、广播信息、日常阅读信息中的哪一类。第 51 题的指标鉴别力不够理想（D51d 文艺类、D51e 民生服务类两个小题分类过粗，过于笼统，鉴别力较低）；第 51 题在勾选了“其他”的样本中，自填答案主要有财经（1 人）、法制（2 人）、教育（1 人）、体育竞技（3 人）。专家学者指出，在民众日常广泛关注的信息分类上应以群众喜闻乐见的与当下大众传媒，比如网络平台、各大卫视上普遍推出的节目主题类别为准，比如当下最流行的草根真人秀这种娱乐性、互动性极强的娱乐节目以及受众面甚广、占据黄金播出时间段的影视剧就需要重点纳入指标设计中，再结合目前不同省市、不同区域城乡居民中广泛覆盖的中央电视台的频道栏目分类，针对鉴别力不足的第 51 题作如下修订：

您闲暇时间常关注以下类别的节目或者信息：

新闻类　A. 是　B. 否

财经类　A. 是　B. 否

综艺类　A. 是　B. 否

体育类　A. 是　B. 否

影视类　A. 是　B. 否

军事类　A. 是　B. 否

农业类　A. 是　B. 否

科学与教育类　A. 是　B. 否

社会与法制类　A. 是　B. 否

音乐与戏曲类　A. 是　B. 否

服务类（天气预报、电视购物、烹饪等）　A. 是　B. 否

（2）第52题“关于旅游天数”这一题项的鉴别力较低。访谈中居民普遍反映记不清天数了，这个指标的缺失率为3%。结合学者专家的访谈内容和国内当前宏观统计上对于城乡居民旅游休闲行为的反映还是聚焦在旅游目的地类别、消费水平与旅游人次等方面这一现状，并查阅了国务院41号文件《关于加快发展旅游业的意见》，在前期探索性研究的质性访谈分析结果（省内短途游8人次/41；出省游8人次/41；出国游1人次/41）的基础上，将原52题“外出旅游天数”删除，而增加如下题项：

省内短途游次数________次/年

国内出省游________次/年

出境游________次/年

旅游消费________元/年

（3）在居民作答第二题“用最快捷的方式从您常住居所到最近健身场所的时间是________分钟”时，有近25%的居民提出“健身场所包含什么”“什么才是健身场所”等问题，此题鉴别力亦有待提高。A2“到健身地时间”与总量表得分相关未达显著，结合居民实际生活情境与普遍情况，故特别说明：

A2“用最快捷的方式从您常住居所到最近健身场所的时间”中的“健身场所”包含居所内健身空间、户外公园、绿地、小区的公共活动空间或者商业健身俱乐部等机构。

（4）将24题改为“您的劳动场所空气是否流通：A. 空气难以流通，B. 空气流通性差，C. 空气流通性较差，D. 空气流通性较好，E. 空气流通性好，F. 空气流通性极佳”。

（5）将33题改为“您的常住居所空气是否流通：A. 空气难以流通，B. 空气流通性差，C. 空气流通性较差，D. 空气流通性较好，E. 空气流通性好，F. 空气流通性极佳”。

（6）将38题改为“您常住居所附近有无噪声污染：A. 频繁发生，B. 时常发生，C. 有时发生，D. 偶尔发生，E. 极少发生，F. 几乎不发生”。

（7）将40题改为“您常住居所附近有无工业垃圾困扰：A. 频繁发生，

B. 时常发生，C. 有时发生，D. 偶尔发生，E. 极少发生，F. 几乎不发生”。

（8）将 41 题改为“您住所附近是否存在生活垃圾困扰：A. 频繁发生，B. 时常发生，C. 有时发生，D. 偶尔发生，E. 极少发生，F. 几乎不发生”。

（9）A11“自付医疗费”鉴别力有待提高。不同个体、不同疾病间难以作横向比较，但该题与分量表得分显著相关，又与总量表得分未达到显著相关，在后续调查中将该题项统一换算转录为“月均自付医疗费用占开支的比重”，并进行反向计分，以进一步调查在个体日常消费水平下，用于健康维护与治疗康复的费用占比，从而从医疗消费层面评估个体遭受健康困扰的程度。

（10）由于 E“社会保障”分量表中，因子载荷、共同度指标鉴别力均达标的题项集中在“参与保险种类”这个指标上，而对于社会保险保障补偿替代程度并未作指标设计，因此选取最具普适性的医疗保险。参考《人力资源与社会保障事业发展“十三五”规划纲要》以及国务院常务会议围绕深化医药卫生体制改革所作出的部署，将“医保补偿水平”作为补充性指标加入现有体系，增加题项“您近一年医疗费用总开销，其中自付医疗费用为________”以计算自付医疗费用占总医疗开销的比例。

（11）B20“到劳动场所交通时间”与总量表得分不存在显著相关关系，与分量表显著相关。受访居民反映衡量往返工作或劳动场所方便性的主要标准并非耗时这一个指标，诸如是否有直达公交、劳动场所周围道路是否通畅等也是重要标尺，故参考问卷中针对“便捷度”这一标尺设计的、鉴别力较高的 A5、A6 题，将 B20 题修正为“您常住居所到劳动场所的交通：A. 非常便捷，B. 便捷，C. 比较便捷，D. 不太便捷，E. 不便捷，F. 查不到”，且同样为反向计分。

另外，根据实证构建过程中的调查对象访谈与事后的专家访谈，结合文献研究，进一步完善了各指标的文字表达与选项设计，尽量做到言简意赅且词义通达，避免答案模棱两可或者选项间的重复与交叉。

第三章

居民福祉指标体系应用

本部分采用抽样问卷调查法，应用福祉指标体系，围绕调查数据的分析结果探讨：(1) 福祉指标在人口学特征上的分布与典型差异。(2) 不同人口学特征下居民的主、客观福祉关系研究，具体解决：各生活领域客观福祉如何影响内指性、外指性主观福祉？这种影响机制在不同人口学特征的居民群体中如何分化？(3) 针对不同人口学特征的居民的主、客观福祉特点，结合分析健康、文化、人居环境、劳动、社会保障、社会网络参与领域政策现状，为提升居民不同生活领域的资源享有，促进主、客观福祉相互协调发展提供政策建议。

抽样方面，笔者于 2018—2019 年度，以山东省为例，在济南、青岛、东营、潍坊、枣庄、临沂、聊城、烟台发放问卷，回收有效问卷 2511 份。采用多阶段分层（系统配额）抽样，在山东省抽取样本（抽样及样本有效性检验过程见附录 4）。参考 2018—2020 年《山东人口统计年鉴》、2010 年全国第 6 次人口普查数据等资料中的典型人口学特征统计比例，将正式调查阶段的有效样本分布报告列表如下（见表 3-1）。

表 3-1　山东省有效样本在人口学特征上的分布统计表

人口特征变量		有效样本比例（%）
居住地	市镇人口［对应问卷中的镇/县（市）居住地］	50.81
	农业人口（对应问卷中的农村居住地）	49.19
年龄	29 岁以下	22.39
	30—39 岁	22.23
	40—49 岁	21.06
	50—59 岁	17.03

续表

人口特征变量		有效样本比例（%）
年龄	60—69 岁	10.68
	70—79 岁	5.15
	80—89 岁	1.37
	90 岁以上	0.08
性别	男	53.42
	女	46.58
行业	务农（包含专职与不定期从事其他劳动的兼职务农者）	40.10
	个体	8.42
	私营企业	11.80
	国有企业	9.88
	非就业人口，包含学生、失业人口、待就业人员等	1.63
	机关、事业单位与社会非营利组织	11.46
	其他单位（股份合作单位、联营单位、有限责任公司、股份有限公司、港澳台商投资单位、外商投资单位、村办企业、现役军人）	8.71
	离退休人员	8.00
受教育程度	小学以下	2.12
	小学	10.21
	初中	24.37
	高中	23.58
	大学专科	15.53
	本科	20.67
	研究生	3.53

注：常住人口包括居住在本乡镇街道且户口在本乡镇街道或户口待定的人；居住在本乡镇街道、离开户口所在的乡镇街道半年以上的人；户口在本乡镇街道、外出不满半年或在境外工作学习的人。

问卷题项包括如下类别：（1）反映人口学特征变量的调查对象基本信息题项。（2）根据修订完成的居民客观福祉指标体系编制的 64 道问卷题项。（3）《中国居民主观幸福感量表简本（SWBS-CC）》中的 20 道题项。（4）每个客观生活领域下关于改善感、需求满足感、满意度评价三大外指性主观指标的问卷题项。整套问卷共耗时间 20 分钟/人次。

调查过程中，采用了团体施测和入户施测相结合的方法；对于不识字、视力不好或者其他原因不便作个体调查的对象，主要选择集体施测方式。施测采用纸笔自陈格式，统一书面（口头）指导语。

数据分析方面，采用 SPSS 22、Amos 21 等软件对所采集的数据进行相关性分析、层次分析、主成分分析、因子分析、回归耦合、方差分析、事后差异分析。

第一节　测量学特性检验：福祉指标体系结构

本章节利用抽样调查数据，通过 SPSS、Amos 等软件对指标体系进行指标鉴别力检验、信度检验、主成分分析、指标共同度与因子载荷分析、结构方程拟合度检验、Bartlett's 球形检验、KMO 检验等。检验结果显示，该指标体系测量学特性理想。在此基础上探索出一级、二级福祉指标的主成分与潜变量因子，进一步发展完善了前文对指标体系结构的层次构建。

一、指标鉴别力与内在一致性信度检验

（一）指标鉴别力检验

对基础指标进行鉴别力检验。根据不同题项所采集的变量特征不同（标准化后的“自填”类数值型题项与标准化后的“多项选择”类题项对应的是连续性变量，“是否”类题项对应的是二分类类别变量），采用相应的相关系数来进行指标鉴别力分析。不同题型的题总相关系数显著性检验如表 3-2 至表 3-4 所示（指标体系正式应用中的变量说明参见附录 3）。

由表 3-2 至表 3-4 可知，除 A11 这一指标统计鉴别力较低（与所属分量表相关性较低，皮尔逊相关系数为 0.041），其他指标与全量表总分及所属分量表得分的相关系数良好，或与全量表 Z 分数、所属分量表 Z 分数的相关系数均达到显著水平。

表 3-2　“多项选择”题型鉴别力表

	与总量表 Z 分数相关系数绝对值（皮尔逊相关系数）	与所属分量表 Z 分数相关系数绝对值（皮尔逊相关系数）
ZA4	0.390	0.545
ZA5	0.450	0.553
ZA7	0.398	0.557
ZA8	0.288	0.536
ZA10	0.239	0.362
ZA11	0.146	0.041
ZA14	0.207	0.292
ZA15	0.219	0.307
ZA16	0.227	0.336
ZA17	0.260	0.376
ZB20	0.298	0.393
ZB24	0.238	0.325
ZB25	0.424	0.462
ZB28	0.372	0.347
ZB29	0.379	0.363
ZB30	0.385	0.375
ZC32（加总）	0.355	0.598
ZC33	0.269	0.467
ZC36	0.333	0.533
ZC38	0.127	0.486
ZC40	0.146	0.543
ZC41	0.117	0.579
ZC43	0.183	0.465
ZC45	0.300	0.366
ZC46	0.268	0.445
ZC47	0.288	0.466

续表

	与总量表Z分数相关系数绝对值（皮尔逊相关系数）	与所属分量表Z分数相关系数绝对值（皮尔逊相关系数）
ZD52（加总）	0.311	0.757
ZD50	0.115	0.196
ZD60	0.306	0.107
ZD61	0.307	0.107
ZD62	0.296	0.201
ZE63（加总）	0.477	0.774
ZE64（加总）	0.494	0.780
ZE70	0.356	0.088
ZE71	0.325	0.055
ZE72	0.340	0.066
ZF76	0.194	0.547
ZF77	0.094	0.570
ZF78	0.267	0.509
ZF80	0.261	0.183
ZF81	0.274	0.199
ZF82	0.261	0.195

表3-3 “自填”类数值型题项鉴别力表

	与总量表Z分数相关系数绝对值（皮尔逊相关系数）	与所属分量表Z分数相关系数绝对值（皮尔逊相关系数）
ZA1	0.172	0.323
ZA2	0.119	0.224
ZA3	0.028	0.251
ZA6	0.137	0.269
ZA9	0.012	0.147
ZA10	0.175	0.304
ZA12	0.230	0.306

续表

	与总量表 Z 分数相关系数绝对值（皮尔逊相关系数）	与所属分量表 Z 分数相关系数绝对值（皮尔逊相关系数）
ZA13	0.239	0.346
ZB18	0.085	0.159
ZB19	0.238	0.143
ZB26	0.087	0.191
ZB27	0.015	0.188
ZC31	0.116	0.290
ZC44	0.008	0.217
ZD48	0.292	0.311
ZD49	0.140	0.146
ZD51	0.056	0.105
ZD53	0.077	0.246
ZD54	0.242	0.381
ZD55	0.033	0.180
ZD56	0.233	0.316
ZD59	0.126	0.247
ZD49（计算后）	0.060	0.201
ZE69（计算后）	0.130	0.214
ZF79	0.115	0.349

表 3-4 “是否”类题型鉴别力表

	与总量表得分的相关系数绝对值（斯皮尔曼相关系数）	与所属分量表得分的相关系数绝对值（斯皮尔曼相关系数）
B21a	0.307	[illegible]
B21b	0.456	0.589
B21c	0.417	0.551
B21d	0.407	0.518
B22	0.160	0.321

续表

	与总量表得分的相关系数绝对值（斯皮尔曼相关系数）	与所属分量表得分的相关系数绝对值（斯皮尔曼相关系数）
B23	0.449	0.529
B21（加总）	0.551	0.715
C34	0.157	0.257
C35	0.365	0.395
C37	0.154	0.481
C39	0.162	0.279
C32a	0.207	0.274
C32b	0.347	0.354
C32c	0.145	0.386
C32d	0.266	0.365
C32e	0.143	0.330
C42	0.290	0.310
D57	0.135	0.021
D58	0.225	0.153
D52a	0.177	0.447
D52b	0.292	0.538
D52c	0.166	0.493
D52d	0.141	0.530
D52e	0.166	0.473
D52f	0.161	0.522
D52g	0.011	0.447
D52h	0.248	0.604
D52i	0.219	0.606
D52j	0.155	0.455
D52k	0.122	0.330
E63a	0.121	0.161

续表

	与总量表得分的相关系数绝对值（斯皮尔曼相关系数）	与所属分量表得分的相关系数绝对值（斯皮尔曼相关系数）
E63b	0.413	0.610
E63c	0.353	0.506
E63d	0.339	0.460
E64a	0.049	0.034
E64b	0.415	0.558
E64c	0.402	0.539
E64d	0.322	0.415
E65	0.471	0.751
E66	0.491	0.760
E67	0.455	0.724
E68	0.491	0.737
F73	0.239	0.328
F74	0.236	0.388
F75	0.126	0.472

（二）信度检验

1. 客观指标信度检验

客观指标总量表 Cronbach's α 系数为 0.916，说明总量表信度非常好；分量表中，除分量表“健康”的 Cronbach's α 系数为 0.595、信度略微不足以外，其他分量表信度均位于 0.7—0.8，信度尚可。

总量表与各分量表的内在一致性系数如表 3-5 所示。

表 3-5 客观指标内在一致性信度

信度系数	总量表	分量表“健康”	分量表“劳动”	分量表“人居环境”	分量表“文化”	分量表“社会保障”	分量表“社会网络参与”
α	0.916	0.595	0.774	0.814	0.819	0.804	0.700

2. 主观指标信度检验

主观指标总量表 Cronbach's α 系数为 0.861，信度良好；分量表中的 Cronbach's α 系数为 0.75 以上，可见主观量表信度较好（见表 3-6）。

表 3-6　主观指标内在一致性信度[①]

信度系数	主观 1	主观 2	主观 3	主观 4	主观 5
α	0.873	0.871	0.863	0.897	0.897
信度系数	主观 10	主观 6	主观 7	主观 8	主观 9	总量表
α	0.754	0.834	0.886	0.880	0.861	0.861

二、构想效度检验：各领域福祉重要解释指标与解读

（一）客观指标体系结构层次检验

采用主成分分析法[②]提取主成分的特征值。根据特征值大于 1 的选取原则，经过初步筛选后，共有 25 个特征值大于 1 的主成分（见表 3-7），能够解释总变异的 61.039%。另外，前 16 个公因子累计方差贡献率达到 50%以上。

表 3-7　主成分分析结果

	初始特征根			提取平方和载入			旋转平方和载入		
	总计	变异%	累计%	总计	变异%	累计%	总计	变异%	累计%
1	10.250	11.141	11.141	10.250	11.141	11.141	4.556	4.952	4.952
2	5.935	6.451	17.592	5.935	6.451	17.592	3.876	4.213	9.165
3	4.405	4.788	22.379	4.405	4.788	22.379	3.613	3.928	13.092
4	3.127	3.398	25.778	3.127	3.398	25.778	3.513	3.819	16.911
5	2.627	2.855	28.633	2.627	2.855	28.633	3.020	3.283	20.194
6	2.464	2.678	31.311	2.464	2.678	31.311	2.682	2.916	23.109
7	2.396	2.604	33.915	2.396	2.604	33.915	2.629	2.857	25.966

① 主观 1 为“知足充裕”分量表，主观 2 为“心理健康”分量表，主观 3 为“社会信心”分量表，主观 4 为“成长进步”分量表，主观 5 为“目标价值”分量表，主观 6 为“自我接受”分量表，主观 7 为“身体健康”分量表，主观 8 为“心态平衡”分量表，主观 9 为“人际适应”分量表，主观 10 为“家庭氛围”分量表。——作者注

② 使用相关系数矩阵图、KMO 检验和 Bartlett's 球状检验。SPSS 检验结果显示 Sig.＜0.05，说明变量间具有相关性。由结果观察 KMO 值为 0.575，KMO 系数较小，需对数据进行进一步调整；Bartlett's 球形检验显示 P 值为 0.000，说明变量间具有相关性，用主成分分析方法进行客观指标的因子提取执行有效。——作者注

续表

	初始特征根			提取平方和载入			旋转平方和载入		
	总计	变异%	累计%	总计	变异%	累计%	总计	变异%	累计%
8	2.030	2.206	36.121	2.030	2.206	36.121	2.574	2.798	28.764
9	2.000	2.174	38.295	2.000	2.174	38.295	2.427	2.638	31.402
10	1.898	2.063	40.358	1.898	2.063	40.358	2.356	2.561	33.963
11	1.719	1.869	42.227	1.719	1.869	42.227	2.284	2.482	36.445
12	1.580	1.717	43.944	1.580	1.717	43.944	2.105	2.288	38.733
13	1.485	1.615	45.558	1.485	1.615	45.558	2.073	2.254	40.986
14	1.397	1.519	47.077	1.397	1.519	47.077	2.057	2.236	43.222
15	1.383	1.503	48.580	1.383	1.503	48.580	1.856	2.017	45.239
16	1.329	1.444	50.025	1.329	1.444	50.025	1.832	1.991	47.230
17	1.253	1.362	51.386	1.253	1.362	51.386	1.653	1.797	49.027
18	1.215	1.320	52.707	1.215	1.320	52.707	1.619	1.760	50.788
19	1.172	1.274	53.981	1.172	1.274	53.981	1.610	1.750	52.538
20	1.168	1.269	55.250	1.168	1.269	55.250	1.373	1.492	54.030
21	1.126	1.224	56.474	1.126	1.224	56.474	1.339	1.455	55.485
22	1.086	1.180	57.654	1.086	1.180	57.654	1.299	1.412	56.898
23	1.066	1.159	58.813	1.066	1.159	58.813	1.291	1.404	58.302
24	1.029	1.119	59.931	1.029	1.119	59.931	1.291	1.404	59.705
25	1.019	1.108	61.039	1.019	1.108	61.039	1.227	1.334	61.039

本书前 6 个主成分的特征值分别为 10.250、5.935、4.405、3.127、2.627、2.464，基本符合六大客观生活领域（每领域包含两个次级维度）的前期体系构建框架，即健康（预防保健、治疗康复）、劳动（薪酬劳动、非薪酬劳动）、人居环境（住房环境、公共设施与环境）、文化（教育、休闲）、社会保障（社会保险、社会福利事业）、社会网络参与（政治决策、人际互动）六大领域的体系框架。

根据主成分分析的结果，在取 6 个和 12 个主成分的情况下进行指标的公因子方差分析，各指标提取的公因子及指标共同度如表 3-8、表 3-9 所示。（指标体系正式应用中的变量说明参见附录 3）

表 3-8　公因子方差（取 6 个主成分时指标共同度）

题项	提取	题项	提取
D52 加总	0.930	D50	0.270
E65	0.678	A12	0.269
E68	0.660	C33	0.266
B21 加总	0.657	C35	0.264
E66	0.654	D54	0.261
E63 加总	0.638	F77	0.260
E63b	0.628	A8	0.256
C32 加总	0.619	D52j	0.248
E64 加总	0.607	B21a	0.242
E67	0.590	D51	0.237
E64b	0.585	C32e	0.235
E63a	0.559	A9	0.232
E64a	0.521	D52c	0.232
C40	0.486	D59	0.230
C41	0.479	A13	0.229
B21b	0.471	A1	0.215
D52h	0.429	D52a	0.214
A5	0.425	D52e	0.212
A4	0.415	D52k	0.210
D52i	0.410	C37	0.208
E64c	0.409	B24	0.205
E63c	0.409	A14	0.177
C36	0.404	F78	0.176
B23	0.402	B26	0.167
B25	0.400	A10	0.165
D52g	0.396	F76	0.165
D56	0.396	D49 计算后	0.160

续表

题项	提取	题项	提取
C38	0.389	C32a	0.159
B21c	0.386	F79	0.157
B21d	0.378	B27	0.146
B19	0.378	C42	0.133
C32b	0.376	F75	0.132
C43	0.365	C44	0.130
D48	0.355	D55	0.127
D53	0.348	F74	0.122
D52f	0.347	F73	0.107
E63d	0.345	E69 计算后	0.092
A7	0.344	C31 计算后	0.092
E64d	0.340	A3	0.091
D52b	0.336	D58	0.090
B18	0.336	C39	0.087
A11	0.332	A2	0.076
B20	0.330	C34	0.061
C32d	0.307	D57	0.058
D52d	0.305	B22	0.055
C32c	0.283	A6	0.045

表 3-9　公因子方差（取 12 个主成分时指标共同度）

题项	提取	题项	提取
D52 加总	0.979	B23	0.437
C32 加总	0.947	E64c	0.436
B21 加总	0.922	D52b	0.435
E63 加总	0.733	C32b	0.431
E63b	0.713	B18	0.427
E64 加总	0.710	D52c	0.422

续表

题项	提取	题项	提取
E65	0.696	D52e	0.415
E64b	0.684	D50	0.414
E66	0.682	D48	0.396
E68	0.666	C32d	0.391
E63a	0.666	A9	0.385
D56	0.665	D52j	0.382
C32c	0.662	B27	0.376
A5	0.634	D51	0.376
B21b	0.623	D52d	0.372
B21c	0.623	B20	0.364
E67	0.621	C44	0.348
F76	0.610	A1	0.329
C41	0.609	D52a	0.325
A4	0.606	F79	0.322
E64a	0.603	B24	0.321
C40	0.596	D52k	0.312
F77	0.580	C35	0.309
F78	0.550	C33	0.307
C32e	0.546	D59	0.300
B25	0.543	C32a	0.300
B19	0.541	C37	0.278
D54	0.529	A14	0.278
A13	0.515	D49 计算后	0.272
D53	0.511	A6	0.264
B21d	0.507	B26	0.263
A11	0.482	A10	0.246
D52g	0.479	F75	0.230
A7	0.477	F74	0.224

续表

题项	提取	题项	提取
D52f	0.475	D55	0.222
A12	0.472	B22	0.191
B21a	0.471	A2	0.170
D52h	0.459	F73	0.169
C36	0.457	E69 计算后	0.162
A8	0.454	C42	0.162
E63c	0.453	C31 计算后	0.156
C43	0.453	D58	0.117
E63d	0.451	A3	0.108
D52i	0.443	C34	0.105
C38	0.438	C39	0.104
E64d	0.438	D57	0.100

每个变量在每个共同因素上的负荷量平方和，即变量共同度。根据 Kaiser 准则，当样本量大于 500 时，各指标的平均共同度在 0.16 以上为理想题项。当取 6 个主成分时，“D52 加总、E65、E68、B21 加总、E66、E63 加总、E63b、C32 加总、E64 加总、E67、E64b、E63a、E64a、C40、C41、B21b、D52h、A5、A4、D52i、E64c、E63c、C36、B23、B25、D52g、D56、C38、B21c、B21d、B19、C32b、C43、D48、D53、D52f、E63d、A7、E64d、D52b、B18、A11、B20、C32d、D52d、C32c、D50、A12、C33、C35、D54、F77、A8、D52j、B21a、D51、C32e、A9、D52c、D59、A13、A1、D52a、D52e、D52k、C37、B24、A14、F78、B26、A10、F76、D49 计算后”的共同度分布理想。取 12 个主成分时，除去“C31 计算后、D58、A3、C34、C39、D57”，其余指标共同度在 0.16 以上，较为理想。

参考共同度参数筛查标准（当样本量大于 500 时，各题的平均共同度在 0.16 以上），以因子载荷>0.4 为准，对前 6 个、12 个主成分进行方差极大正交旋转以明确其指标体系结构。各主成分下各指标的因子载荷如表 3-10、3-11 所示。（指标体系正式应用中的变量说明参见附录 3）

表 3-10　6 个主成分上各指标对应题项的因子载荷（因子载荷>0.4）

	共同度	因子一	因子二	因子三	因子四	因子五	因子六
E63b	0.628	0.734	—	—	—	—	—
E64b	0.585	0.719	—	—	—	—	—
E65	0.678	0.710	—	—	—	—	—
E68	0.660	0.709	—	—	—	—	—
E66	0.654	0.688	—	—	—	—	—
E67	0.590	0.654	—	—	—	—	—
B18	0.336	0.427	—	—	—	—	—
D48	0.355	0.423	—	—	—	—	—
C32 加总	0.619	—	0.775	—	—	—	—
B21 加总	0.657	—	0.744	—	—	—	—
B21b	0.471	—	0.607	—	—	—	—
B21c	0.386	—	0.596	—	—	—	—
C32b	0.376	—	0.580	—	—	—	—
B21d	0.378	—	0.557	—	—	—	—
C32d	0.307	—	0.538	—	—	—	—
C32c	0.283	—	0.519	—	—	—	—
B23	0.402	—	0.512	—	—	—	—
C32e	0.235	—	0.481	—	—	—	—
B21a	0.242	—	0.473	—	—	—	—
C41	0.479	—	—	0.661	—	—	—
C40	0.486	—	—	0.653	—	—	—
C38	0.389	—	—	0.603	—	—	—
C43	0.365	—	—	0.572	—	—	—
C36	0.404	—	—	0.571	—	—	—
B20	0.330	—	—	0.512	—	—	—

续表

	共同度	因子一	因子二	因子三	因子四	因子五	因子六
A7	0.344	—	—	0.493	—	—	—
A4	0.415	—	—	0.491	—	—	—
C33	0.266	—	—	0.481	—	—	—
A5	0.425	—	—	0.469	—	—	—
A8	0.256	—	—	0.454	—	—	—
C37	0.208	—	—	0.445	—	—	—
B24	0.205	—	—	0.445	—	—	—
D52 加总	0.930	—	—	—	0.955	—	—
D52h	0.429	—	—	—	0.637	—	—
D52i	0.410	—	—	—	0.633	—	—
D52f	0.347	—	—	—	0.582	—	—
D52d	0.305	—	—	—	0.536	—	—
D52g	0.396	—	—	—	0.527	—	—
D52b	0.336	—	—	—	0.508	—	—
D52c	0.232	—	—	—	0.471	—	—
D52j	0.248	—	—	—	0.466	—	—
D52a	0.214	—	—	—	0.453	—	—
D52e	0.212	—	—	—	0.442	—	—
D52k	0.210	—	—	—	0.436	—	—
E63 加总	0.638	—	—	—	—	0.769	—
E64 加总	0.607	—	—	—	—	0.735	—
E63c	0.400		—	—	—	0.588	—
E64d	0.340	—	—	—	—	0.579	—
E63d	0.345	—	—	—	—	0.573	—
E64c	0.409	—	—	—	—	0.536	—
A12	0.269	—	—	—	—	—	0.477

表 3-11　12 个主成分上各指标对应题项的因子载荷(因子载荷>0.4)

	共同度	因子一	因子二	因子三	因子四	因子五	因子六	因子七	因子八	因子九	因子十	因子十一	因子十二
E63b	0.713	0.796	—	—	—	—	—	—	—	—	—	—	—
E64b	0.684	0.775	—	—	—	—	—	—	—	—	—	—	—
E65	0.696	0.739	—	—	—	—	—	—	—	—	—	—	—
E66	0.682	0.725	—	—	—	—	—	—	—	—	—	—	—
E68	0.666	0.715	—	—	—	—	—	—	—	—	—	—	—
E67	0.621	0.695	—	—	—	—	—	—	—	—	—	—	—
B18	0.427	0.441	—	—	—	—	—	—	—	—	—	—	—
D48	0.396	0.408	—	—	—	—	—	—	—	—	—	—	—
D56	0.665	—	0.760	—	—	—	—	—	—	—	—	—	—
D54	0.529	—	0.693	—	—	—	—	—	—	—	—	—	—
D53	0.511	—	0.643	—	—	—	—	—	—	—	—	—	—
D50	0.414	—	0.573	—	—	—	—	—	—	—	—	—	—
D49 计算后	0.272	—	0.463	—	—	—	—	—	—	—	—	—	—
F79	0.322	—	0.457	—	—	—	—	—	—	—	—	—	—
B26	0.263	—	0.404	—	—	—	—	—	—	—	—	—	—
D59	0.300	—	0.400	—	—	—	—	—	—	—	—	—	—
E63 加总	0.733	—	—	0.811	—	—	—	—	—	—	—	—	—
E64 加总	0.710	—	—	0.768	—	—	—	—	—	—	—	—	—

续表

	共同度	因子一	因子二	因子三	因子四	因子五	因子六	因子七	因子八	因子九	因子十	因子十一	因子十二
E64d	0.438	—	—	0.644	—	—	—	—	—	—	—	—	—
E63d	0.451	—	—	0.642	—	—	—	—	—	—	—	—	—
E63c	0.453	—	—	0.596	—	—	—	—	—	—	—	—	—
E64c	0.436	—	—	0.520	—	—	—	—	—	—	—	—	—
E64a	0.603	—	—	0.456	—	—	—	—	—	—	—	—	—
B21 加总	0.922	—	—	—	0.893	—	—	—	—	—	—	—	—
B21c	0.623	—	—	—	0.760	—	—	—	—	—	—	—	—
B21b	0.623	—	—	—	0.696	—	—	—	—	—	—	—	—
B21a	0.471	—	—	—	0.669	—	—	—	—	—	—	—	—
B21d	0.507	—	—	—	0.640	—	—	—	—	—	—	—	—
B23	0.437	—	—	—	0.453	—	—	—	—	—	—	—	—
C40	0.596	—	—	—	—	0.756	—	—	—	—	—	—	—
C41	0.609	—	—	—	—	0.745	—	—	—	—	—	—	—
C43	0.453	—	—	—	—	0.647	—	—	—	—	—	—	—
C38	0.438	—	—	—	—	0.617	—	—	—	—	—	—	—
C37	0.278	—	—	—	—	0.480	—	—	—	—	—	—	—
C44	0.348	—	—	—	—	0.455	—	—	—	—	—	—	—
B27	0.376	—	—	—	—	0.430	—	—	—	—	—	—	—
C36	0.457	—	—	—	—	0.401	—	—	—	—	—	—	—

续表

	共同度	因子一	因子二	因子三	因子四	因子五	因子六	因子七	因子八	因子九	因子十	因子十一	因子十二
A5	0.634	—	—	—	—	—	0.753	—	—	—	—	—	—
A4	0.606	—	—	—	—	—	0.742	—	—	—	—	—	—
B25	0.543	—	—	—	—	—	0.655	—	—	—	—	—	—
A7	0.477	—	—	—	—	—	0.591	—	—	—	—	—	—
C36	0.457	—	—	—	—	—	0.497	—	—	—	—	—	—
A8	0.454	—	—	—	—	—	0.486	—	—	—	—	—	—
B20	0.364	—	—	—	—	—	0.461	—	—	—	—	—	—
D52 加总	0.979	—	—	—	—	—	—	0.752	—	—	—	—	—
D52f	0.475	—	—	—	—	—	—	0.671	—	—	—	—	—
D52g	0.479	—	—	—	—	—	—	0.600	—	—	—	—	—
D52b	0.435	—	—	—	—	—	—	0.583	—	—	—	—	—
D52d	0.372	—	—	—	—	—	—	0.551	—	—	—	—	—
D52a	0.325	—	—	—	—	—	—	0.541	—	—	—	—	—
D52h	0.459	—	—	—	—	—	—	0.519	—	—	—	—	—
D52i	0.443	—	—	—	—	—	—	0.444	—	—	—	—	—
C32 加总	0.947		—	—	—	—	—	——	0.922	—	—	—	—
C32c	0.662		—	—	—	—	—	——	0.806	—	—	—	—
C32e	0.546		—	—	—	—	—	——	0.706	—	—	—	—
C32b	0.431		—	—	—	—	—	——	0.508	—	—	—	—

续表

	共同度	因二一	因子二	因子三	因子四	因子五	因子六	因子七	因子八	因子九	因子十	因子十一	因子十二
C32d	0.391		—	—	—	—	—	—	0.471	—	—	—	—
D52c	0.422		—	—	—	—	—	—	—	0.609	—	—	—
D52 加总	0.979	—	—	—	—	—	—	—	—	0.609	—	—	—
D52e	0.415	—	—	—	—	—	—	—	—	0.602	—	—	—
D52j	0.382	—	—	—	—	—	—	—	—	0.545	—	—	—
D52k	0.312	—	—	—	—	—	—	—	—	0.480	—	—	—
D52i	0.443	—	—	—	—	—	—	—	—	0.456	—	—	—
A13	0.515	—	—	—	—	—	—	—	—	—	0.692	—	—
A12	0.472	—	—	—	—	—	—	—	—	—	0.669	—	—
A14	0.278	—	—	—	—	—	—	—	—	—	0.442	—	—
F76	0.610	—	—	—	—	—	—	—	—	—	—	0.755	—
F78	0.550	—	—	—	—	—	—	—	—	—	—	0.687	—
F77	0.580	—	—	—	—	—	—	—	—	—	—	0.680	—
B19	0.541	—	—	—	—	—	—	—	—	—	—	—	0.641
D51	0.376	—	—	—	—	—	—	—	—	—	—	—	0.592
A1	0.329	—	—	—	—	—	—	—	—	—	—	—	0.495

（二）对各次级客观生活指标进行具体的主成分分析

1. 分量表“健康”主成分分析

通过主成分分析发现，特征值大于 1 的公因子累计方差贡献率为 57.813%。在第 1 到第 2 个主成分处、第 2 到第 3 个主成分处解释力急剧下降，证明 A.“健康”分量表的主要因子含有 2 个，结合前面的客观指标主成分分析与因子载荷、共同度结果，可预测这 2 个因子主要是“预防保健”与“治疗康复”（见表 3-12），且拟合度理想（见表 3-13）。分析得出，“健康”因子下有“预防保健”“治疗康复”两个潜变量（见图 3-1）。

表 3-12 “健康”主成分分析结果

	初始特征根			提取平方和载入			旋转平方和载入		
	总计	变异%	累计%	总计	变异%	累计%	总计	变异%	累计%
1	2.836	20.256	20.256	2.836	20.256	20.256	2.388	17.058	17.058
2	1.971	14.078	34.334	1.971	14.078	34.334	2.229	15.924	32.982
3	1.232	8.803	43.138	1.232	8.803	43.138	1.236	8.829	41.811
4	1.054	7.526	50.663	1.054	7.526	50.663	1.159	8.278	50.089
5	1.001	7.149	57.813	1.001	7.149	57.813	1.081	7.724	57.813
6	0.917	6.550	64.363	—	—	—	—	—	—
7	0.883	6.308	70.671	—	—	—	—	—	—
8	0.854	6.099	76.770	—	—	—	—	—	—
9	0.789	5.634	82.405	—	—	—	—	—	—
10	0.722	5.155	87.560	—	—	—	—	—	—
11	0.511	3.647	91.207	—	—	—	—	—	—
12	0.473	3.377	94.584	—	—	—	—	—	—
13	0.442	3.159	97.743	—	—	—	—	—	—
14	0.316	2.257	100.000	—	—	—	—	—	—

表 3-13 “健康”拟合度参数表（Cronbach's α=0.785）

	χ^2/df	*RMR*	*GFI*	*AGFI*	*NFI*	*CFI*	*RFI*	*RMSEA*	*Standardized RMR*
结果	1.3871	0.0076	0.9993	0.9954	0.9985	0.9996	0.9920	0.0127	0.0109

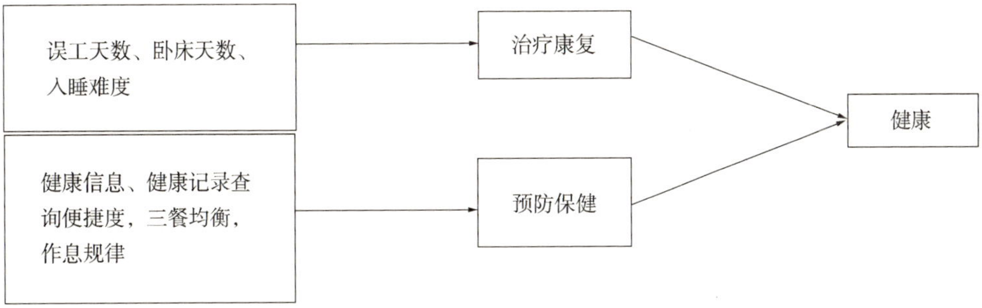

图 3-1 “健康”因子结构图

“健康”指标解读：健康福祉有两个主要因子，一是预防保健，二是治疗康复，与先前理论构建预测结果基本一致。在“预防保健”因子上，健康信息与健康记录（如病历）的查阅方便性、三餐营养均衡与作息规律的载荷量达到显著，可见日常起居、餐饮规律以及对于疾病预防、保健的信息掌握是评估个体享有维持身体良好状态以及预防疾病的资源程度的重要指标。而在“治疗康复”因子上，卧床与误工天数、入睡情况则是评估个体身体疾病程度与康复情况的重要指标，进而可评估健康资源被剥夺程度（睡眠质量的衰退或剥夺、活动与劳动质量的降低、劳动、活动时间的剥夺）。

2. 分量表“劳动”主成分分析

通过主成分分析发现，特征值大于 1 的公因子累计方差贡献率为 61.727%。在第 1 到第 2 个主成分处解释力急剧下降，证明 B“劳动”分量表的主要因子含有 2 个，结合客观指标的主成分分析与因子载荷、共同度结果，主要因子即“劳动环境”与“劳动时间”因子（见表 3-14），且拟合度理想（见表 3-15）。分析得出，“劳动”因子有“劳动环境”与“劳动时间”两个潜变量（见图 3-2）。

表 3-14 “劳动”主成分分析结果

	初始特征值			提取平方和载入			旋转平方和载入		
	总计	变异%	累计%	总计	变异%	累计%	总计	变异%	累计%
1	3.885	27.747	27.747	3.885	27.747	27.747	3.457	24.692	24.692
2	1.446	10.326	38.073	1.446	10.326	38.073	1.420	10.142	34.833
3	1.168	8.340	46.414	1.168	8.340	46.414	1.404	10.032	44.865

续表

	初始特征根			提取平方和载入			旋转平方和载入		
	总计	变异%	累计%	总计	变异%	累计%	总计	变异%	累计%
4	1.110	7.931	54.345	1.110	7.931	54.345	1.228	8.769	53.634
5	1.033	7.382	61.727	1.033	7.382	61.727	1.133	8.093	61.727
6	0.899	6.422	68.148	—	—	—	—	—	—
7	0.813	5.809	73.957	—	—	—	—	—	—
8	0.736	5.258	79.215	—	—	—	—	—	—
9	0.698	4.988	84.203	—	—	—	—	—	—
10	0.647	4.623	88.826	—	—	—	—	—	—
11	0.552	3.944	92.770	—	—	—	—	—	—
12	0.530	3.783	96.553	—	—	—	—	—	—
13	0.460	3.287	99.840	—	—	—	—	—	—
14	0.022	0.160	100.000	—	—	—	—	—	—

表 3-15 “劳动”拟合度参数表（Cronbach's α=0.733）

	χ^2/df	*RMR*	*GFI*	*AGFI*	*NFI*	*CFI*	*RFI*	*RMSEA*	*Standardized RMR*
结果	0.8588	0.0071	0.9992	0.9971	0.9978	1.0000	0.9943	0.0000	0.0071

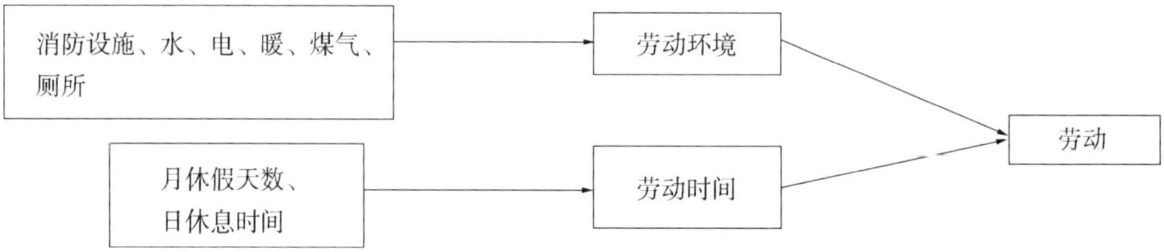

图 3-2 “劳动”因子结构图

“劳动”指标解读：劳动福祉共含两个主要因子，第一个因子为“劳动环境”因子，含劳动场所内的设施配套种类与数量以及消防设施；第二个因子为“劳动时间”，含月休假天数、日休息时间。

3. 分量表“人居环境”主成分分析

通过主成分分析发现，特征值大于 1 的公因子累计方差贡献率为 53.058%。在第 1 到第 3 个主成分处解释力急剧下降，第 2 到第 3 个主成分间趋势线斜率最大，证明 C“人居环境”分量表的主要因子含有 2 个，结合客观指标的主成分分析与因子载荷、共同度结果，主要因子即“住房环境”与“公共设施与环境”因子（见表 3-16），且拟合度理想（见表 3-17）。分析得出，“人居环境”下含有“住房环境”“公共设施与环境”两个潜变量（见图 3-3）。

表 3-16　“人居环境”主成分分析结果

	初始特征根			提取平方和载入			旋转平方和载入		
	总计	变异%	累计%	总计	变异%	累计%	总计	变异%	累计%
1	3.662	19.274	19.274	3.662	19.274	19.274	2.870	15.107	15.107
2	2.871	15.112	34.386	2.871	15.112	34.386	2.504	13.178	28.285
3	1.342	7.065	41.450	1.342	7.065	41.450	1.776	9.348	37.633
4	1.132	5.959	47.409	1.132	5.959	47.409	1.469	7.729	45.362
5	1.073	5.648	53.058	1.073	5.648	53.058	1.462	7.696	53.058
6	0.924	4.866	57.923	—	—	—	—	—	—
7	0.912	4.802	62.725	—	—	—	—	—	—
8	0.859	4.519	67.245	—	—	—	—	—	—
9	0.790	4.158	71.403	—	—	—	—	—	—
10	0.781	4.111	75.513	—	—	—	—	—	—
11	0.758	3.990	79.504	—	—	—	—	—	—
12	0.743	3.912	83.416	—	—	—	—	—	—
13	0.646	3.400	86.816	—	—	—	—	—	—
14	0.632	3.328	90.143	—	—	—	—	—	—
15	0.590	3.108	93.251						
16	0.474	2.495	95.746						
17	0.447	2.353	98.099						
18	0.341	1.797	99.896						
19	0.020	0.104	100.000						

表 3-17　“人居环境”拟合度参数表（Cronbach's α=0.767）

	χ^2/df	*RMR*	*GFI*	*AGFI*	*NFI*	*CFI*	*RFI*	*RMSEA*	*Standardized RMR*
结果	0.9583	0.0059	0.9980	0.9944	0.9947	1.0000	0.9875	0.0000	0.0096

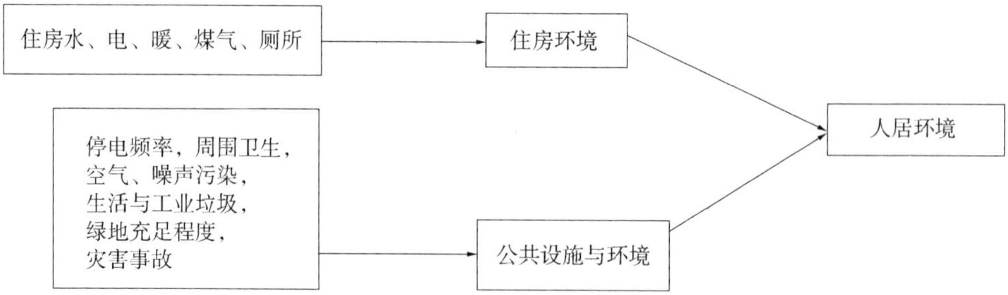

图 3-3 “人居环境”因子结构图

“人居环境”指标解读：人居环境福祉有两个主要因子，一是住房环境，二是住房外围环境与配套，与先前理论构建预测结果基本一致。评估住房资源质量的主要指标为：水电暖、厕所、天然气或煤气、网络通信等配套设施。据此推测，目前居民在住房面积、通风、采光等方面的现实情况已无法拉开水平梯度，这些指标在评估“人居环境”这个因子的水平时已不具备充分的解释力。“住房外围环境”这一指标中，住房供电稳定性（停电频率）、居所周边卫生、空气与噪声污染、生活与工业垃圾、绿地充足程度与灾害事故发生率在“人居环境”这一因子上的载荷量达显著水平，是评估住房外环境设施及配套资源享有程度的重要指标。

4. 分量表“文化”主成分分析

通过主成分分析发现，特征值大于 1 的公因子累计方差贡献率为 54.412%；“旋转平方和载入”一栏显示的是旋转以后的因子提取结果，与旋转之前差别不大。文化福祉的主要因子只有一个（见表 3-18），且拟合度理想（见表 3-19）。“文化”因子结构如图 3-4 所示。

表 3-18 “文化”主成分分析结果

	初始特征根			提取平方和载入			旋转平方和载入		
	总计	变异%	累计%	总计	变异%	累计%	总计	变异%	累计%
1	4.997	21.725	21.725	4.997	21.725	21.725	3.223	14.012	14.012
2	2.611	11.352	33.077	2.611	11.352	33.077	2.513	10.926	24.937
3	1.392	6.054	39.131	1.392	6.054	39.131	2.471	10.745	35.683
4	1.273	5.537	44.668	1.273	5.537	44.668	1.927	8.377	44.060
5	1.159	5.037	49.705	1.159	5.037	49.705	1.267	5.509	49.569

续表

	初始特征根			提取平方和载入			旋转平方和载入		
	总计	变异%	累计%	总计	变异%	累计%	总计	变异%	累计%
6	1.083	4.707	54.412	1.083	4.707	54.412	1.114	4.843	54.412
7	0.975	4.238	58.650	—	—	—	—	—	—
8	0.879	3.822	62.472	—	—	—	—	—	—
9	0.811	3.527	65.999	—	—	—	—	—	—
10	0.780	3.393	69.392	—	—	—	—	—	—
11	0.749	3.256	72.648	—	—	—	—	—	—
12	0.721	3.135	75.783	—	—	—	—	—	—
13	0.688	2.992	78.775	—	—	—	—	—	—
14	0.663	2.881	81.656	—	—	—	—	—	—
15	0.640	2.781	84.436	—	—	—	—	—	—
16	0.613	2.664	87.101	—	—	—	—	—	—
17	0.595	2.587	89.687	—	—	—	—	—	—
18	0.587	2.552	92.240	—	—	—	—	—	—
19	0.531	2.310	94.550	—	—	—	—	—	—
20	0.501	2.178	96.728	—	—	—	—	—	—
21	0.459	1.994	98.722	—	—	—	—	—	—
22	0.276	1.199	99.922	—	—	—	—	—	—
23	0.018	0.078	100.000	—	—	—	—	—	—

表 3-19 “文化”拟合度参数表（Cronbach's α=0.721）

	χ^2/df	*RMR*	*GFI*	*AGFI*	*NFI*	*CFI*	*RFI*	*RMSEA*	*Standardized RMR*
结果	0.7009	0.0067	0.9988	0.9971	0.9970	1.0000	0.9943	0.0000	0.0087

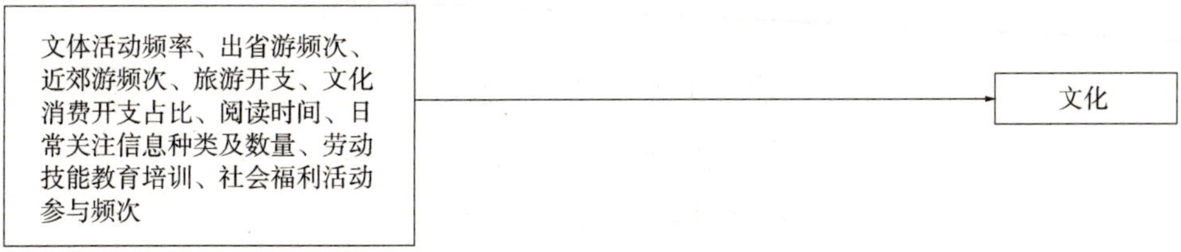

图 3-4 “文化”因子结构图

“文化”指标解读：文体活动频率、旅游频次（尤其是出省游与省内短途游）及旅游开销、文化产品消费占生活开支比例、阅读时间、日常关注信息的种类与数量（含信息、节目接收的广泛度）是评估个体享有文化资源程度的重要指标，而劳动技能教育培训、社会福利活动参与频次指标在“文化”因子上的载荷量达到显著水平。广播与电视信息接收两个指标加权后均与文化领域的主观外指指标水平显著相关。文化福祉中广播与电视信息接收作为反映当地政府对文化事业建设投入程度的重要指标，可以有效影响当地居民的文化氛围体验。

5. 分量表“社会保障”主成分分析

通过主成分分析发现，特征值大于1的公因子累计方差贡献率为71.237%。在第1到第3个主成分处解释力急剧下降，第1到第2个主成分间趋势线斜率最大，证明E“社会保障”分量表的主要因子含有2个，结合客观指标的主成分分析与因子载荷、共同度结果，主要因子即社会保险、社会福利事业两个因子（见表3-20），且拟合度理想（见表3-21）。分析得出，“社会保障”因子下含有“社会保险”“社会福利事业”两个潜变量（见图3-5）。

表3-20 “社会保障”主成分分析结果

	初始特征根			提取平方和载入			旋转平方和载入		
	总计	变异%	累计%	总计	变异%	累计%	总计	变异%	累计%
1	5.759	38.392	38.392	5.759	38.392	38.392	3.620	24.134	24.134
2	2.707	18.043	56.436	2.707	18.043	56.436	3.220	21.468	45.602
3	1.199	7.990	64.426	1.199	7.990	64.426	2.564	17.091	62.693
4	1.022	6.811	71.237	1.022	6.811	71.237	1.281	8.543	71.237
5	0.962	6.410	77.647	—	—	—	—	—	—
6	0.818	5.454	83.101	—	—	—	—	—	—
7	0.690	4.598	87.699	—	—	—	—	—	—
8	0.445	2.967	90.666	—	—	—	—	—	—
9	0.365	2.433	93.099	—	—	—	—	—	—
10	0.298	1.986	95.085	—	—	—	—	—	—
11	0.243	1.617	96.702	—	—	—	—	—	—
12	0.237	1.582	98.284	—	—	—	—	—	—
13	0.194	1.295	99.579	—	—	—	—	—	—
14	0.051	0.339	99.918	—	—	—	—	—	—
15	0.012	0.082	100.000	—	—	—	—	—	—

表 3-21 “社会保障”拟合度参数表（Cronbach's α=0.851）

	χ^2/df	*RMR*	*GFI*	*AGFI*	*NFI*	*CFI*	*RFI*	*RMSEA*	*Standardized RMR*
结果	2.5288	0.0128	0.9964	0.9876	0.9968	0.9981	0.9908	0.0253	0.0304

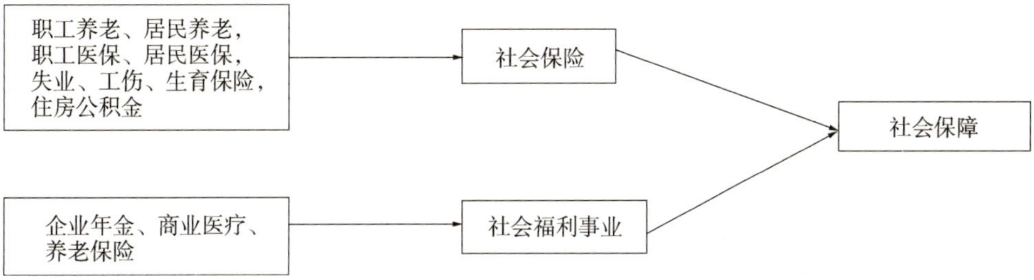

图 3-5 “社会保障”因子结构图

“社会保障”指标解读：社会保障福祉有两大因子，其一为社会保险因子，含职工与居民的养老、医疗保险，失业、工伤、生育的参保情况及是否享有住房公积金，为评估居民个体享有社会保障资源程度的重要指标；其二则是社会福利事业因子，含商业性医疗保险与养老保险的参保情况以及是否享有企业年金等。

6. 分量表“社会网络参与”主成分分析

通过主成分分析发现，特征值大于 1 的公因子累计方差贡献率为 51.836%。在第 1 到第 3 个主成分处解释力急剧下降，第 2 到第 3 个主成分间趋势线斜率最大，结合前面的因子载荷情况可知，F“社会网络参与”分量表的前 3 个因子，即家人互动、邻里互动、朋友互动为主要因子（见表 3-22），且拟合度理想（见表 3-23）。“社会网络参与”因子结构如图 3-6 所示。

表 3-22 “社会网络参与”主成分分析结果

	初始特征根			提取平方和载入			旋转平方和载入		
	总计	变异%	累计%	总计	变异%	累计%	总计	变异%	累计%
1	2.000	28.575	28.575	2.000	28.575	28.575	1.999	28.562	28.562
2	1.628	23.261	51.836	1.628	23.261	51.836	1.629	23.274	51.836
3	0.938	13.394	65.230						
4	0.802	11.463	76.693						
5	0.631	9.012	85.705						

续表

	初始特征根			提取平方和载入			旋转平方和载入		
	总计	变异%	累计%	总计	变异%	累计%	总计	变异%	累计%
6	0.519	7.419	93.124						
7	0.481	6.876	100.000						

表 3-23　“社会网络参与”拟合度参数表（Cronbach's α=0.816）

	χ^2/df	*RMR*	*GFI*	*AGFI*	*NFI*	*CFI*	*RFI*	*RMSEA*	*Standardized RMR*
结果	405.5708	0.3912	0.9009	0.4052	0.7381	0.7382	0.2146	0.4110	0.1200

图 3-6　“社会网络参与”因子结构图

“社会网络参与”指标解读：针对社会网络参与福祉，因子上载荷量显著的指标含家人、邻里与朋友间的互动频率这三大指标。可通过调查居民个体与家人、邻里、朋友的交往互动频率来评估居民个体参与社会网络、享有社会网络资源支持的程度。而民主政治决策参与指标在“社会网络参与”因子上的载荷量不足。

综上，经主成分分析后发现，各量表公因子解释量均在50%—75%内，构想效度尚可。

采用Amos软件对六大因子模型结构进行拟合度参数分析，得到拟合度指标如表3-24所示。*RMSEA*小于0.08，*AGFI*大于0.9，χ^2/df小于5，*RMR*小于0.05，*NFI*、*CFI*、*RFI*均达到0.9以上，模型拟合度较好。

表 3-24　拟合度参数表

	χ^2/df	*RMR*	*GFI*	*AGFI*	*NFI*	*CFI*	*RFI*	RMSEA	*Standardized RMR*	*P*
结果	0.0619	0.0008	1.0000	0.9998	1.000	1.0000	0.9993	0.0000	0.0009	0.8036

经检验，除“社会网络参与”结构模型拟合度不佳，其他客观福祉指标通过计算因子载荷、共同度等参数证明具有良好的信效度。故可根据上述结构图形成

健康、劳动、人居环境、文化、社会保障五个指标体系。基础指标可参见客观福祉指标编号表（见表 3-25）。

表 3-25　客观福祉指标编号表

A 健康	B 劳动	C 人居环境
A1 健身时间、A2 到健身地时间、A3 体检频率、A4 查阅健康记录方便、A5 查阅健康知识方便度、A6 吸烟量、A7 三餐营养均衡、A8 作息规律、A9 自付医药费、A10 生活自理能力、A11 服药频率、A12 连续卧床天数、A13 因病耽误劳动的天数、A14 入睡情况	B18 月均收入、B19 休假数量、B20 到劳动场所交通便捷度、B21a 劳动自来水、B21b 劳动温度调节装置（如暖气、风扇、空调等）、B21c 劳动卫生厕所、B21d 劳动通信网络、B22 劳动采光、B23 劳动消防设施、B24 劳动空气流通、B25 劳动就业信息数量、B26 劳动培训次数、B27 劳动场所停电次数、B21 加总劳动基本配套种类数量	C31 住房面积、C32a 住房自来水、C32b 温度调节装置（如暖气、风扇、空调等）、C32c 住房煤气天然气、C32d 住房卫生厕所、C32e 住房通信网络、C33 住房空气流通、C34 住房采光、C35 住房消防设施、C36 住房周边环境卫生、C37 住房空气污染、C38 住房噪声污染、C39 住房生活用水清洁、C40 工业垃圾、C41 生活垃圾、C42 绿地充足、C43 灾害事故、C44 住房停电次数、C31 计算后的人均住房面积、C32 加总后的基本住房配套种类数量
D 文化	**E 社会保障**	**F 社会网络参与**
D48 受教育年限、D49 文化类产品支出、D50 经常参加文体活动、D51 休闲时间、D52a 新闻类、D52b 财经类、D52c 综艺类、D52d 体育类、D52e 影视类、D52f 军事类、D52g 农业类、D52h 科学与教育类、D52i 社会与法制类、D52j 音乐与戏曲类、D52k 服务类、D53 省内短途游次数、D54 出省游次数、D55 出境游次数、D56 旅游消费、D57 住房接收电视信号、D58 住房接收广播信号、D59 阅读报刊手机媒体读物时间、D49 计算后文化类产品支出占月支出比例、D52 加总信息广泛度指标	E63a 城乡居民基本医疗保险、E63b 城镇职工基本医疗保险、E63c 公费医疗、E63d 商业性医疗保险、E64a 城乡居民基本养老保险、E64b 城镇职工基本养老保险、E64c 机关事业单位或企业职业年金、E64d 商业性养老保险、E65 失业保险、E66 工伤保险、E67 生育保险、E68 住房公积金、E69a 医疗费用总开销、E69b 自付医疗费用、E63 加总医疗保险种数、E64 加总养老保险种数、E69 计算后的自付医药费占总医药开销比例	F73 是否行使话语权、F74 是否加入非政府组织、F75 是否参加投票、F76 家人互动频率、F77 邻里互动频率、F78 朋友互动频率、F79 参与社会福利活动次数

（三）主观指标体系结构层次检验

进行 KMO 检验和 Bartlett's 球形检验后可知，KMO 值为 0.906，表示适合进行因子分析（见表 3-26）；Bartlett's 球形检验显示 P 值为 0.000，说明变量间具有相关性，主成分分析有效。

表 3-26 KMO 检验和 Bartlett's 球形检验表

KMO 检验统计量		0.906
Bartlett's 球形检验	近似卡方值（Approx. Chi-Square）	16802.178
	自由度（df）	190.000
	显著性水平（sig.）	0.000

对上述主观指标呈现出的结构进行拟合度检验（见表 3-27）。*GFI*、*AGFI*、*NFI*、*CFI*、*RFI* 均大于 0.9，*RMSEA* 接近 0.01，χ^2/df 小于 5，*RMR* 小于 0.05，拟合度理想；Cronbach's α 为 0.842，内在一致性信度理想。

表 3-27 拟合度参数表

	χ^2/df	*RMR*	*GFI*	*AGFI*	*NFI*	*CFI*	*RFI*	*RMSEA*	*P*	*Standardized RMR*
结果	1.2925	0.0125	0.9950	0.9887	0.9931	0.9984	0.9859	0.0111	0.0304	0.0138

从指标反映的内容来对主观指标进行拟合，人际适应、心态平衡、家庭氛围、身体健康、心态平衡指标加总可共同反映“身心健康”这一潜变量，目标价值、社会信心、成长进步、知足充裕、自我接受指标可共同反映“享有发展”这一潜变量。“身心健康”“享有发展”这两个内指性主观指标潜变量与六大生活领域的外指性主观指标根据指标反映的不同内容进行拟合（见图 3-7）。*AGFI*、*CFI*、*RFI* 均大于 0.9，*RMSEA* 接近 0.01，χ^2/df 小于 5，*RMR* 小于 0.05，拟合度理想；*Cronbach's* α 为 0.441，内在一致性信度在可以接受的范围内（见表 3-28）。

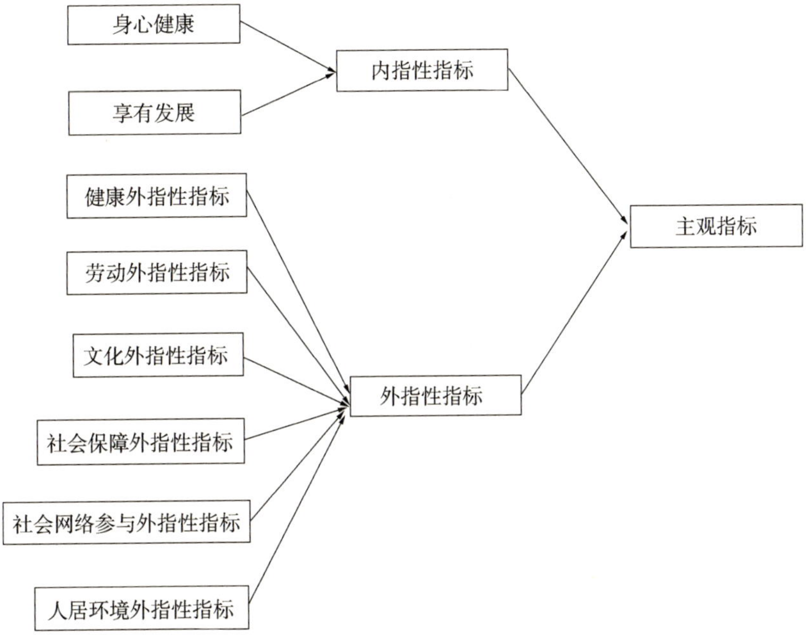

图 3-7 内、外指标评价拟合结构一

表 3-28 拟合度参数表

	χ^2/df	*RMR*	*AGFI*	*NFI*	*CFI*	*RFI*	*RMSEA*	*Standardized RMR*	*P*	*Cronbach's* α
结果	1.4284	0.0146	0.9899	0.9944	0.9983	0.9894	0.0134	0.0136	0.0139	0.441

将“身心健康”“享有发展”两类内指性指标与改善感、需求满足感、满意度三类外指评价进行拟合（见图 3-8），拟合度参数为：*GFI*、*AGFI*、*CFI*、*RFI* 均大于 0.9，*RMSEA* 接近 0.01，χ^2/df 小于 5，*RMR* 小于 0.05，拟合度理想；*Cronbach's* α 大于 0.5，内在一致性信度高于 0.6，验证了先前的理论框架，且该结构拟合情况更优（见表 3-29）。主观基础指标可参见主观福祉指标编号表（见表 3-30）。

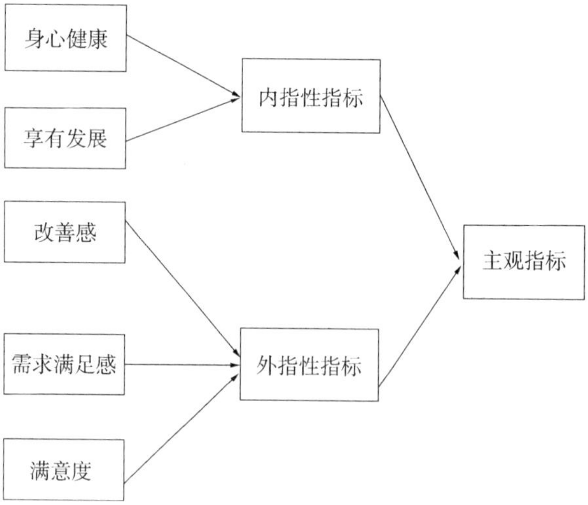

图 3-8　内、外指标评价拟合结构二

表 3-29　拟合度参数表

	χ^2/df	*RMR*	*AGFI*	*NFI*	*CFI*	*RFI*	*RMSEA*	*Standardized RMR*	*P*	*Cronbach's α*
结果	1.1969	0.0122	0.9855	0.9938	0.9990	0.9907	0.0091	0.0139	0.0175	0.629

表 3-30　主观福祉指标编号表

内指性指标	主观 1：知足充裕，主观 2：心理健康，主观 3：社会信心，主观 4：进步体验，主观 5：目标价值，主观 6：自我接受，主观 7：身体健康，主观 8：心态平衡，主观 9：人际适应，主观 10：家庭氛围
外指性指标	改善感：近一年内在健康/劳动/人居环境/文化/社会保障/社会网络参与方面的改善程度
	需求满足感：在健康/劳动/人居环境/文化/社会保障/社会网络参与方面的需求满足程度
	满意度：对健康/劳动/人居环境/文化/社会保障/社会网络参与方面社会资源享有的满意度评价

第二节　不同人口学特征居民的主、客观福祉

以山东省为例，通过 SPSS、Amos 等软件，采用方差分析、回归分析、相关分析等不同数据分析方法分析：不同人口学特征居民在主、客观福祉指标上的分布特征是什么？不同人口学特征居民的主、客观福祉分布有哪些特点？有何典型差异？各生活领域客观福祉如何影响内指性、外指性主观福祉？且这种影响机制在不同人口学特征的作用下产生了哪些变化？弄清楚这些问题，有利于为下一章节中关于促进不同人口学特征居民各生活领域的社会资源享有，促进主、客观福祉相互协调发展的思考，提供实证支持依据。

一、福祉指标在人口学特征上的分布与显著差异

采用方差分析、回归分析、相关分析等不同数据分析方法，对各福祉指标在人口学特征上的分布进行描述统计，对典型指标在人口学特征上的显著差异进行分析讨论。

（一）样本居民在福祉指标上的分布

不同指标由各类题项形式呈现。根据所采集的变量特征不同（标准化后的“自填”类数值型题项与标准化后的“多项选择”类题项对应的是连续性变量；“是否”类题项对应的是二分类类别变量），采取相应统计方式进行调查数据描述。

1　选择题型上的频率分布

根据计分原则，除反向计分外，A—F 得分由 1—6 递增，反向计分选择题为：4、5、7、8、10、11、15、16、17、20、25、28、29、30、36、45、46、47、60、61、62、70、71、72、80、81、82。各得分值项上的分布统计如表 3-31 所示（指标体系正式应用中的变量说明参见附录 3）。

在正式问卷中将选择题项中的“一般或说不好”选项去掉，以 6 点计分为标

准。正式调查抽样在选择题各分值项上的分布不存在诸如85%以上调查对象集中在某个选项或者某个选项无人选择这类极端情况。

表3-31　样本在选择题各分值项上的分布表　　(%)

	1	2	3	4	5	6
A4	11.9	7.3	18.9	28.7	23.3	8.6
A5	6.3	6.8	17.0	33.8	25.8	8.8
A7	1.7	6.1	9.2	45.0	27.0	9.6
A8	2.3	6.3	9.2	40.6	29.3	9.9
A10	0.3	0.3	1.4	2.9	10.6	83.8
A11	23.4	26.8	20.7	12.8	8.0	6.5
A14	0.9	2.3	2.1	5.6	34.8	54.0
A15	1.3	5.1	9.3	35.3	35.4	13.4
A16	1.9	6.4	10.1	41.8	30.4	8.4
A17	1.4	7.3	9.3	39.9	33.3	7.9
B20	1.0	2.6	0.3	28.8	40.7	20.8
B24	3.5	3.8	4.0	8.9	42.4	16.0
B25	7.0	4.7	12.1	31.3	32.8	10.9
B28	0.9	3.4	7.6	37.6	38.9	11.1
B29	1.3	5.2	10.5	37.7	34.8	9.3
B30	1.6	5.7	10.0	37.6	35.1	8.9
C33	2.5	1.9	3.0	26.3	48.4	16.7
C36	1.3	2.8	5.5	35.1	39.2	15.4
C38	7.7	14.6	24.7	23.1	15.4	13.4
C40	1.5	5.0	14.1	17.2	28.0	33.1
C41	2.5	0.1	16.9	22.2	24.2	25.8
D61	1.2	6.8	11.4	41.7	31.3	7.0
D62	1.3	6.8	12.6	39.8	31.5	7.6
E70	1.7	5.9	11.4	41.3	32.3	7.2
E71	1.5	5.8	12.1	41.2	32.3	6.8
F73	1.8	6.1	11.9	40.9	31.8	7.1
F76	1.5	4.7	6.1	10.7	24.6	2.0

续表

	1	2	3	4	5	6
F77	3.3	5.4	9.8	14.9	20.5	5.7
F82	2.2	8.3	15.4	37.0	30.4	6.4
C46	1.3	5.1	9.5	37.1	35.9	10.8
C47	1.3	4.8	9.6	36.3	37.0	10.5
D60	1.0	5.0	11.4	41.6	31.6	8.3
F81	2.3	7.9	15.1	37.1	30.6	6.3
C43	0.5	2.0	8.3	12.6	32.3	44.6
C45	0.7	2.3	5.0	40.6	38.7	12.3
D50	23.8	16.2	13.1	24.8	15.9	6.1
F78	0.3	2.1	4.8	12.1	16.8	21.7
F80	1.6	7.4	15.3	36.5	32.7	41.5
G1	2.5	4.8	10.9	23.7	46.2	11.9
G2	0.8	2.6	4.9	20.3	56.4	14.9
G3	0.5	3.2	5.7	21.4	56.3	13.0
G4	1.8	10.1	17.9	16.1	10.2	14.4
G5	1.8	39.6	15.8	15.6	42.0	14.7
G6	4.0	19.6	27.7	13.0	28.3	7.5
G7	1.8	6.3	11.3	26.2	45.5	9.0
G8	6.0	12.7	17.3	23.4	33.6	7.0
G9	2.0	16.4	29.8	15.5	29.5	6.7
G10	2.8	21.8	37.0	16.0	12.9	9.5
G11	15.0	46.1	16.8	13.6	6.8	1.6
G12	1.6	6.5	13.3	26.1	44.0	8.6
G13	1.3	10.5	19.7	24.0	37.5	6.9
G14	26.7	53.2	13.5	4.3	1.8	0.5
G15	1.7	7.6	14.8	10.4	43.8	12.9
G16	1.7	3.2	9.1	19.4	50.5	16.0
G17	1.8	9.1	17.2	19.7	41.3	10.9
G18	2.0	11.7	23.9	18.0	35.9	8.5
G19	0.7	2.2	5.9	25.4	52.6	13.2
G20	2.4	8.8	17.0	12.9	40.8	18.1

2. 样本在“是否”类题项上的分布

“是否”类题项的得分分布统计如表3-32所示（指标体系正式应用中的变量说明参见附录3）。

表3-32 样本在“是否”类题项（加总后）上的分布[①]表 （%）

	0	1	2	3	4	5	6	7	8	9	10	11	12
B22	7.3	92.7	—	—	—	—	—	—	—	—	—	—	—
B23	21.2	78.8	—	—	—	—	—	—	—	—	—	—	—
C34	4.2	95.8	—	—	—	—	—	—	—	—	—	—	—
C35	43.3	56.7	—	—	—	—	—	—	—	—	—	—	—
B21加总	3.4	6.3	8.3	14.4	67.7	—	—	—	—	—	—	—	—
C32加总	0.7	2.2	4.4	12.4	13.6	66.7	—	—	—	—	—	—	—
D52加总	1.4	7.1	8.5	10.4	11.6	12.7	11.5	11.2	7.0	6.2	4.7	7.3	
E64加总	11.8	61.7	16.9	4.8	4.8	—	—	—	—	—	—	—	0.1
E63加总	2.9	62.7	20.6	7.6	6.1	—	—	—	—	—	—	—	—

3. “自填”类数值型题项的样本描述统计

“自填”类数值型连续变量统计如表3-33所示（指标体系正式应用中的变量说明参见附录3）。

A10、D49上的有效样本结果标准差小于1，除此以外其他指标鉴别力尚可。

表3-33 “自填”类数值型题项的样本描述统计表

	均值	标准差	方差
A1	32.68	36.496	1331.968
A2	11.22	14.943	223.299
A3	9.70	7.208	51.950
A6	3.50	7.537	56.800
A9	1319.41	3144.417	9887359.995
A10	5.77	0.647	0.419
A12	2.89	19.709	388.430

① 除了反向计分（37题）外，选“是”得1分，选“0”得0分。

续表

	均值	标准差	方差
A13	10.07	40.325	1626.092
B18	3229.83	3488.167	12167307.484
B19	6.47	7.255	52.639
B26	1.00	3.787	14.344
B27	0.53	2.401	5.764
C31	120.50	102.523	10511.002
C44	0.59	2.397	5.743
D48	10.80	5.204	27.085
D49	475.75	2306.874	5321668.438
D51	3.77	4.704	22.127
D53	2.81	11.261	126.811
D54	0.53	1.127	1.270
D55	0.22	6.166	38.019
D56	2042.85	5941.554	35302067.307
D59	48.85	78.805	6210.258
E69a	2229.08	6067.902	36819437.556
E69b	1218.66	3080.884	9491845.754
F79	1.10	11.359	129.016
C31 计算后	42.41	37.413	1399.695
D49 计算后	0.3351	0.93643	0.877
E69 计算后	0.6903	0.60386	0.365

“健康”领域“自填”类数值型题项经统计得出如下结果：山东省样本城乡居民每天健身时间为 32.68±36.496 分钟；用最快捷的方式从住房到最近健身场地的时间为 11.83±14.943 分钟；体检频率为每月 9.70±7.208 次；每天吸烟量为 3.50±7.537 支；近一年自付医药费为 1319.41±3144.417 元；近一年连续卧床天数 2.89±19.709；近一年因病耽误劳动的天数为 1310.07±40.325 天。

“劳动”领域“自填”类数值型题项经统计得出如下结果：山东省样本城乡居民近一月收入 3229.83±3488.167 元；近一月休假数量 6.47±7.255 天；近一年劳动培训次数 1.00±3.787 次；近一月劳动场所停电次数 0.53±2.401 次。

“人居环境”领域“自填”类数值型题项经统计得出如下结果：山东省样本城乡居民住房建筑面积120.50±102.523平方米；人均住房建筑面积42.41±37.413平方米；近一月中住房停电次数0.59±2.397次。

“文化”领域“自填”类数值型题项经统计得出如下结果：山东省样本城乡居民受教育年限10.80±5.204年；近一月中文化类产品支出475.75±2306.874元；近一月中每天的休闲时间为3.77±4.704时；近一年中的省内短途游次数2.81±11.261次；近一年中的出省游次数0.53±1.127次；近一年中出境游次数0.22±6.166次；一年内的旅游消费2042.85±5941.554元；近一月每天阅读报刊或手机媒体读物48.85±78.805分钟；文化类产品支出占月支出比例平均为33.51%。

“社会保障”领域“自填”类数值型题项经统计得出如下结果：山东省样本城乡居民近一年参与社会福利活动1.10±11.359次；近一年自付医药费占总医药开销比例为69.03%。

（二）典型福祉指标在人口学特征上的显著差异

将数据进一步标准化，以便于各次级指标的加权与合成，进行各人口学特征（包含地市、就业情况、受教育程度、住宅地、子女数、性别、年龄、婚姻状况）上的主、客观次级指标的差异性分析。对于方差分析结果显著的变量，进一步采用Blom方法对其进行边际估算均值的事后比较。由于地市、受教育程度、就业情况等类别变量较多，若进行两两比较，比较次数较多，为了避免Ⅱ类错误的概率增加，采用Scheffe方法与Welch方法，对各福祉指标和典型福祉指标在人口学特征上的显著差异进行多水平比较，并进行分析讨论。

1. 福祉指标在不同地市上的显著差异

不同地市间客观指标差异性显著（$P=0.000<0.01$，$F=6.886$）。事后比较发现：济南显著高于潍坊（$SEM=0.103$，$P=0.002<0.05$），枣庄（$SEM=0.106$，$P=0.000<0.05$），聊城（$SEM=0.114$，$P=0.000<0.05$），烟台（$SEM=0.093$，$P=0.035<0.05$）；青岛显著高于潍坊（$SEM=0.100$，$P=0.000<0.05$），枣庄（$SEM=0.102$，$P=0.000<0.05$），临沂（$SEM=0.086$，$P=0.019<0.05$），聊城（$SEM=0.111$，$P=0.000<0.05$），烟台（$SEM=$

0.090，*P*=0.001<0.05）；东营显著高于潍坊（*SEM*=0.125，*P*=0<0.05），枣庄（*SEM*=0.127，*P*=0<0.05），临沂（*SEM*=0.114，*P*=0.022<0.05），聊城（*SEM*=0.134，*P*=0<0.05），烟台（*SEM*=0.117，*P*=0.003<0.05）；临沂显著高于潍坊（*SEM*=0.102，*P*=0.032<0.05），枣庄（*SEM*=0.105，*P*=0<0.05），聊城（*SEM*=0.113，*P*=0.006<0.05）；烟台显著高于枣庄（*SEM*=0.108，*P*=0.005<0.05）。主观指标方面，不同地市在主观指标总分上显著差异（*P*=0.000<0.01，*F*=4.6555）：济南显著低于青岛（*SEM*=0.695058，*P*=0.002<0.01），东营（*SEM*=1.051087，*P*=0.000<0.01），潍坊（*SEM*=0.867007，*P*=0.001<0.01），临沂（*SEM*=0.752169，*P*=0.000<0.01），聊城（*SEM*=0.968509，*P*=0.001<0.01）；东营显著高于枣庄（*SEM*=1.21056，*P*=0.004<0.01），烟台（*SEM*=1.08596，*P*=0.009<0.01）；潍坊显著高于枣庄（*SEM*=1.05469，*P*=0.024<0.05）；枣庄显著低于临沂（*SEM*=0.96251，*P*=0.012<0.05），聊城（*SEM*=1.13960，*P*=0.022<0.05）；临沂显著高于烟台（*SEM*=0.80017，*P*=0.029<0.05）。

各客、主观指标在不同地市间的显著差异具体表现为：

（1）健康指标

健康指标上地市间差异显著（*P*=0.001<0.01，*F*=8.271），事后比较发现：东营显著高于济南（*SEM*=0.493，*P*=0.003<0.05），青岛（*SEM*=0.481，*P*=0<0.05），潍坊（*SEM*=0.534，*P*=0.008<0.05），枣庄（*SEM*=0.558，*P*=0<0.05），聊城（*SEM*=0.577，*P*=0.008<0.05），烟台（*SEM*=0.503，*P*=0.007<0.05）；枣庄显著低于济南（*SEM*=0.437，*P*=0.038<0.05），东营（*SEM*=0.558，*P*=0<0.05），潍坊（*SEM*=0.483，*P*=0.045<0.05），临沂（*SEM*=0.442，*P*=0.001<0.05），烟台（*SEM*=0.448，*P*=0.023<0.05）。

（2）劳动指标

劳动指标上不同地市差异显著（*P*=0.000<0.01，*F*=4.676），事后比较发现：东营显著高于青岛（*SEM*=0.523，*P*=0.029<0.05），潍坊（*SEM*=0.584，*P*=0.002<0.05），临沂（*SEM*=0.542，*P*=0.010<0.05），聊城（*SEM*=0.619，*P*=0.000<0.05），烟台（*SEM*=0.553，*P*=0.043<0.05）；济南显著高于青岛（*SEM*=0.360，*P*=0.001<0.05），潍坊（*SEM*=0.443，

$P=0.000<0.05$），枣庄（$SEM=0.491$，$P=0.015<0.05$），临沂（$SEM=0.386$，$P=0.000<0.05$），聊城（$SEM=0.488$，$P=0.000<0.05$），烟台（$SEM=0.402$，$P=0.005<0.05$）。

（3）社会保障指标

社会保障指标在不同地市间差异显著（$P=0.000<0.01$，$F=1.433$），事后比较发现：济南显著高于潍坊（$SEM=0.556$，$P=0.000<0.05$），枣庄（$SEM=0.605$，$P=0.000<0.05$），临沂（$SEM=0.480$，$P=0.026<0.05$），聊城（$SEM=0.609$，$P=0.000<0.05$），烟台（$SEM=0.518$，$P=0.008<0.05$）；青岛显著高于济南（$SEM=0.449$，$P=0.045<0.05$），潍坊（$SEM=0.528$，$P=0.000<0.05$），枣庄（$SEM=0.580$，$P=0.000<0.05$），临沂（$SEM=0.448$，$P=0.000<0.05$），聊城（$SEM=0.584$，$P=0.000<0.05$），烟台（$SEM=0.488$，$P=0.000<0.05$）；东营显著高于潍坊（$SEM=0.707$，$P=0.000<0.05$），枣庄（$SEM=0.746$，$P=0.000<0.05$），聊城（$SEM=0.750$，$P=0.000<0.05$），烟台（$SEM=0.678$，$P=0.029<0.05$）。

（4）社会信心指标

社会信心指标在不同地市间差异显著（$P=0.000<0.01$，$F=1.817$），事后比较发现：东营显著高于济南（$SEM=0.100$，$P=0.000<0.05$），枣庄（$SEM=0.116$，$P=0.019<0.05$），烟台（$SEM=0.103$，$P=0.002<0.05$）；潍坊显著高于济南（$SEM=0.081$，$P=0.000<0.05$），枣庄（$SEM=0.100$，$P=0.046<0.05$），烟台（$SEM=0.085$，$P=0.004<0.05$）；临沂显著高于济南（$SEM=0.070$，$P=0.000<0.05$），青岛（$SEM=0.066$，$P=0.000<0.05$），枣庄（$SEM=0.091$，$P=0.000<0.05$），烟台（$SEM=0.075$，$P=0.000<0.05$）；聊城显著高于济南（$SEM=0.089$，$P=0.000<0.05$），青岛（$SEM=0.086$，$P=0.013<0.05$），枣庄（$SEM=0.107$，$P=0.005<0.05$），烟台（$SEM=0.093$，$P=0.000<0.05$）。

2. 福祉指标在不同就业情况上的显著差异

不同就业情况在客观总分上的差异性显著（$P=0.000<0.01$，$F=27.341$），事后比较发现：个体显著高于务农（$SEM=0.094$，$P=0.022<0.05$）；私营企业显著高于务农（$SEM=0.083$，$P=0.000<0.05$），个体（$SEM=0.113$，$P=$

0.022＜0.05)；国有企业显著高于务农（*SEM*＝0.082，*P*＝0.000＜0.05)，个体（*SEM*＝0.112，*P*＝0.000＜0.05)，私营企业（*SEM*＝0.103，*P*＝0.000＜0.05)，离退休（*SEM*＝0.114，*P*＝0.003＜0.05)；机关事业单位与社会非营利组织等显著高于务农（*SEM*＝0.075，*P*＝0.000＜0.05)，个体（*SEM*＝0.107，*P*＝0.000＜0.05)，私营企业（*SEM*＝0.098，*P*＝0.000＜0.05)，离退休（*SEM*＝0.109，*P*＝0.001＜0.05)；学生、失业或待就业人员显著高于务农（*SEM*＝0.280，*P*＝0.021＜0.05)；离退休显著高于务农（*SEM*＝0.096，*P*＝0.000＜0.05)，个体（*SEM*＝0.122，*P*＝0.002＜0.05)；“其他”显著高于务农（*SEM*＝0.087，*P*＝0.000＜0.05)，个体（*SEM*＝0.116，*P*＝0.000＜0.05)，私营企业（*SEM*＝0.107，*P*＝0.004＜0.05)。务农群体在客观社会资源的享有水平上均较低，机关事业单位与非营利组织、国有企业在社会资源的享有上优于其他就业情况。主观指标总分上不同就业情况间差异显著（*F*＝4.4111，*P*＝0.000＜0.01)：务农显著高于私营（*SEM*＝0.73373，*P*＝0.010≤0.01)，国企（*SEM*＝0.76785，*P*＝0.001＜0.01)，机关事业单位与社会非营利组织（*SEM*＝0.70327，*P*＝0.025＜0.05)，其他（*SEM*＝0.77745，*P*＝0.006＜0.01)；个体显著高于国企（*SEM*＝1.01522，*P*＝0.047＜0.05)；离退休显著高于务农（*SEM*＝0.88575，*P*＝0.038＜0.05)，个体（*SEM*＝1.10708，*P*＝0.032＜0.05)，私企（*SEM*＝1.03957，*P*＝0.000＜0.01)，国企（*SEM*＝1.06393，*P*＝0.000＜0.01)，机关事业单位与非营利组织（*SEM*＝1.01830，*P*＝0.001＜0.01)，其他（*SEM*＝1.07088，*P*＝0.000＜0.01)。

各客、主观指标在不同就业情况间的显著差异具体表现为：

(1) 健康指标

健康指标在不同就业情况间差异显著（*P*＝0.000＜0.01，*F*＝10.976)，事后比较得出，务农显著高于私营企业（*SEM*＝0.344，*P*＝0.000＜0.05)，国有企业（*SEM*＝0.352，*P*＝0.002＜0.05)，“其他”（*SEM*＝0.362，*P*＝0.017＜0.05)；机关事业单位与社会非营利组织等显著高于私营企业（*SEM*＝0.415，*P*＝0.002＜0.05)，国有企业（*SEM*＝0.421，*P*＝0.046＜0.05)；而务农和机关事业单位与非营利组织之间在健康指标上无显著差异；离退休显著高于务农（*SEM*＝0.411，*P*＝0.000＜0.05)，个体（*SEM*＝0.514，*P*＝0.000＜0.05)，

私营企业（$SEM=0.483$，$P=0.000<0.05$），国有企业（$SEM=0.488$，$P=0.000<0.05$），机关事业单位与社会非营利组织等（$SEM=0.472$，$P=0.000<0.05$），其他（$SEM=0.496$，$P=0.000<0.05$）。

将健康指标上的不同就业情况间的变异进行分解发现：体检频率和个人健康信息获取便利度两个基础指标的不同就业群体差异最大。其中，居民接受全面系统的体检间隔时间差异显著（$F=17.424$，$df=2362$，$P=0.000<0.01$）；国企与机关事业单位体检间隔时间最短，99.17%的国企与机关事业单位员工至少1年内体检1次（见图3-9）。不同就业情况下的居民在查找个人健康信息时感到的困难程度差异显著（$F=6.681$，$df=2362$，$P=0.000<0.01$），私企、国企与机关事业单位员工在查找个人健康记录时感到不便捷、困难的比例最低（其中没有人选择“不太便捷”“不便捷”“查不到”），务农、个体、学生与失业待业人员，离退休人员及其他人员中有35.158%的人员在查找个人健康信息指标上选择“不太便捷”“不便捷”“查不到”（见图3-10）。

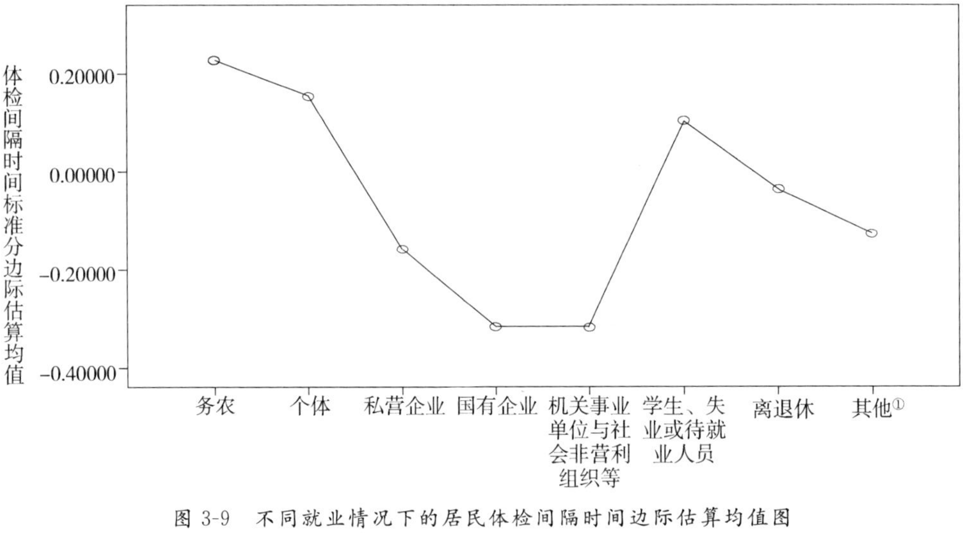

图3-9 不同就业情况下的居民体检间隔时间边际估算均值图

① “其他”包括股份合作单位、联营单位、有限责任公司、股份有限公司、港澳台投资单位、外商投资单位、村办企业、现役军人。下同。

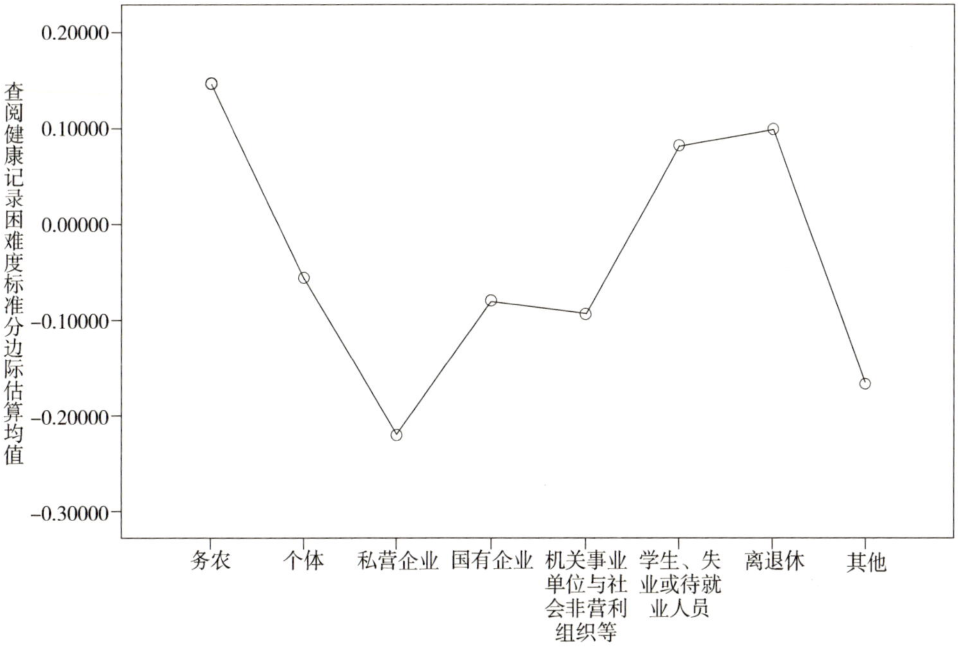

图 3-10　不同就业情况下居民查阅健康记录困难程度边际估算均值图

(2) 劳动指标

劳动指标在不同就业情况间差异显著（$P=0.000<0.01$，$F=39.390$），事后比较得出：私营企业显著高于务农（$SEM=0.353$，$P=0.000<0.05$），个体（$SEM=0.482$，$P=0.009<0.05$）；国有企业显著高于务农（$SEM=0.374$，$P=0.000<0.05$），个体（$SEM=0.497$，$P=0.000<0.05$），私营企业（$SEM=0.456$，$P=0.022<0.05$）；机关事业单位与社会非营利组织等显著高于务农（$SEM=0.344$，$P=0.000<0.05$），个体（$SEM=0.475$，$P=0.000<0.05$），私营企业（$SEM=0.432$，$P=0.007<0.05$）；国有企业和机关事业单位与社会非营利组织之间无显著差异（见图 3-11）。

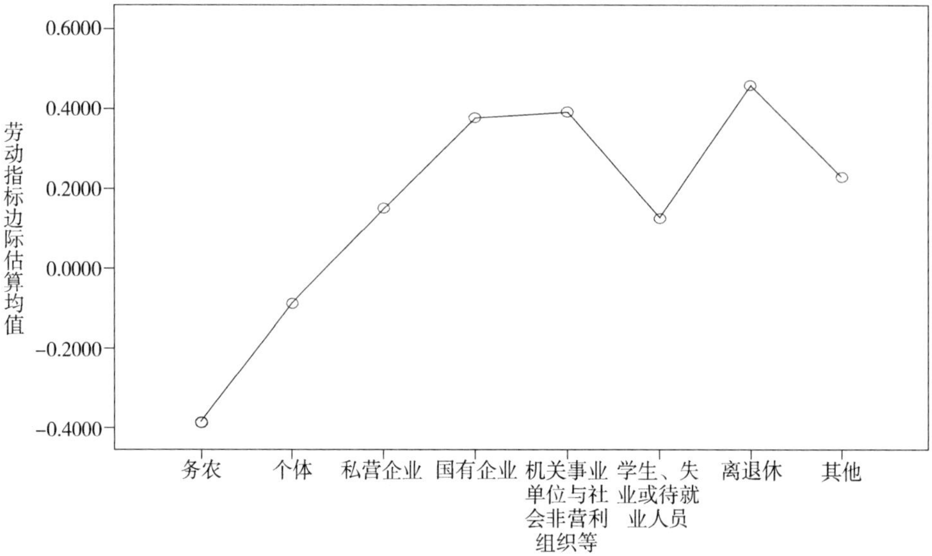

图 3-11　不同就业情况下居民的劳动指标边际估算均值图

将劳动指标上的不同就业情况间的变异进行分解发现：劳动技能培训（$F=36.388$，$P=0.000<0.01$）基础指标上存在不同就业情况间的显著差异。

经卡方检验，不同就业单位的居民接受的年劳动培训次数差异显著（Pearson $X^2=13.946$，$P=0.000<0.01$）。务农、个体、失业待业人员年平均培训次数最少；国企最多，国企显著多于机关事业单位（$SEM=0.280$，$P=0.0000<0.01$）和私企（$SEM=0.284$，$P=0.005<0.01$）；私企显著多于个体（$SEM=0.299$，$P=0.001<0.01$）（见图 3-12）。

（3）文化指标

文化指标在不同就业情况间差异显著（$P=0.000<0.01$，$F=11.633$），事后比较得出：个体（$SEM=0.079$，$P=0.000<0.05$）、私营企业（$SEM=0.071$，$P=0.022<0.05$）、国有企业均高于务农（$SEM=0.074$，$P=0.000<0.05$）。此外国有企业还显著高于私营企业（$SEM=0.091$，$P=0.027<0.05$），离退休（$SEM=0.102$，$P=0.011<0.05$）；机关事业单位与社会非营利组织等显著高于务农（$SEM=0.069$，$P=0.000<0.05$），私营企业（$SEM=0.086$，$P=0.010<0.05$），离退休（$SEM=0.099$，$P=0.004<0.05$）；国有企业和机关事业单位、非营利组织之间无显著差异（见图 3-13）。

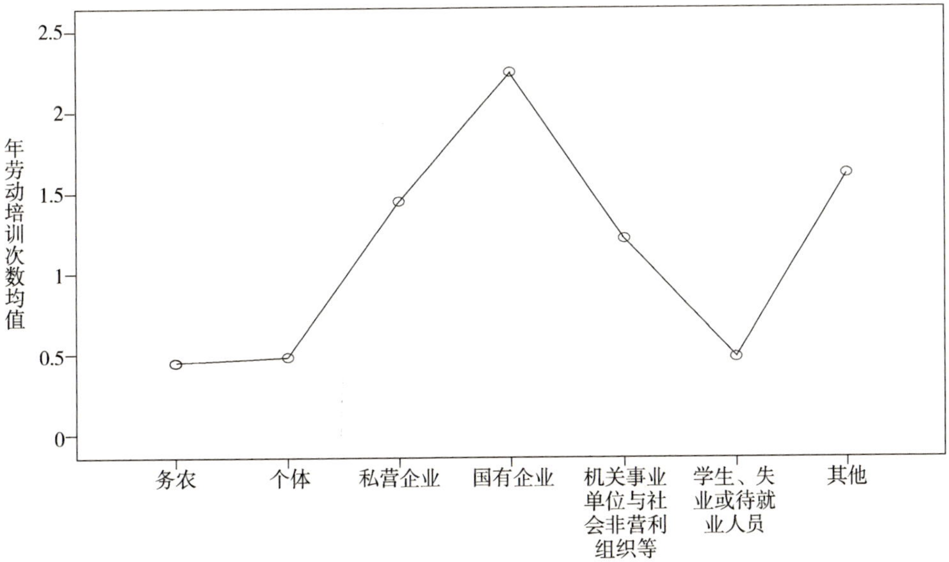

图 3-12　不同就业情况下居民接受的年劳动培训次数边际估算均值图

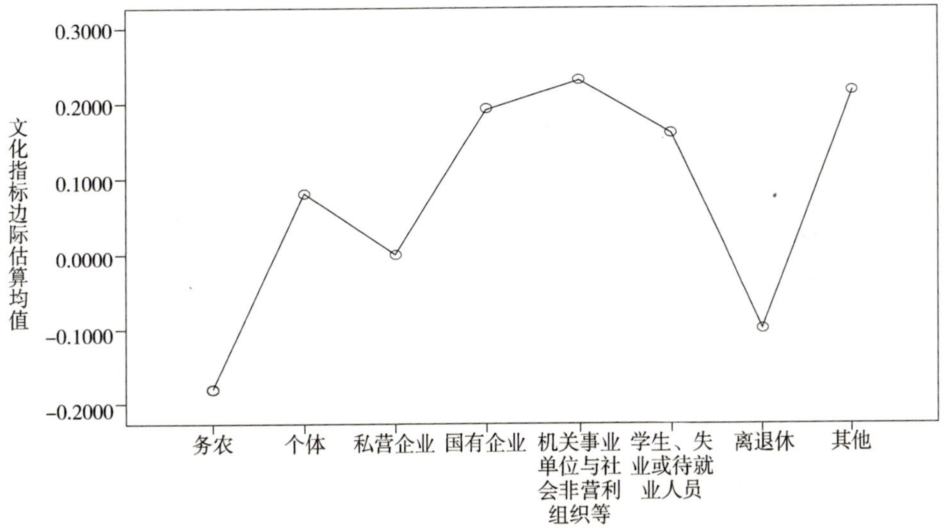

图 3-13　不同就业情况下的文化指标边际估算均值图

（4）社会保障指标

社会保障指标在不同就业情况间差异显著（$P=0.000<0.01$，$F=107.384$），事后比较得出：个体（$SEM=0.464$，$P=0.001<0.05$）、私营企业（$SEM=0.400$，$P=0.000<0.05$）、国有企业（$SEM=0.416$，$P=0.000<0.05$）、机关事业单位与社会非营利组织等（$SEM=0.388$，$P=0.000<0.05$）、离退休（$SEM=0.457$，$P=0.000<0.05$）、“其他”（$SEM=0.445$，$P=0.000<0.05$）均显著高于务农。国有企业显著高于个体（$SEM=0.564$，$P=0.000<0.05$），私营企业（$SEM=0.512$，$P=0.000<0.05$），机关事业单位与社会非营利组织等（$SEM=0.502$，$P=0.000<0.05$），学生、失业或待业人员（$SEM=1.318$，$P=0.000<0.05$），离退休（$SEM=0.557$，$P=0.000<0.05$），“其他”（$SEM=0.548$，$P=0.000<0.05$）；机关事业单位与社会非营利组织等显著高于个体（$SEM=0.543$，$P=0.000<0.05$），私营企业（$SEM=0.489$，$P=0.000<0.05$），学生、失业或待业人员（$SEM=1.310$，$P=0.000<0.05$），离退休（$SEM=0.537$，$P=0.000<0.05$）；私营企业显著高于个体（$SEM=0.552$，$P=0.000<0.05$），学生、失业或待业人员（$SEM=1.313$，$P=0.010<0.05$），离退休（$SEM=0.546$，$P=0.000<0.05$）；“其他”显著高于个体（$SEM=0.586$，$P=0.000<0.05$），私营企业（$SEM=0.536$，$P=0.000<0.05$），学生、失业或待业人员（$SEM=1.328$，$P=0.000<0.05$），离退休（$SEM=0.580$，$P=0.000<0.05$）（见图 3-14）。

将社会保障指标上的不同就业情况间的变异进行分解发现：城乡职工基本养老保险在社会保障改善感方面显著低于机关事业单位职工养老保险（Pearson $X^2=1096.812$，$P=0.0000<0.01$）。

调研结果显示，在国企和集体企业单位中，城镇养老保险覆盖率在 60％以上，“三资”企业职工参保率为 50％，私企职工的参保率不足 40％，其他单位员工和自由职业者、无薪酬劳动者参加城镇养老保险的比例不足 20％；医疗保险方面，公有制、“三资”企业、私企员工以参加城镇职工医疗保险为主，参保率分别为 70％、40.8％、41.0％；其他单位参加城镇职工医疗保险的比例低于 35％。这说明不同性质单位就业者间在基本社会保险受益体验方面还是有差距的。

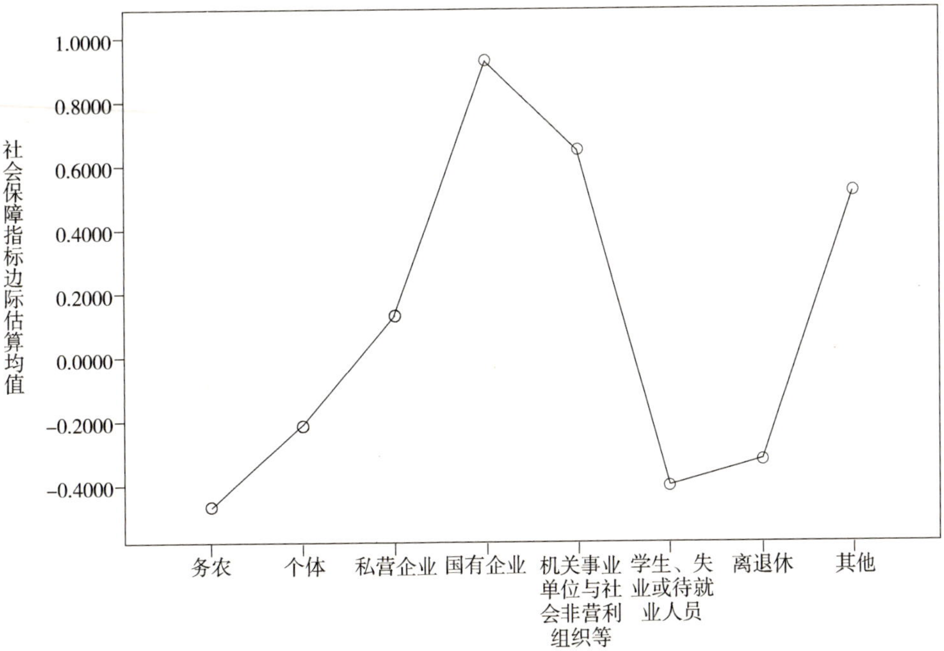

图 3-14 不同就业情况下的社会保障指标边际估算均值图

（5）社会网络参与指标

社会网络参与指标在不同就业情况间差异显著（$P=0.000<0.01$，$F=7.771$），事后比较发现：务农显著高于个体（$SEM=0.253$，$P=0.050\leqslant 0.05$），私营企业（$SEM=0.223$，$P=0.000<0.05$），国有企业（$SEM=0.237$，$P=0.000<0.05$），“其他”（$SEM=0.239$，$P=0.000<0.05$）。

（6）身体健康指标

身体健康指标在不同就业情况间差异显著（$P=0.000<0.01$，$F=5.907$），事后比较得出：务农显著高于个体（$SEM=0.077$，$P=0.026<0.05$），学生、失业或待就业人员（$SEM=0.209$，$P=0.045<0.05$），“其他”（$SEM=0.073$，$P=0.023<0.05$）；国有企业显著高于个体（$SEM=0.095$，$P=0.000<0.05$），私营企业（$SEM=0.088$，$P=0.012<0.05$），学生、失业或待就业人员（$SEM=0.217$，$P=0.014<0.05$），“其他”（$SEM=0.092$，$P=0.002<0.05$）；机关事业单位与社会非营利组织等显著高于个体（$SEM=0.091$，$P=0.005<0.05$），私营企业（$SEM=0.083$，$P=0.023<0.05$），学生、失业或待就业人员（$SEM=$

0.215，$P=0.020<0.05$），“其他”（$SEM=0.088$，$P=0.005<0.05$）。

（7）知足充裕指标

知足充裕指标上不同就业类型间差异显著（$P=0.000<0.01$，$F=9.647$），事后比较发现：务农显著高于个体（$SEM=0.077$，$P=0.027<0.05$），私营企业（$SEM=0.068$，$P=0.001<0.05$），国有企业（$SEM=0.072$，$P=0.025<0.05$），“其他”（$SEM=0.073$，$P=0.000<0.05$）；国有企业显著高于“其他”（$SEM=0.092$，$P=0.047<0.05$）；机关事业单位与社会非营利组织等显著高于个体（$SEM=0.091$，$P=0.026<0.05$），私营企业（$SEM=0.083$，$P=0.002<0.05$），国有企业（$SEM=0.086$，$P=0.025<0.05$），“其他”（$SEM=0.088$，$P=0.000<0.05$）；离退休显著高于务农（$SEM=0.080$，$P=0.000<0.05$），个体（$SEM=0.101$，$P=0.000<0.05$），私营企业（$SEM=0.095$，$P=0.000<0.05$），国有企业（$SEM=0.097$，$P=0.000<0.05$），机关事业单位与社会非营利组织等（$SEM=0.093$，$P=0.002<0.05$），“其他”（$SEM=0.099$，$P=0.000<0.05$）。离退休最高，务农与机关事业单位其次，且务农与机关事业单位之间无显著差异。

（8）社会信心指标

社会信心指标在不同就业情况间差异显著（$P=0.000<0.01$，$F=11.863$），事后比较发现：务农显著高于个体（$SEM=0.077$，$P=0.001<0.05$），私营企业（$SEM=0.067$，$P=0.000<0.05$），国有企业（$SEM=0.072$，$P=0.000<0.05$），机关事业单位与社会非营利组织等（$SEM=0.066$，$P=0.008<0.05$），“其他”（$SEM=0.073$，$P=0.000<0.05$）；离退休显著高于务农（$SEM=0.080$，$P=0.000<0.05$），个体（$SEM=0.101$，$P=0.000<0.05$），私营企业（$SEM=0.094$，$P=0.000<0.05$），国有企业（$SEM=0.098$，$P=0.000<0.05$），机关事业单位与社会非营利组织等（$SEM=0.094$，$P=0.000<0.05$），学生、失业或待就业人员（$SEM=0.218$，$P=0.007<0.05$）、“其他”（$SEM=0.099$，$P=0.000<0.05$）。在社会信心指标上，离退休最高，务农其次。

（9）成长进步指标

成长进步指标在不同就业情况间差异显著（$P=0.043<0.1$，$F=2.074$），

事后比较发现：务农显著高于国有企业（SEM＝0.072，P＝0.004＜0.05）；私营企业显著高于国有企业（SEM＝0.094，P＝0.000＜0.05）；机关事业单位与社会非营利组织等显著高于国有企业（SEM＝0.087，P＝0.017＜0.05）；离退休显著高于国有企业（SEM＝0.099，P＝0.007＜0.05），“其他”（SEM＝0.100，P＝0.046＜0.05）。务农、私营、机关事业单位、离退休之间无显著差异，国有企业员工的成长进步体验相对于其他就业类别较低。

（10）目标价值指标

目标价值指标在不同就业情况间差异显著（P＝0.003＜0.01，F＝3.136），事后比较发现：私营企业显著低于务农（SEM＝0.068，P＝0.000＜0.05），离退休（SEM＝0.096，P＝0.005＜0.05）；国有企业显著低于务农（SEM＝0.072，P＝0.015＜0.05）；“其他”显著低于务农（SEM＝0.074，P＝0.003＜0.05），离退休（SEM＝0.100，P＝0.018＜0.05）；务农与离退休相对于其他就业类别较高。

（11）自我接受指标

自我接受指标在不同就业类型间差异显著（P＝0.000＜0.01，F＝4.846），事后比较得出：务农显著高于私营企业（SEM＝0.069，P＝0.002＜0.05），国有企业（SEM＝0.073，P＝0.002＜0.05），机关事业单位与社会非营利组织等（SEM＝0.067，P＝0.001＜0.05），“其他”（SEM＝0.068，P＝0.000＜0.05）；个体显著高于私营企业（SEM＝0.094，P＝0.036＜0.05），国有企业（SEM＝0.096，P＝0.026＜0.05），机关事业单位与社会非营利组织等（SEM＝0.092，P＝0.026＜0.05），“其他”（SEM＝0.097，P＝0.019＜0.05）；离退休显著高于私营企业（SEM＝0.096，P＝0.001＜0.05）、国有企业（SEM＝0.099，P＝0.001＜0.05），机关事业单位与社会非营利组织等（SEM＝0.095，P＝0.001＜0.05），“其他”（SEM＝0.100，P＝0.001＜0.05）。务农、离退休、个体之间无显著差异，且高于国企、机关事业单位与非营利组织、“其他”等。

（12）人际适应指标

人际适应指标在不同就业情况间差异显著（P＝0.044＜0.05，F＝2.064），事后比较发现：务农显著高于离退休（SEM＝0.081，P＝0.016＜

0.05)；私营企业显著高于离退休（*SEM*=0.096，*P*=0.006<0.05）；国有企业显著高于离退休（*SEM*=0.099，*P*=0.004<0.05）；机关事业单位与社会非营利组织等显著高于离退休（*SEM*=0.095，*P*=0.005<0.05）；“其他”显著高于离退休（*SEM*=0.100，*P*=0.025<0.05），可见离退休显著低于其他类别。

（13）家庭氛围指标

家庭氛围指标在不同就业情况间差异显著（*P*=0.009<0.01，*F*=2.708），事后比较发现：务农显著高于私营企业（*SEM*=0.068，*P*=0.017<0.05），国有企业（*SEM*=0.072，*P*=0.018<0.05），“其他”（*SEM*=0.074，*P*=0.021<0.05）；离退休显著高于私营企业（*SEM*=0.095，*P*=0.031<0.05），国有企业（*SEM*=0.098，*P*=0.030<0.05），“其他”（*SEM*=0.099，*P*=0.032<0.05）。务农与离退休高于别的就业类别。

3. 福祉指标在不同受教育程度上的显著差异

受教育程度在主观总分（*F*=1.75633，*P*=0.384567>0.05）、客观总分上（*F*=2.12，*P*=0.065>0.05）均无显著差异。

各客、主观指标在不同受教育程度间的显著差异具体表现为：

（1）健康指标

健康指标在不同受教育程度上差异显著（*P*=0.005<0.01，*F*=3.137），事后比较发现：小学显著高于小学以下（*SEM*=0.804，*P*=0.040<0.05），大学本科（*SEM*=0.395，*P*=0.036<0.05）；初中显著高于小学以下（*SEM*=0.765，*P*=0.022<0.05），高中（*SEM*=0.303，*P*=0.047<0.05），大学本科（*SEM*=0.309，*P*=0.003<0.05）。初中和小学居民群体健康指标得分较其他群体更高。

（2）劳动指标

劳动指标在不同受教育程度上差异显著（*P*=0.000<0.01，*F*=39.579），事后比较发现：高中显著高于小学以下（*SEM*=0.809，*P*=0.000<0.05），小学（*SEM*=0.401，*P*=0.000<0.05），初中（*SEM*=0.308，*P*=0.000<0.05）；大学专科显著高于小学以下（*SEM*=0.822，*P*=0.000<0.05），小学（*SEM*=0.427，*P*=0.000<0.05），初中（*SEM*=0.341，*P*=0.000<0.05），

高中（$SEM=0.342$，$P=0.000<0.05$）；大学本科显著高于小学以下（$SEM=0.814$，$P=0.000<0.05$），小学（$SEM=0.410$，$P=0.000<0.05$），初中（$SEM=0.319$，$P=0.000<0.05$），高中（$SEM=0.321$，$P=0.000<0.05$）；研究生显著高于小学以下（$SEM=0.966$，$P=0.000<0.05$），小学（$SEM=0.663$，$P=0.000<0.05$），初中（$SEM=0.611$，$P=0.000<0.05$），高中（$SEM=0.612$，$P=0.000<0.05$）。本科与研究生受教育程度显著高于其他受教育程度。受教育程度与劳动指标有一定的正向相关：本科及以下受教育程度，均是受教育程度越高，劳动指标得分越高。

（3）文化指标

文化指标在不同受教育程度间差异显著（$F=31.342$，$P=0.000<0.01$），事后比较发现：小学显著高于小学以下（$SEM=0.154$，$P=0.000<0.05$）；初中显著高于小学以下（$SEM=0.156$，$P=0.000<0.05$），小学（$SEM=0.077$，$P=0.000<0.05$）；高中显著高于小学以下（$SEM=0.146$，$P=0.000<0.05$），小学（$SEM=0.077$，$P=0.000<0.05$），初中（$SEM=0.060$，$P=0.000<0.05$）；大学专科显著高于小学以下（$SEM=0.149$，$P=0.000<0.05$），小学（$SEM=0.082$，$P=0.000<0.05$），初中（$SEM=0.066$，$P=0.000<0.05$）；大学本科显著高于小学以下（$SEM=0.147$，$P=0.000<0.05$），小学（$SEM=0.079$，$P=0.000<0.05$），初中（$SEM=0.062$，$P=0.000<0.05$），高中（$SEM=0.062$，$P=0.002<0.05$）；研究生显著高于小学以下（$SEM=0.176$，$P=0.000<0.05$），小学（$SEM=0.125$，$P=0.000<0.05$），初中（$SEM=0.114$，$P=0.000<0.05$），高中（$SEM=0.115$，$P=0.002<0.05$），大学专科（$SEM=0.118$，$P=0.012<0.05$）。经多重分组均值比较分析发现，主观幸福感得分在大学本科及以上学历组与大学本科以下学历组的分布存在显著分化，大学本科及以上学历组得分显著更高（$F=22.380$，$Sig.=0.000$，$P<0.01$）。

（4）社会保障指标

社会保障指标在不同受教育程度间差异显著（$F=76.349$，$P=0.000<0.01$），事后比较发现：高中显著高于小学以下（$SEM=0.903$，$P=0.009<0.05$），小学（$SEM=0.460$，$P=0.000<0.05$），初中（$SEM=0.365$，$P=$

0.000<0.05)；大学专科显著高于小学以下（SEM=0.921，P=0.000<0.05），小学（SEM=0.494，P=0.000<0.05），初中（SEM=0.407，P=0.000<0.05），高中（SEM=0.412，P=0.000<0.05）；大学本科显著高于小学以下（SEM=0.907，P=0.000<0.05），小学（SEM=0.467，P=0.000<0.05），初中（SEM=0.374，P=0.000<0.05），高中（SEM=0.380，P=0.000<0.05），大学专科（SEM=0.420，P=0.000<0.05）；本科显著高于小学以下（SEM=1.078，P=0.000<0.05），小学（SEM=0.747，P=0.000<0.05），初中（SEM=0.692，P=0.000<0.05），高中（SEM=0.695，P=0.000<0.05），大学专科（SEM=0.718，P=0.000<0.05）。

（5）知足充裕指标

知足充裕指标在不同受教育程度间差异显著（F=3.365，P=0.003<0.01），事后比较发现：小学以下显著高于初中（SEM=0.144，P=0.008<0.05），高中（SEM=0.145，P=0.019<0.05），大学专科（SEM=0.147，P=0.038<0.05），大学本科（SEM=0.145，P=0.001<0.05），研究生（SEM=0.176，P=0.048<0.05）；小学显著高于大学本科（SEM=0.079，P=0.002<0.05）；高中显著高于大学本科（SEM=0.062，P=0.010<0.05）；大学专科显著高于大学本科（SEM=0.068，P=0.005<0.05）。

（6）社会信心指标

社会信心指标在不同受教育程度间差异显著（P=0.000<0.01，F=5.975），事后比较发现：小学以下显著高于大学本科（SEM=0.143，P=0.039<0.05），高中（SEM=0.077，P=0.031<0.05），大学专科（SEM=0.082，P=0.036<0.05），大学本科（SEM=0.079，P=0.000<0.05），研究生（SEM=0.126，P=0.028<0.05）；初中显著高于大学本科（SEM=0.062，P=0.000<0.05）；高中显著高于大学本科（SEM=0.062，P=0.002<0.05）；大学专科显著高于大学本科（SEM=0.068，P=0.005<0.05）。

（7）目标价值指标

目标价值指标在不同受教育程度间差异显著（P=0.000<0.01，F=4.253），事后比较发现：小学以下显著低于小学（SEM=0.154，P=0.001<0.05），初中（SEM=0.146，P=0.000<0.05），高中（SEM=0.146，P=

0.000＜0.05），大学专科（*SEM*＝0.148，*P*＝0.002＜0.05），大学本科（*SEM*＝0.147，*P*＝0.002＜0.05），研究生（*SEM*＝0.177，*P*＝0.012＜0.05）；大学专科显著高于初中（*SEM*＝0.066，*P*＝0.011＜0.05）；本科显著高于初中（*SEM*＝0.062，*P*＝0.002＜0.05）。

（8）自我接受指标

自我接受指标在不同教育程度间的差异显著（*P*＝0.000＜0.01，*F*＝5.895），事后比较发现：小学显著高于高中（*SEM*＝0.077，*P*＝0.011＜0.05），大学专科（*SEM*＝0.082，*P*＝0.012＜0.05），大学本科（*SEM*＝0.079，*P*＝0.000＜0.05）；初中显著高于高中（*SEM*＝0.060，*P*＝0.009＜0.05），大学专科（*SEM*＝0.066，*P*＝0.013＜0.05），大学本科（*SEM*＝0.062，*P*＝0.000＜0.05）；高中显著高于大学本科（*SEM*＝0.062，*P*＝0.007＜0.05）；大学专科显著高于大学本科（*SEM*＝0.068，*P*＝0.020＜0.05）。

（9）身体健康指标

身体健康指标在不同受教育程度间差异显著（*P*＝0.001＜0.01，*F*＝3.841），事后比较发现：小学以下显著低于初中（*SEM*＝0.144，*P*＝0.003＜0.05），高中（*SEM*＝0.144，*P*＝0.004＜0.05），大学专科（*SEM*＝0.147，*P*＝0.006＜0.05），大学本科（*SEM*＝0.145，*P*＝0.016＜0.05），研究生（*SEM*＝0.176，*P*＝0.001＜0.05）；大学本科显著高于研究生（*SEM*＝0.118，*P*＝0.047＜0.05），初中生（*SEM*＝0.062，*P*＝0.001＜0.05）；高中显著高于初中（*SEM*＝0.059，*P*＝0.017＜0.05），研究生（*SEM*＝0.117，*P*＝0.047＜0.05）。

（10）人际适应指标

人际适应指标在不同受教育程度间的差异显著（*P*＝0.028＜0.05，*F*＝2.362），事后比较发现，小学以下显著低于小学（*SEM*＝0.154，*P*＝0.049＜0.05），初中（*SEM*＝0.146，*P*＝0.006＜0.05），大学专科（*SEM*＝0.149，*P*＝0.026＜0.05），大学本科（*SEM*＝0.147，*P*＝0.049＜0.05），研究生（*SEM*＝0.178，*P*＝0.012＜0.05）；高中显著高于初中（*SEM*＝0.059，*P*＝0.006＜0.05）。

（11）家庭氛围指标

家庭氛围指标在不同受教育程度间的差异显著（$P=0.031<0.05$，$F=2.324$），事后比较发现：初中显著低于大学本科（$SEM=0.062$，$P=0.015<0.05$）。

4. 福祉指标在不同住宅地的显著差异

不同住宅地群体的客观总分上的差异性显著（$P=0.000<0.01$，$F=24.574$），事后比较得出：未经改造的老城区显著高于农村自建房（$SEM=0.098$，$P=0.002<0.05$）；单一或混合的单位社区显著高于未经改造的老城区（$SEM=0.124$，$P=0.006<0.05$），农村自建房（$SEM=0.094$，$P=0.000<0.05$），“其他”（$SEM=0.232$，$P=0.020<0.05$）；保障性住房社区显著高于农村自建房（$SEM=0.160$，$P=0.005<0.05$）；普通商品房小区显著高于未经改造的老城区（$SEM=0.099$，$P=0.000<0.05$），保障性住房社区（$SEM=0.160$，$P=0.047<0.05$），新近由农村社区转变过来的城市社区（$SEM=0.100$，$P=0.002<0.05$），农村自建房（$SEM=0.058$，$P=0.000<0.05$），“其他”（$SEM=0.220$，$P=0.002<0.05$）；别墅区或高级住宅区显著高于农村自建房（$SEM=0.275$，$P=0.002<0.05$），“其他”（$SEM=0.347$，$P=0.032<0.05$）；新近由农村社区转变过来的城市社区显著高于农村自建房（$SEM=0.100$，$P=0.000<0.05$）。主观总分上不同住宅地之间无显著差异（$F=4.187$，$P=0.787>0.05$）。

各客、主观指标在不同住宅地间的显著差异具体表现为：

（1）健康指标

健康指标在不同住宅地间差异显著（$F=14.77$，$P=0.000<0.01$），事后比较发现：未经改造的老城区显著高于“其他”（$SEM=0.969$，$P=0.030<0.05$）；别墅区或高级住宅区显著高于“其他”（$SEM=1.438$，$P=0.012<0.05$）；新近由农村社区转变过来的城市社区显著高于保障性住房社区（$SEM=0.780$，$P=0.038<0.05$），普通商品房小区（$SEM=0.436$，$P=0.007<0.05$），农村自建房（$SEM=0.433$，$P=0.003<0.03$），“其他”（$SEM=0.979$，$P=0.006<0.05$）（见图 3-15）。

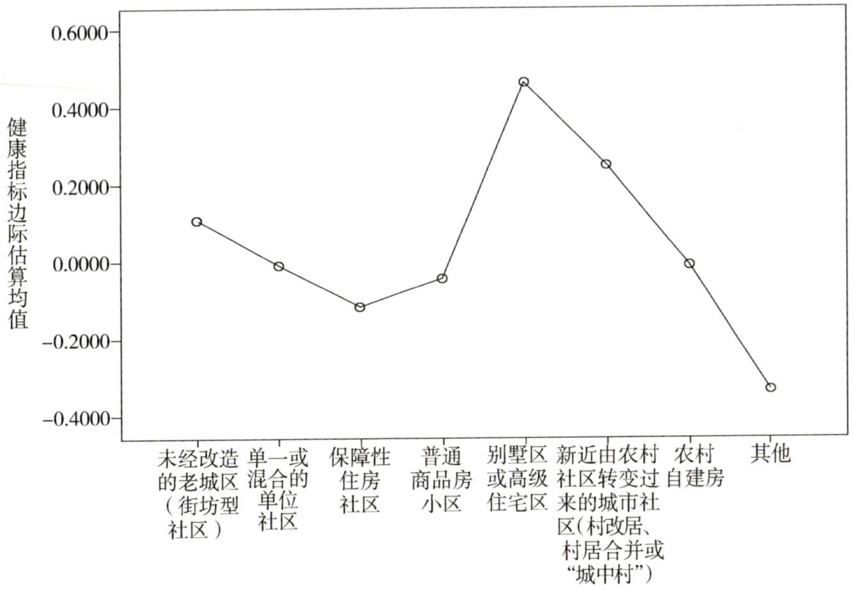

图 3-15 不同住宅地的健康指标边际估算均值图

（2） 劳动指标

劳动指标在不同住宅地间差异显著($F=21.21, P=0.000<0.01$)，事后比较发现：未经改造的老城区显著高于农村自建房($SEM=0.423, P=0.000<0.05$)；单一或混合的单位社区显著高于未经改造的老城区($SEM=0.548, P=0.016<0.05$)，农村自建房($SEM=0.424, P=0.000<0.05$)，“其他”($SEM=1.027, P=0.006<0.05$)；保障性住房社区显著高于农村自建房($SEM=0.666, P=0.000<0.05$)，“其他”($SEM=1.149, P=0.034<0.05$)；普通商品房小区显著高于未经改造的老城区($SEM=0.428, P=0.000<0.05$)，新近由农村社区转变过来的城市社区($SEM=0.445, P=0.000<0.05$)，农村自建房($SEM=0.249, P=0.000<0.05$)，“其他”($SEM=0.068, P=0.000<0.05$)；别墅区或高级住宅区显著高于未经改造的老城区($SEM=1.190, P=0.024<0.05$)，农村自建房($SEM=1.138, P=0.000<0.05$)，“其他”($SEM=1.473, P=0.004<0.05$)；新近由农村社区转变过来的城市社区显著高于农村自建房($SEM=0.440, P=0.000<0.05$)。

（3） 人居环境指标

人居环境指标在不同住宅地间差异显著 ($F=16.141$, $P=0.000<0.01$)，

事后比较发现：未经改造的老城区显著高于“其他”（$SEM=0.203$，$P=0.002<0.05$）；单一或混合的单位社区显著高于“其他”（$SEM=0.203$，$P=0.000<0.05$）；保障性住房社区显著高于未经改造的老城区（$SEM=0.153$，$P=0.004<0.05$），农村自建房（$SEM=0.137$，$P=0.022<0.05$），“其他”（$SEM=0.230$，$P=0.000<0.05$）；普通商品房小区显著高于未经改造的老城区（$SEM=0.084$，$P=0.000<0.05$），单一或混合的单位社区（$SEM=0.083$，$P=0.000<0.05$），农村自建房（$SEM=0.049$，$P=0.000<0.05$），“其他”（$SEM=0.191$，$P=0.000<0.05$）；别墅区或高级住宅区显著高于未经改造的老城区（$SEM=0.226$，$P=0.001<0.05$），单一或混合的单位社区（$SEM=0.226$，$P=0.007<0.05$），农村自建房（$SEM=0.216$，$P=0.003<0.05$），“其他”（$SEM=0.284$，$P=0.000<0.05$）；新近由农村社区转变过来的城市社区显著高于未经改造的老城区（$SEM=0.109$，$P=0.000<0.05$），单一或混合的单位社区（$SEM=0.109$，$P=0.004<0.05$），农村自建房（$SEM=0.085$，$P=0.000<0.05$），“其他”（$SEM=0.204$，$P=0.000<0.05$）（见图 3-16）。

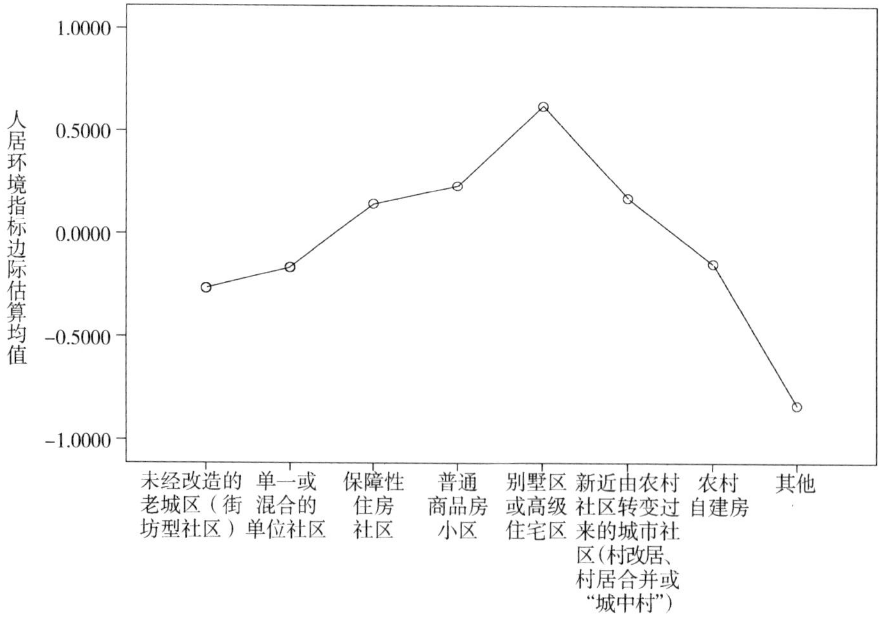

图 3-16　不同住宅地的人居环境指标边际估算均值图

将人居环境指标上的不同住宅地间的变异进行分解发现，在“距健身场所时间”与“灾害事故频率”两个指标上，不同住宅社区类型差异显著。在“距离最近的户外健身活动场所的步行时间”这一指标上，不同住宅社区类型间差异显著（$F=5.0296$，$P=0.000<0.01$）：商品房社区小于老城区（$SEM=0.7835$，$P=0.04<0.05$），单位型社区小于农村自建房（$SEM=0.7879$，$P=0.015<0.05$），商品房大于农村自建房（$SEM=0.4596$，$P=0.000<0.01$），城中村小于农村自建房（$SEM=0.810$，$P=0.001<0.01$）（见图 3-17）。不同住宅社区的灾害事故频率差异显著（Pearson $X^2=86.304$，$P=0.000<0.01$）。未经改造的老城区（街坊型社区）与保障性住房的灾害事故在“有时”频率以上的占比显著多于其他类别住宅社区（见图 3-18）。

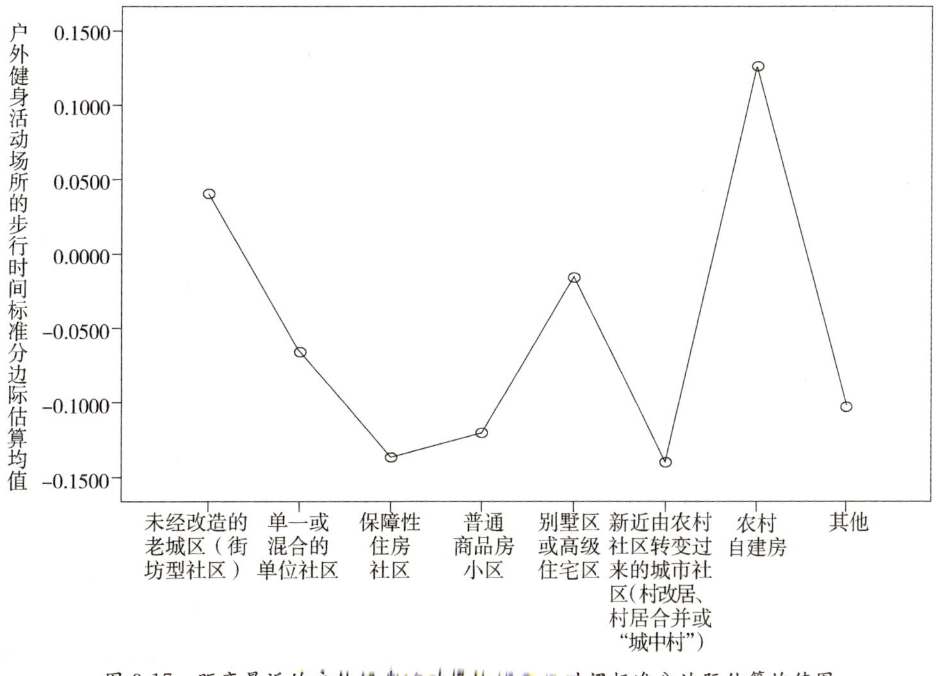

图 3-17 距离最近的户外健身活动场所的步行时间标准分边际估算均值图

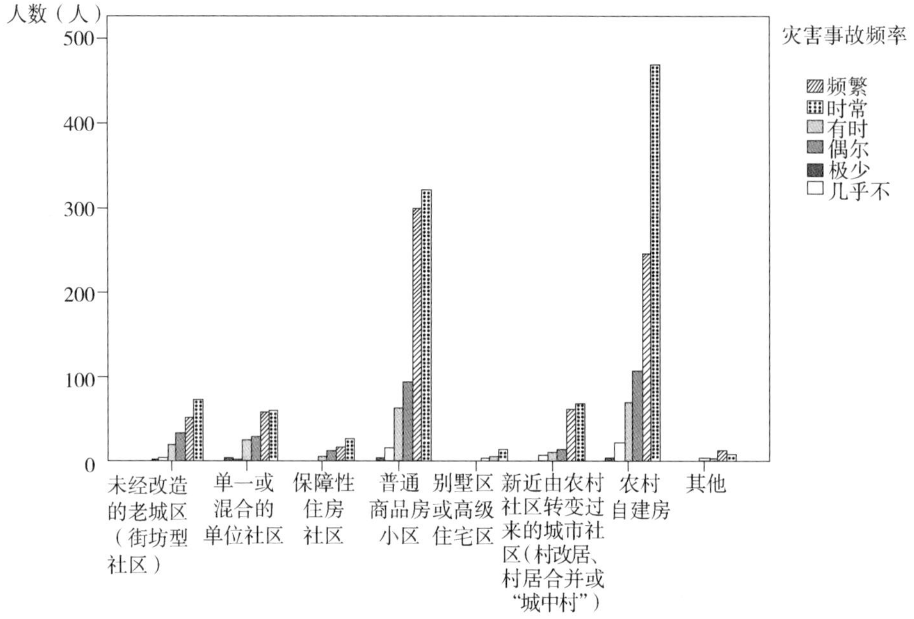

图 3-18　不同住宅社区的灾害事故频率分布图

（4）文化指标

文化指标在不同住宅地间差异显著（$F=7.843$，$P=0.000<0.01$），事后比较发现：单一或混合的单位社区显著高于未经改造的老城区（$SEM=0.108$，$P=0.012<0.05$），保障性住房社区（$SEM=0.153$，$P=0.019<0.05$），新近由农村社区转变过来的城市社区（$SEM=0.112$，$P=0.003<0.05$），农村自建房（$SEM=0.085$，$P=0.000<0.05$），“其他”（$SEM=0.209$，$P=0.039<0.05$）；普通商品房小区显著高于未经改造的老城区（$SEM=0.084$，$P=0.024<0.05$），保障性住房社区（$SEM=0.137$，$P=0.042<0.05$），新近由农村社区转变过来的城市社区（$SEM=0.088$，$P=0.005<0.05$），农村自建房（$SEM=0.050$，$P=0.000<0.05$）；别墅区或高级住宅区显著高于未经改造的老城区（$SEM=0.240$，$P=0.001<0.05$），单一或混合的单位社区（$SEM=0.240$，$P=0.023<0.05$），保障性住房社区（$SEM=0.263$，$P=0.001<0.05$），普通商品房小区（$SEM=0.230$，$P=0.006<0.05$），新近由农村社区转变过来的城市社区（$SEM=0.241$，$P=0.000<0.05$），农村自建房（$SEM=0.230$，$P=0.000<0.05$），“其他”（$SEM=0.299$，$P=0.001<0.05$）（见图 3-19、表 3-34）。

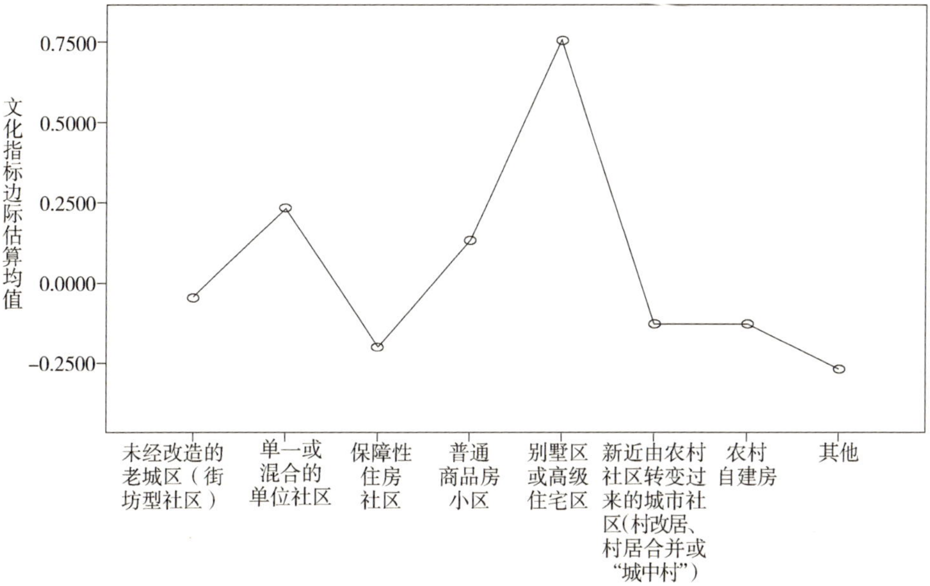

图 3-19 不同住宅地的文化指标边际估算均值图

表 3-34 不同住宅地间文化指标多重比较表

(I) 住宅地类型	(J) 住宅地类型	均值差异	标准误	显著性（Sig.）
农村自建房	未经改造的老城区（街坊型社区）	−0.2693455*	0.0673640	0.002
	单一或混合的单位社区	−0.5071259*	0.0718459	0.000
	保障性住房社区	−0.4528972*	0.1054146	0.001
	普通商品房小区	−0.6249479*	0.0410195	0.000
	别墅区或高级住宅区	−0.8069955*	0.1576213	0.001
	新近由农村社区转变过来的城市社区（村改居、村居合并或“城中村”）	−0.3325012*	0.0710669	0.000

注：* 代表 $P<0.05$。

将文化指标上的不同住宅地间的变异进行分解发现，不同住宅地居民的文化指标分化主要来源于“省内短途游次数”（$F=36.376$，$P=0.000<0.01$）、“文体活动频率”（$F=12.55$，$P=0.000<0.01$）（见图 3-20）这两项基础指标上。不同住宅地在省内短途游次数的变异量相较其他文化类基础指标更大。将变异继续分解，发现不同住宅地居民在“省内短途游次数”这个指标上差异最大，通过 LSD 多重比较法对不同住宅地类型的省内短途游次数进行多重比较后发现，农村自建房居民省内短途游次数显著低于其他住宅地居民（$P<0.05$，见图 3-21）。

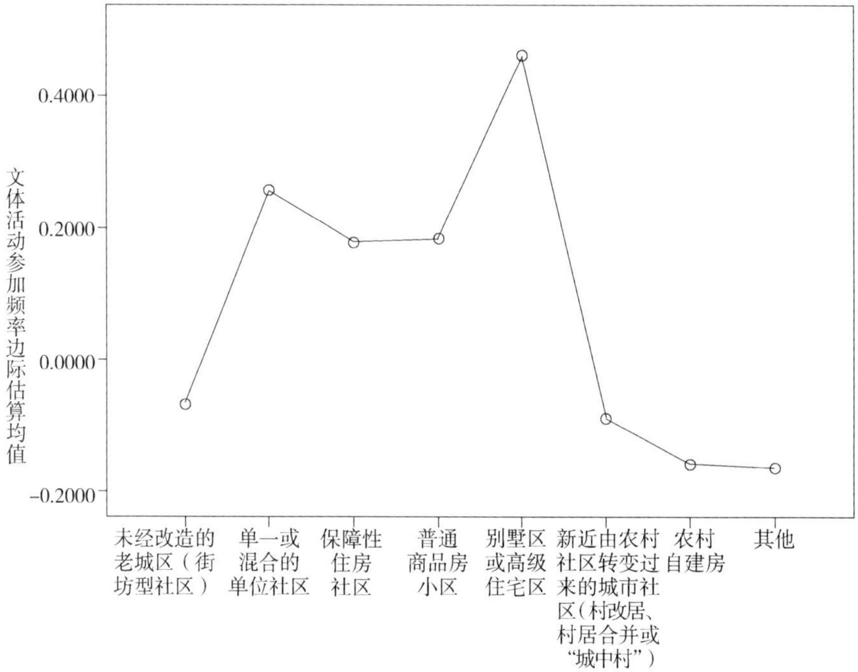

图 3-20　不同住宅地的文体活动参加频率边际估算均值图

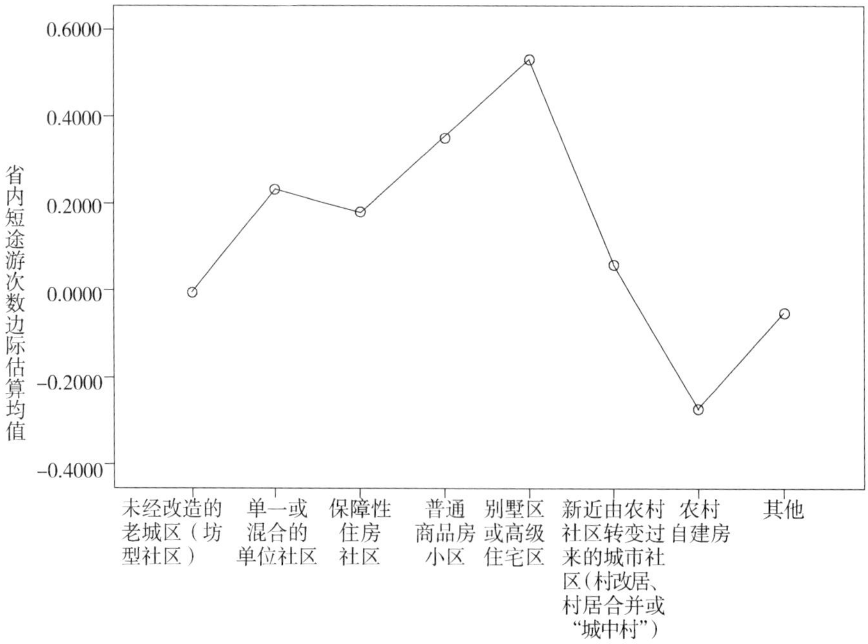

图 3-21　不同住宅地的省内短途游次数边际估算均值图

通过LSD多重比较发现，在城镇住宅中，老旧城区参加文体活动（如参观文化馆、博物馆，看展览、电影，参加运动会、文艺表演、讲座）频率显著低于其他城市中住宅类型（$P \leqslant 0.05$，见表3-35）。

表3-35 不同住宅地间文体活动频率多重比较表

(I) 住宅地类型	(J) 住宅地类型	均值差异	标准误	显著性（Sig.）
未经改造的老城区（街坊型社区）	单一或混合的单位社区	−0.3251082*	0.0949439	0.001
	保障性住房社区	−0.2464247	0.1283801	0.050
	普通商品房小区	−0.2522466*	0.0734355	0.001
	别墅区或高级住宅区	−0.5299565*	0.2030527	0.009

（5）社会保障指标

社会保障指标在不同住宅地之间差异显著（$F=41.464$，$P=0.000<0.01$），事后比较发现：未经改造的老城区显著高于农村自建房（$SEM=0.506$，$P=0.000<0.01$）；单一或混合的单位社区显著高于未经改造的老城区（$SEM=0.669$，$P=0.011<0.05$），新近由农村社区转变过来的城市社区（$SEM=0.692$，$P=0.006<0.05$），农村自建房（$SEM=0.528$，$P=0.000<0.05$）；保障性住房社区显著高于农村自建房（$SEM=0.792$，$P=0.000<0.05$）；普通商品房小区显著高于未经改造的老城区（$SEM=0.513$，$P=0.000<0.05$），单一或混合的单位社区（$SEM=0.535$，$P=0.001<0.05$），保障性住房社区（$SEM=0.796$，$P=0.020<0.05$），新近由农村社区转变过来的城市社区（$SEM=0.543$，$P=0.000<0.05$），农村自建房（$SEM=0.308$，$P=0.000<0.05$）；别墅区或高级住宅区显著高于农村自建房（$SEM=1.402$，$P=0.001<0.05$）；新近由农村社区转变过来的城市社区显著高于农村自建房（$SEM=0.536$，$P=0.000<0.05$）。

（6）社会网络参与指标

社会网络参与指标在不同住宅地类型间差异显著（$F=5.566$，$P=0.000<0.01$），事后比较发现：农村自建房显著高于未经改造的老城区（$SEM=0.263$，$P=0.001<0.05$），普通商品房小区（$SEM=0.157$，$P=0.000<0.05$）；农村自建房显著高于未经改造的老城区（$SEM=0.081$，$P=0.003<0.05$），普通商品

房小区（*SEM*=0.048，*P*=0.001<0.05）。

（7）知足充裕指标

知足充裕指标在不同住宅地间差异显著（*P*=0.022<0.05，*F*=2.350），事后比较发现：未经改造的老城区显著高于“其他”（*SEM*=0.202，*P*=0.006<0.05）；单一或混合的单位社区显著高于“其他”（*SEM*=0.203，*P*=0.005<0.05）；保障性住房社区显著高于“其他”（*SEM*=0.225，*P*=0.002<0.05）；普通商品房小区显著高于“其他”（*SEM*=0.192，*P*=0.004<0.05）；别墅区或高级住宅区显著高于未经改造的老城区（*SEM*=0.225，*P*=0.029<0.05），单一或混合的单位社区（*SEM*=0.226，*P*=0.037<0.05），普通商品房小区（*SEM*=0.216，*P*=0.024<0.05），农村自建房（*SEM*=0.215，*P*=0.033<0.05），“其他”（*SEM*=0.284，*P*=0.000<0.05）；新近由农村社区转变过来的城市社区显著高于“其他”（*SEM*=0.204，*P*=0.001<0.05）；农村自建房显著高于“其他”（*SEM*=0.191，*P*=0.002<0.05）。

（8）社会信心指标

社会信心指标在不同住宅地间差异显著（*P*=0.000<0.01，*F*=4.568），事后比较发现：保障性住房社区显著高于未经改造的老城区（*SEM*=0.143，*P*=0.019<0.05），普通商品房小区（*SEM*=0.128，*P*=0.033<0.05），“其他”（*SEM*=0.225，*P*=0.048<0.05）；新近由农村社区转变过来的城市社区显著高于未经改造的老城区（*SEM*=0.108，*P*=0.003<0.05），单一或混合的单位社区（*SEM*=0.109，*P*=0.046<0.05），普通商品房小区（*SEM*=0.086，*P*=0.003<0.05），“其他”（*SEM*=0.204，*P*=0.034<0.05）；农村自建房显著高于未经改造的老城区（*SEM*=0.080，*P*=0.003<0.05），普通商品房小区（*SEM*=0.048，*P*=0.000<0.05）。

（9）成长进步指标

成长进步指标在不同住宅地间差异显著（*P*=0.000<0.01，*F*=4.077），事后比较发现：保障性住房社区显著高于未经改造的老城区（*SEM*=0.143，*P*=0.030<0.05）；新近由农村社区转变过来的城市社区显著高于未经改造的老城区（*SEM*=0.108，*P*=0.000<0.05），单一或混合的单位社区（*SEM*=0.109，*P*=0.004<0.05），普通商品房小区（*SEM*=0.086，*P*=0.001<0.05），农村自

建房（$SEM=0.085$，$P=0.047<0.05$），“其他”（$SEM=0.204$，$P=0.007<0.05$）；农村自建房显著高于未经改造的老城区（$SEM=0.081$，$P=0.002<0.05$），普通商品房小区（$SEM=0.048$，$P=0.025<0.05$），“其他”（$SEM=0.191$，$P=0.046<0.05$）。

（10）目标价值指标

目标价值指标在不同住宅地间差异显著（$P=0.002<0.01$，$F=3.186$），事后比较发现：未经改造的老城区显著低于新近由农村社区转变过来的城市社区（$SEM=0.108$，$P=0.034<0.05$），农村自建房（$SEM=0.081$，$P=0.012<0.05$）；普通商品房小区显著低于新近由农村社区转变过来的城市社区（$SEM=0.086$，$P=0.036<0.05$），农村自建房（$SEM=0.048$，$P=0.001<0.05$）；别墅区或高级住宅区显著低于新近由农村社区转变过来的城市社区（$SEM=0.226$，$P=0.041<0.05$），农村自建房（$SEM=0.215$，$P=0.042<0.05$）；“其他”显著低于普通商品房小区（$SEM=0.195$，$P=0.047<0.05$），新近由农村社区转变过来的城市社区（$SEM=0.207$，$P=0.006<0.05$），农村自建房（$SEM=0.194$，$P=0.006<0.05$）。

（11）自我接受指标

自我接受指标在不同住宅地间差异显著（$P=0.020<0.05$，$F=2.387$），事后比较发现：别墅区或高级住宅区显著高于普通商品房小区（$SEM=0.216$，$P=0.049<0.05$）；新近由农村社区转变过来的城市社区显著高于普通商品房小区（$SEM=0.087$，$P=0.044<0.05$）；农村自建房显著高于普通商品房小区（$SEM=0.048$，$P=0.002<0.05$）。

（12）身体健康指标

身体健康指标在不同住宅地间差异显著（$P=0.028<0.05$，$F=2.251$），事后比较得出：未经改造的老城区显著高于新近由农村社区转变过来的城市社区（$SEM=0.108$，$P=0.030<0.05$）；单一或混合的单位社区显著高于新近由农村社区转变过来的城市社区（$SEM=0.109$，$P=0.009<0.05$）；“其他”显著高于未经改造的老城区（$SEM=0.202$，$P=0.032<0.05$），普通商品房小区（$SEM=0.192$，$P=0.007<0.05$），别墅区或高级住宅区（$SEM=0.284$，$P=0.009<0.05$），新近由农村社区转变过来的城市社区（$SEM=0.204$，$P=0.001<$

0.05），农村自建房（*SEM*=0.192，*P*=0.009<0.05）。

（13）家庭氛围指标

家庭氛围指标在不同住宅地间差异显著（*P*=0.000<0.01，*F*=4.831），事后比较发现：农村自建房显著高于未经改造的老城区（*SEM*=0.081，*P*=0.003<0.05），普通商品房小区（*SEM*=0.048，*P*=0.001<0.05）。

5. 福祉指标在不同居住地上的显著差异

城乡在客观福祉上的差异显著（*F*=123.121，*P*=0.000<0.01），农村显著低于城镇；主观福祉差异显著（*F*=5.972，*P*=0.015<0.05），城镇显著低于农村。

各客、主观指标在不同居住地间的显著差异具体表现为：

（1）劳动指标

劳动指标在城乡间差异显著（*F*=219.437，*P*=0.000<0.01），城镇劳动指标显著高于农村；进一步将变异分解发现，城乡劳动指标差异的主要分化在于劳动设备及配套条件这一基础指标。逐一对比各就业情况中的城乡差异，劳动设施配套指标上农村显著低于城市（*F*=279.719，*P*=0.000<0.01）。

将劳动指标的城乡间变异进行分解发现，“居住地（城乡）”与“就业情况”在劳动设施及配套条件指标上存在交互效应；只有私企在劳动配套指标得分上存在城乡差异：城镇的私营企业配套显著高于农村居民（*F*=12.445，*P*=0.000<0.01）。

（2）人居环境指标

人居环境指标在城乡间差异显著（*F*=32.879，*P*=0.000<0.01）。城镇人居环境显著高于农村。

（3）文化指标

文化指标在城乡间差异显著（*F*=38.805，*P*=0.000<0.01），城镇的文化指标得分显著高于农村。

将文化指标的城乡间变异进行分解发现，城乡居民在学历教育年限上的差异显著性最大（*F*=163.163，*P*=0.000<0.01）。农村居民的平均受教育年限为9.4年，城镇居民的平均受教育年限为12.2年。

（4）社会保障指标

社会保障指标在城乡间差异显著（$F=216.098$，$P=0.000<0.01$），城镇的社会保险指标显著高于农村。

将社会保障指标的城乡间变异进行分解发现，非单位就业人员①的城乡居民基本养老保险和医疗保险的参与率具有显著的城乡差异。城镇非单位就业人员参与城乡基本医疗保险数量显著大于农村（$X^2=9.406$，$P=0.019<0.05$），城镇非单位就业人员参与城乡基本养老保险数量显著大于农村（$X^2=7.492$，$P=0.009<0.01$）。

（5）社会网络参与指标

社会网络参与指标在城乡间差异显著（$F=21.574$，$P=0.000<0.01$），城镇社会网络参与指标显著高于农村。

将社会网络参与指标的城乡间变异进行分解发现，城乡居民的社会网络参与指标分化主要来源于非政府组织参与这一典型指标，城镇居民在非政府组织参与度上显著高于农村居民（$F=10.534$，$P=0.001<0.01$）。

（6）心理健康指标

心理健康指标在城乡间差异显著（$F=4.206$，$P=0.040<0.05$），城镇的心理健康显著高于农村。

（7）社会信心指标

社会信心指标在城乡间差异显著（$F=19.081$，$P=0.000<0.01$），农村社会信心体验显著高于城市。

（8）目标价值指标

目标价值指标在城乡间差异显著（$F=9.972$，$P=0.002<0.05$），农村目标价值体验显著高于城镇。

（9）自我接受指标

自我接受指标在城乡间差异显著（$F=14.569$，$P=0.000<0.01$），农村自

① 依据《中国劳动统计年鉴——人口变动与劳动力调查制度说明及主要指标解释》对“单位就业人员”的界定。

我接受显著高于城镇。

（10）心态平衡指标

心态平衡指标在城乡间差异显著（$F=4.026$，$P=0.045<0.05$），农村心态平衡体验显著高于城镇。

（11）家庭氛围指标

家庭氛围指标在城乡间差异显著（$F=18.163$，$P=0.000<0.01$），农村家庭氛围显著高于城镇。

6. 福祉指标在不同性别上的显著差异

男女在客观总分上差异不显著（$F=0.486$，$P=0.486>0.1$），在主观总分上差异不显著（$F=0.401$，$P=0.526>0.1$）。

各客、主观指标在不同性别间的显著差异具体表现为：

（1）健康指标

健康指标在性别间差异显著（$P=0.000<0.01$，$F=32.043$），女性显著高于男性。

（2）人居环境指标

人居环境在性别间差异显著（$P=0.034<0.05$，$F=4.511$），女性显著高于男性。

（3）文化指标

文化指标在性别间差异显著（$P=0.000<0.01$，$F=14.693$），男性显著高于女性。

（4）社会网络参与指标

社会网络参与指标在性别间差异显著（$P=0.024<0.05$，$F=5.110$），男性显著高于女性。

（5）知足充裕指标

知足充裕指标在性别间差异显著（$P=0.029<0.05$，$F=4.791$），女性显著高于男性。

（6）心态平衡指标

心态平衡指标在性别间差异显著（$P=0.000<0.01$，$F=16.135$），男性显著高于女性。

7. 福祉指标在不同婚姻状况上的显著差异

不同婚姻状况在客观总分上的差异显著（$P=0.000<0.01$，$F=6.077$），事后比较得出：不同婚姻状况在主观总分上的差异显著（$P=0.008<0.01$，$F=2.754$）。

各客、主观指标在不同婚姻状况间的显著差异具体表现为：

（1）健康指标

健康指标在不同婚姻状况间差异显著（$P=0.025<0.05$，$F=2.296$），事后比较发现：已婚显著高于未婚。

（2）劳动指标

劳动指标在不同婚姻状况间差异显著（$P=0.025<0.05$，$F=2.294$），事后比较发现：已婚显著低于未婚。

（3）人居环境指标

人居环境指标在不同婚姻状况间差异显著（$P=0.038<0.05$，$F=2.122$），事后比较发现：已婚显著高于未婚。

（4）文化指标

文化指标在不同婚姻状况间差异显著（$P=0.000<0.01$，$F=15.283$），事后比较得出：已婚显著低于未婚。

（5）社会保障指标

社会保障指标在不同婚姻状况间差异显著（$P=0.000<0.01$，$F=5.212$），事后比较发现：已婚显著低于未婚。

（6）知足充裕指标

知足充裕指标在不同婚姻状况间差异显著（$P=0.000<0.01$，$F=4.815$），事后比较得出：已婚显著高于未婚。

（7）社会信心指标

社会信心指标在不同婚姻状况间差异显著（$P=0.000<0.01$，$F=4.$[illegible]），事后比较得出：已婚显著高于未婚。

（8）成长进步指标

成长进步指标在不同婚姻状况间差异显著（$P=0.000<0.01$，$F=4.246$），事后比较得出：已婚显著高于未婚。

(9) 目标价值指标

目标价值指标在不同婚姻状况间差异显著(P=0.001<0.01,F=3.465),事后比较得出:已婚显著高于未婚。

(10) 自我接受指标

自我接受指标在不同婚姻状况间差异显著(P=0.002<0.01,F=3.172),事后比较得出:已婚显著高于未婚。

(11) 身体健康指标

身体健康指标在不同婚姻状况间差异显著(P=0.002<0.01,F=3.304),事后比较得出:已婚显著低于未婚。

8. 福祉指标在不同子女数上的显著差异

对“子女数”设置哑变量,将该变量转换成含有“0 个子女”“1 个子女”“2 个子女及以上”三个水平的类别变量。在主观指标总分上“子女数”这一变量差异显著(F=5.5042,P=0.00412<0.01),“2 个子女及以上”在主观指标总分上显著高于“1 个子女”(SEM=0.0449076,P=0.002<0.01),“0 个子女”(SEM=0.0598550,P=0.017<0.05);客观指标总分上“子女数”这一变量差异显著(F=31.7078,P=0.0332601<0.05),“2 个子女及以上”在客观指标总分上显著低于“1 个子女”(SEM=0.0566889,P=0.000<0.01),“0 个子女”(SEM=0.0734021,P=0.000<0.01)。

各客、主观指标在不同子女数间的显著差异具体表现为:

(1) 社会保障指标

社会保障指标在子女数不同的居民间得分差异显著(F=71.817,P=0.000<0.01),事后比较得出:2 个子女及以上的居民(SEM=0.0641970,P=0.000<0.01)、1 个子女的居民(SEM=0.0641853,P=0.008<0.01)显著低于 0 子女居民;2 个子女及以上的居民显著低于 1 个子女的居民(SEM=0.0485569,P=0.000<0.01)。

(2) 劳动指标

劳动指标在子女数不同的居民间得分差异显著(F=21.644,P=0.000<0.01),事后比较得出:2 个子女及以上的居民(SEM=0.0607320,P=0.000<

0.01）、1 个子女的居民（SEM=0.0606864，P=0.000<0.01）显著低于 0 子女居民；2 个子女及以上的居民显著低于 1 个子女的居民（SEM=0.04317610，P=0.000<0.01）。

（3）文化指标

文化指标在子女数不同的居民间得分差异显著（F=36.960，P=0.000<0.01），事后比较得出：2 个子女及以上的居民（SEM=0.0612896，P=0.000<0.01）、1 个子女的居民（SEM=0.0600102，P=0.000<0.01）显著低于 0 子女居民；2 个子女及以上的居民显著低于 1 个子女的居民（SEM=0.0463218，P=0.003<0.01）。

（4）知足充裕指标

知足充裕指标在子女数不同的居民间得分差异显著（F=15.585，P=0.000<0.01），事后比较得出：2 个子女及以上的居民（SEM=0.0575472，P=0.000<0.01）、1 个子女的居民（SEM=0.056988，P=0.000<0.01）显著高于 0 子女居民；2 个子女及以上的居民显著低于 1 个子女的居民（SEM=0.0600102，P=0.000<0.01）。

（5）社会信心指标

社会信心指标在子女数不同的居民间得分差异显著（F=18.275，P=0.000<0.01），事后比较得出：2 个子女及以上的居民显著高于 1 个子女的居民（SEM=0.2846476，P=0.000<0.01）。

（6）目标价值指标

目标价值指标在子女数不同的居民间得分差异显著（F=11.570，P=0.000<0.01），事后比较得出：2 个子女及以上的居民（SEM=0.0570553，P=0.000<0.01）、1 个子女的居民（SEM=0.0565016，P=0.011<0.05）显著高于 0 子女居民；2 个子女及以上的居民显著高于 1 个子女的居民（SEM=0.04280，P=0.004<0.01）。

（7）自我接受指标

自我接受指标在子女数不同的居民间得分差异显著（F=3.927，P=0.000<0.01），事后比较得出：2 个子女及以上的居民（SEM=0.0580460，P=0.002<

0.01)、1 个子女（*SEM*=0.0574827，*P*=0.001<0.01）的居民显著低于 0 子女居民；2 个子女及以上的居民显著高于 1 个子女的居民（*SEM*=0.04280，*P*=0.004<0.01）。

9. 福祉指标在不同年龄段上的显著差异

将“年龄”这一连续变量转换为类别变量，将 30 岁以下设置为 1，30—39 岁为 2，40—49 岁为 3，50—59 岁为 4，60—69 岁为 5，70—79 岁为 6，80 岁以上为 7。在主观指标总分上年龄（段）这一变量差异显著（*F*=8.827，*P*=0.000<0.01），30 岁以下显著低于 30—39 岁（*SEM*=0.0605025，*P*=0.005<0.01），40—49 岁（*SEM*=0.0612681，*P*=0.025<0.05），50—59 岁（*SEM*=0.0650282，*P*=0.005<0.01），60—69 岁（*SEM*=0.0757707，*P*=0.000<0.01），70—79 岁（*SEM*=0.0985391，*P*=0.008<0.01）；30—39 岁低于 40—49 岁（*SEM*=0.0611840，*P*=0.000<0.01），50—59 岁（*SEM*=0.0649490，*P*=0.000<0.01），60—69 岁（*SEM*=0.0757027，*P*=0.000<0.01），70—79 岁（*SEM*=0.0984869，*P*=0.000<0.01）；客观指标总分上年龄（段）这一变量差异显著（*F*=7.398，*P*=0.000<0.01），30 岁以下显著高于 30—39 岁（*SEM*=0.0754782，*P*=0.034<0.05），40—49 岁（*SEM*=0.0766956，*P*=0.003<0.01），50—59 岁（*SEM*=0.0846726，*P*=0.000<0.01），60—69 岁（*SEM*=0.0994132，*P*=0.000<0.01），70—79 岁（*SEM*=0.1249319，*P*=0.000<0.01），80 岁以上（*SEM*=0.1968089，*P*=0.000<0.01）；30—39 岁显著高于 50—59 岁（*SEM*=0.0844745，*P*=0.005<0.01），60—69 岁（*SEM*=0.0992445，*P*=0.005<0.01），70—79 岁（*SEM*=0.1247977，*P*=0.001<0.01），80 岁以上（*SEM*=0.1967237，*P*=0.002<0.01），40—49 岁显著高于 50—59 岁（*SEM*=0.0855640，*P*=0.047<0.05），60—69 岁（*SEM*=0.1001735，*P*=0.034<0.05）。

各客、主观指标在不同年龄段间的显著差异具体表现为：

（1）健康指标

健康指标上不同年龄段居民得分差异显著（*F*=13.013，*P*=0.000<0.01），事后比较得出：30—39 岁显著低于 40—49 岁（*SEM*=0.06489，*P*=0.000<0.01），70—79 岁显著高于 80 岁以上（*SEM*=0.1099794，*P*=0.000<0.01）与

59—59 岁（*SEM*=0.2059849，*P*=0.032<0.05）（见图 3-22）。

将健康指标的不同年龄段间的变异进行分解发现：体检频率（*F*=3.009，*df*=2345，*P*=0.004<0.01）、健身习惯（*F*=22.889，*df*=2380，*P*=0.000<0.01）、三餐营养均衡度（*F*=5.344，*df*=2359，*P*=0.000<0.01）、作息规律度（*F*=19.188，*df*=2338，*P*=0.000<0.01）上均存在年龄段的显著差异。通过 Blom 法对体检频率标准分、日均健身时间标准分进行边际估算均值统计后发现，30—39 岁的居民日均健身时间（见图 3-23）、接受系统体检频率（见图 3-24）、自由支配时间（见图 3-25）、三餐营养均衡度（见图 3-26）、作息规律度（见图 3-27）显著低于其他年龄段，存在一个“中青年健康潜在危机陷阱”现象。实际调查访谈中，40 岁以下的居民普遍反映“平时经常加班，没时间锻炼”“偶尔会陪孩子外出玩玩，没有太多时间进行体育锻炼”“这个年纪身体好，比较抗折腾”。但该年龄段人群面临的社会压力大，不少中年人的身心得不到充分的调养，以致健康状况不佳。从客观生活状态来看，不同年龄段的日均可自由支配的时间差异显著（*F*=19.199，*df*=2308，*P*=0.000<0.01），30—39 岁群体每天的自由支配时间均值低于 3 小时。

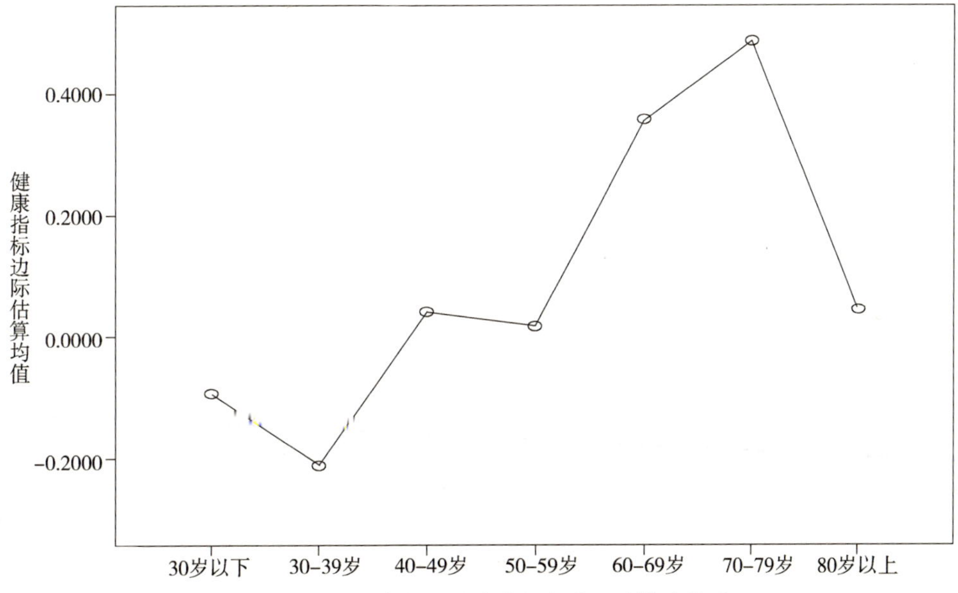

图 3-22　不同年龄段的健康指标边际估算均值图

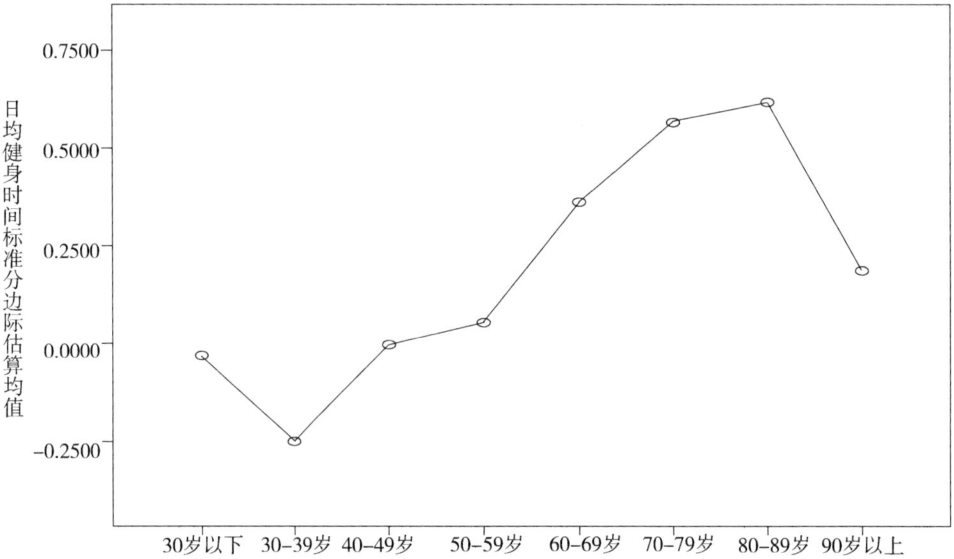

图 3-23　各年龄段居民的日均健身时间标准分边际估算均值图

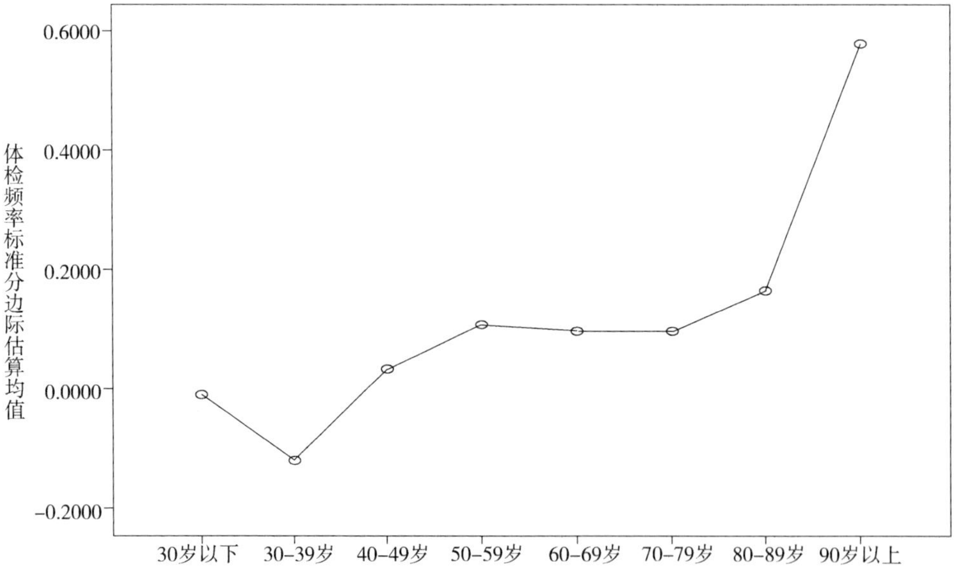

图 3-24　各年龄段居民的体检频率标准分边际估算均值图

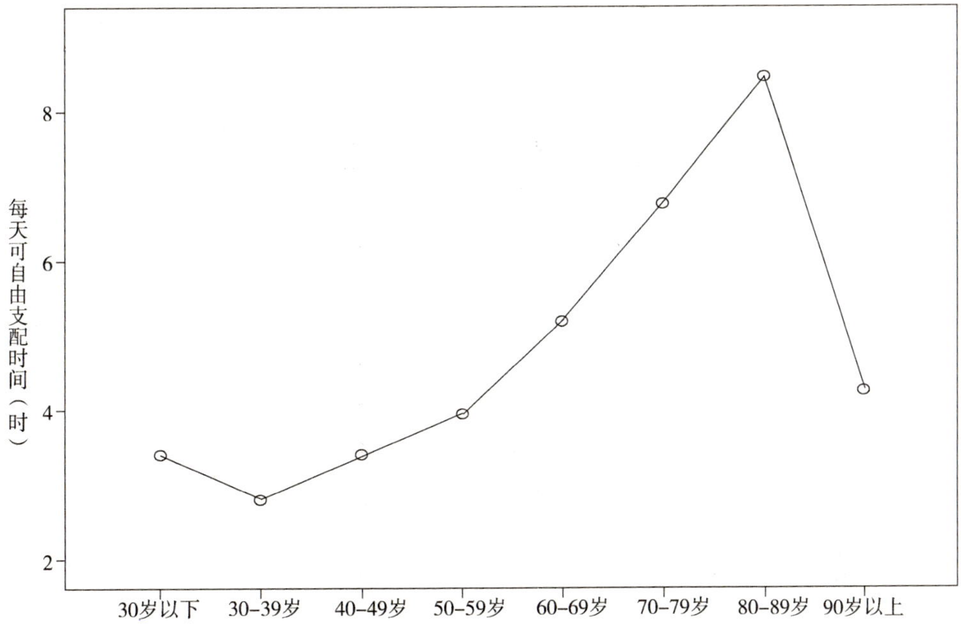

图 3-25 各年龄段居民日均自由支配时间边际估算均值图

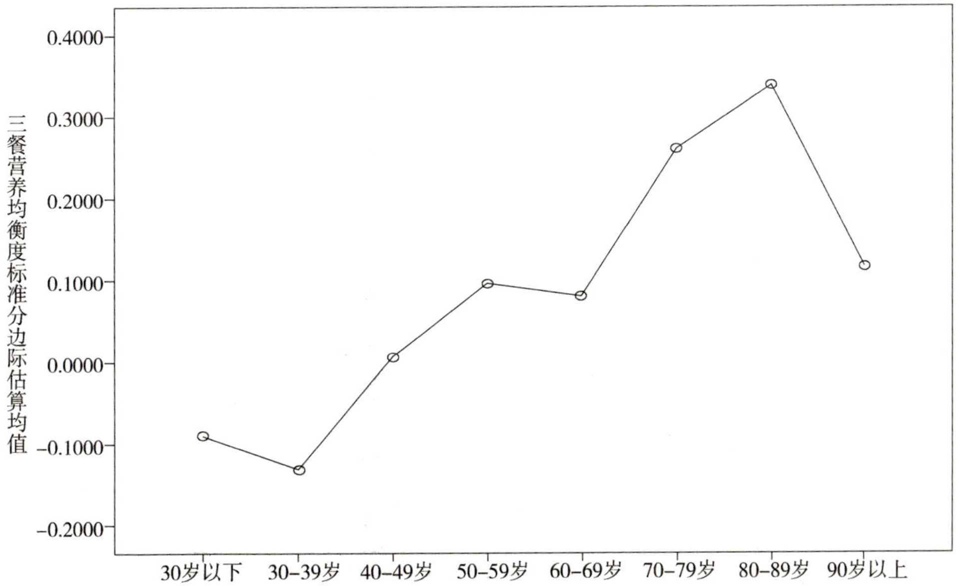

图 3-26 各年龄段居民的三餐营养均衡度标准分边际估算均值图

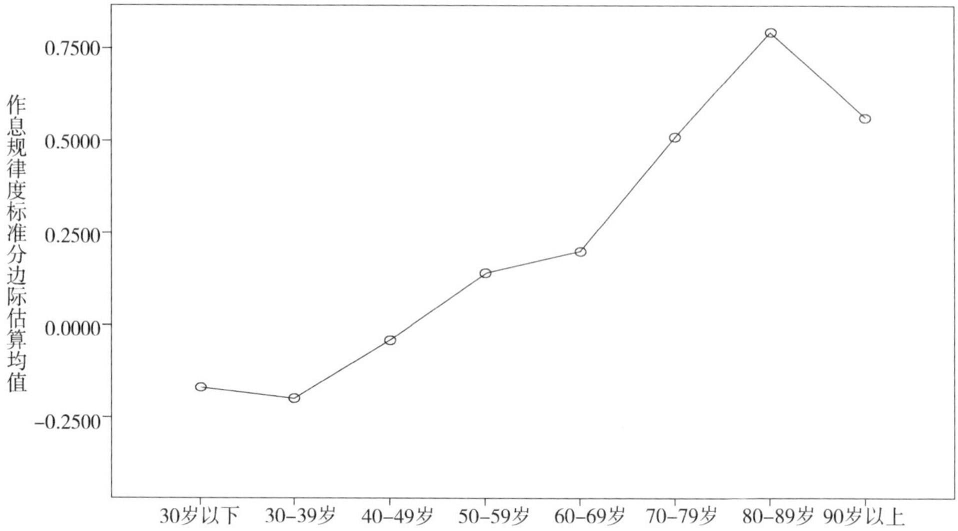

图 3-27　各年龄段居民作息规律度标准分边际估算均值图

（2）劳动指标

劳动指标上不同年龄段居民得分差异显著（$F=11.220$，$P=0.000<0.01$），事后比较得出：排除 60 岁以上已基本退出劳动力市场的居民，40—59 岁居民的劳动指标显著低于其他年龄段居民（$SEM=0.1031148$，$P=0.001<0.01$）（见图 3-28）。

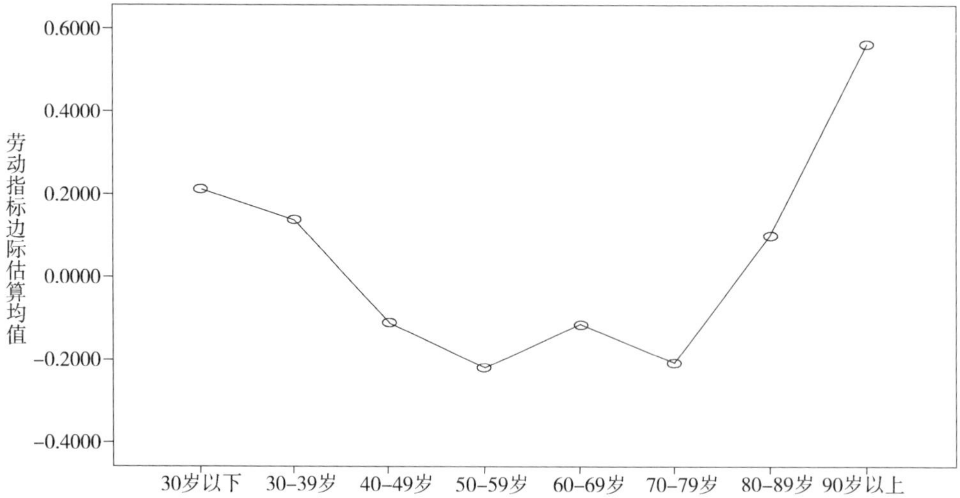

图 3-28　不同年龄段的劳动指标边际估算均值图

将劳动指标的不同年龄段间的变异进行分解发现，“劳动信息获取便捷度”“劳动技术培训”两个基础指标得分存在40—59岁段内的劳动指标“低谷”。单因素方差分析发现，40—59岁居民的“劳动信息获取便捷度”指标得分显著低于其他年龄段（$F=4.014$，$P=0.045<0.05$）（见图3-29），40—59岁居民的接受劳动技能培训频率指标得分显著低于其他年龄段（$F=12.073$，$P=0.001<0.01$）（见图3-30）。而其他基础指标并不存在这种年龄效应。为进一步分析40—59岁居民的其他人口学特征在这两个基础指标上的分布特点，进一步进行方差分析，发现40—59岁居民中，“性别”“就业情况”这两个人口学变量与“劳动信息获取便捷度”与“劳动技术培训”两个基础指标显著相关。在40—59岁居民中，对“性别”与“就业情况”两个变量进行两两交叉形成14个类别，对这14个类别进行上述两个指标得分的多重比较，发现失业及待就业群体中的女性在这两个基础指标得分上均显著低于其他类别群体（Pearson $X^2=14.381$，$P=0.001<0.01$）。

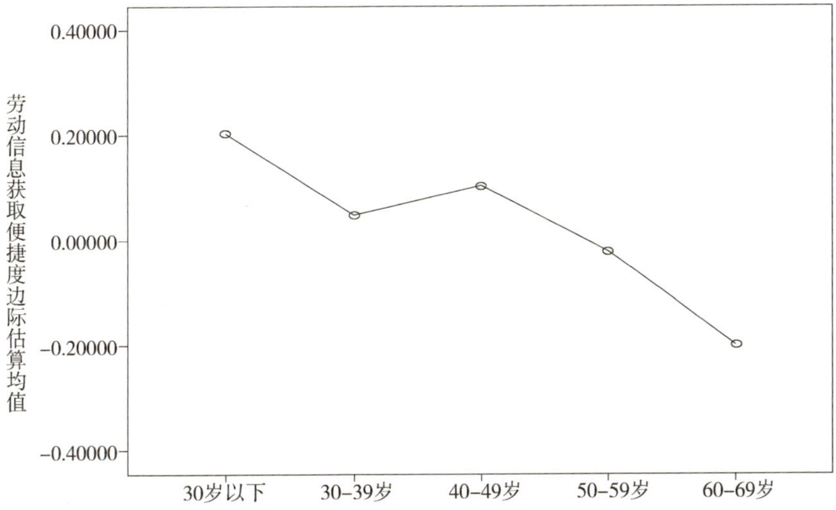

图3-29　不同年龄段的劳动信息获取便捷度边际估算均值图

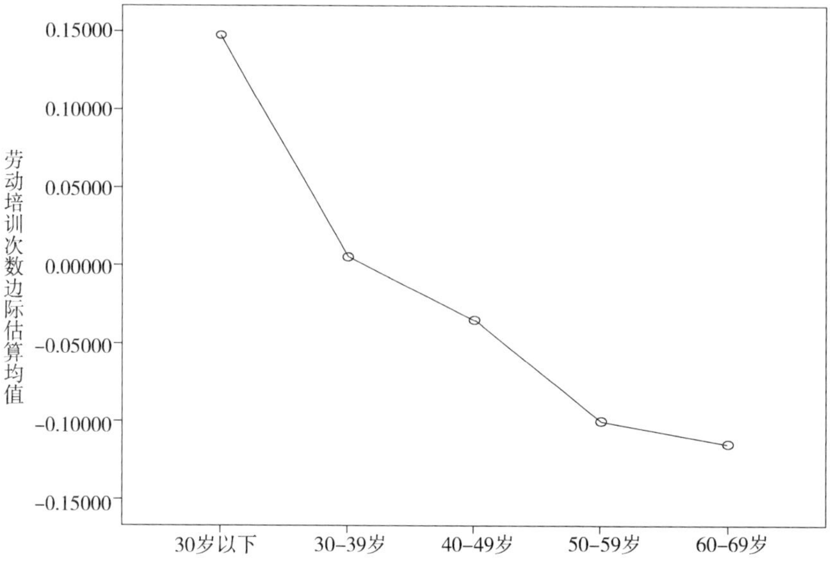

图 3-30　不同年龄段的劳动培训次数边际估算均值图

排除尚在求学读书的与离退休（含内退）的居民，选定 40—59 岁待就业及失业群体进行人口学特征分析，发现 40—59 岁待就业与失业群体的女性占比最大（25.689%），该群体有 98.7%的女性育有子女。通过典型个案抽样访谈了解到，本次抽样的 40—59 岁的待业及失业女性均有过工作经验。当她们同时面临外出工作和家务劳动的负担时，会出现“工作—家庭”的跨界现象，或者为家庭生活而放弃工作岗位，被动地成为“无薪酬劳动者”。

（3）文化指标

文化指标上不同年龄段居民得分差异显著（$F=16.832$，$P=0.000<0.01$），事后比较得出：70—79 岁显著高于 80 岁以上（$SEM=0.1823917$，$P=0.025<0.05$），30 岁以下显著高于 30—39 岁（$SEM=0.061918$，$P=0.008<0.01$），且随着年龄段递增，文化指标标准分正态分布均值的 Blom 估计逐渐下降。

（4）社会保障指标

社会保障指标上不同年龄段居民得分差异显著（$F=31.521$，$P=0.000<0.01$），30—39 岁显著高于 40—49 岁（$SEM=0.0666557$，$P=0.001<0.01$），60—69 岁显著高于 70—79 岁（$SEM=0.11417$，$P=0.014<0.05$）。随着年龄递增，社会保障指标标准分正态分布均值的 Blom 估计逐渐下降。

(5) 社会网络参与指标

社会网络参与指标上不同年龄段居民得分差异显著（$F=4.210$，$P=0.000<0.01$），50—59 岁显著高于 40—49 岁（$SEM=0.06703$，$P=0.005<0.01$）（见图 3-31）。

将变异继续分解发现，不同年龄段居民的社会网络参与指标分化主要来源于“基层民主决策参与”这一典型基础指标。卡方检验发现，年龄段与基层民主决策参与呈现显著相关（$X^2=126.694$，$P=0.000<0.01$）；单因素方差分析比较发现，39 岁以下群体中参与基层民主决策的居民比例显著低于其他年龄段（$F=80.858$，$P=0.000<0.01$）（见图 3-32）。对本次抽样调查中已参与社会组织的居民进行描述统计，发现有如下特征（见表 3-36）：39 岁以下的城镇在职职工居多，受教育程度多集中于本科。

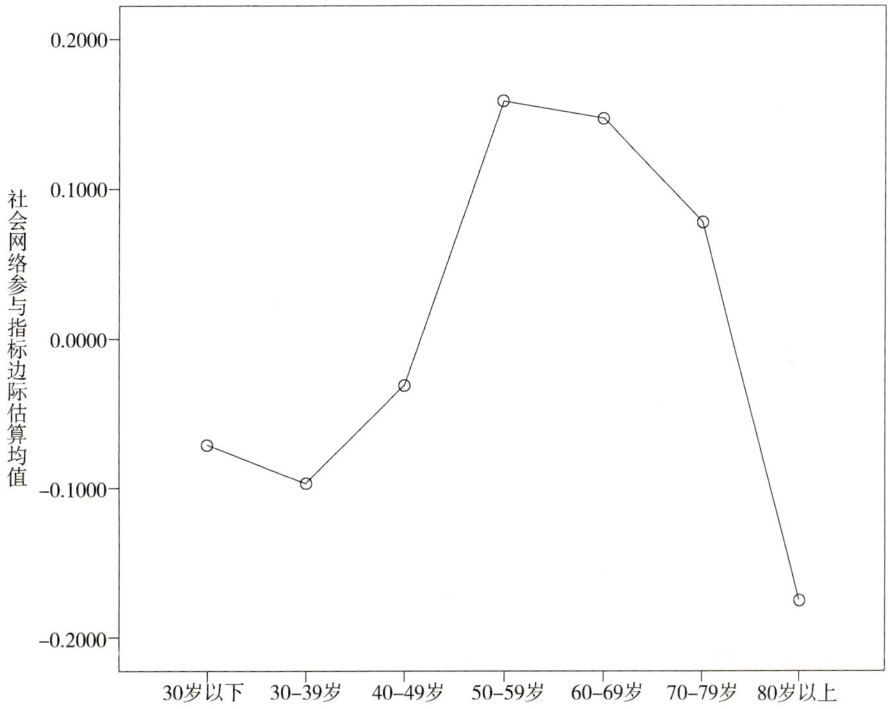

图 3-31 不同年龄段的社会网络参与指标边际估算均值图

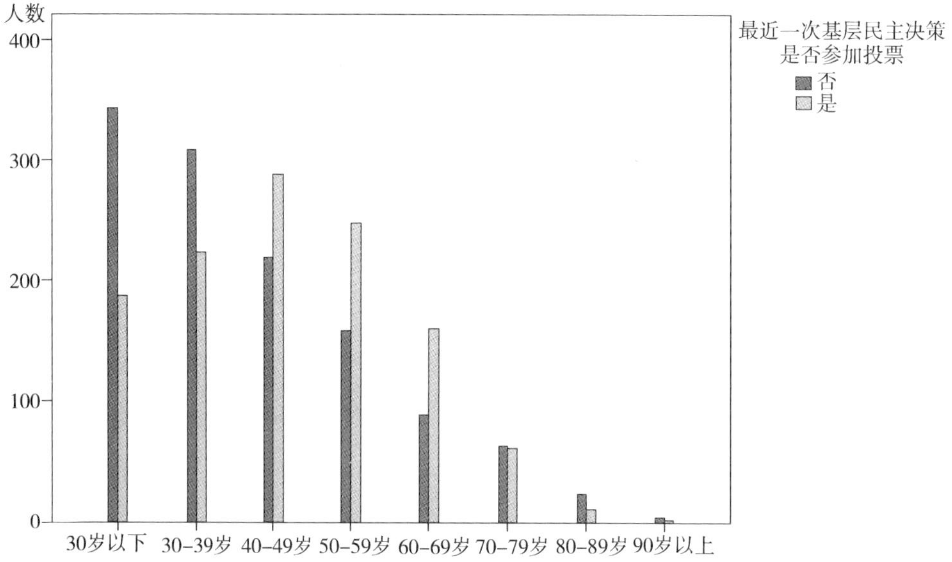

图 3-32　不同年龄段的基层民主决策参与分布图

表 3-36　参与社会组织的居民特征表

人口学特征变量		百分比（%）	人口学特征变量		百分比（%）
地市	济南	18.8	就业情况	务农	28.4
	东营	27.5		个体	7.6
	潍坊	4.1		私营企业	14.9
	枣庄	9.6		国有企业	10.1
	临沂	3.7		机关事业单位与社会非营利组织	20.4
	聊城	21.3		学生、失业或待就业人员	2.5
	烟台	3.9		离退休	5.5
	青岛	11.2		其他	10.8
年龄分段	30 岁以下	32.3	受教育程度	小学以下	0.7
	30—39 岁	26.1		小学	5.7
	40—49 岁	21.5		初中	14.2
	50—59 岁	12.6		高中	20.8
	60—69 岁	5.0		大学专科	19.0
	70—79 岁	1.4		大学本科	33.4
	80—89 岁	0.7		研究生	6.2
	90 岁以上	0.2	性别	男	51.9
城乡	农村	42.6		女	48.1
	城镇	57.4			

（6）知足充裕

知足充裕上不同年龄段居民得分差异显著（$F=23.500$，$P=0.000<0.01$），事后比较得出：30—39 岁显著低于 40—49 岁群体（$SEM=0.05813$，$P=0.000<0.01$），50—59 岁显著低于 60—69 岁（$SEM=0.075404$，$P=0.001<0.01$）。

（7）自我接受

自我接受上不同年龄段居民得分差异显著（$F=6.239$，$P=0.000<0.01$），事后比较得出：30—39 岁群体显著低于 30 岁以下（$SEM=0.0589156$，$P=0.019<0.05$），40—49 岁（$SEM=0.059579$，$P=0.000<0.01$）；40—49 岁显著高于 30—39 岁（$SEM=0.05958$，$P=0.000<0.01$）；50—59 岁显著低于 60—69 岁（$SEM=0.07728$，$P=0.034<0.05$）。

（8）目标价值

目标价值上不同年龄段居民得分差异显著（$F=6.508$，$P=0.000<0.01$），事后比较得出：60—69 岁显著高于 30—39 岁（$SEM=0.0726$，$P=0.000<0.01$），30—39 岁显著低于 40—49 岁（$SEM=0.0587$，$P=0.000<0.01$）与 30 岁以下（$SEM=0.0588$，$P=0.000<0.01$）。

（9）成长进步

成长进步上不同年龄段居民得分差异显著（$F=2.936$，$P=0.007<0.01$），事后比较得出：30—39 岁显著低于 30 岁以下（$SEM=0.0576873$，$P=0.05$），40—49 岁（$SEM=0.05769$，$P=0.055<0.1$）。

（10）人际适应

人际适应上不同年龄段居民得分差异显著（$F=2.253$，$P=0.036<0.05$），事后比较得出：30—39 岁显著低于 30 岁以下（$SEM=0.0593$，$P=0.032<0.05$），40—49 岁（$SEM=0.059987$，$P=0.004<0.01$）；50—59 岁显著高于 30—39 岁（$SEM=0.06368$，$P=0.014<0.05$）。

（11）家庭氛围

家庭氛围上不同年龄段居民得分差异显著（$F=6.348$，$P=0.000<0.01$），事后比较得出：30—39 岁显著低于 50—59 岁（$SEM=0.06278$，$P=0.000<0.01$），60—69 岁（$SEM=0.0952$，$P=0.000<0.01$），70—79 岁（$SEM=$

0.073173，P=0.000<0.01)。

(12) 社会信心

社会信心上不同年龄段居民得分差异显著（F=19.912，P=0.000<0.01)，事后比较得出：30—39岁显著低于40—49岁（SEM=0.0585，P=0.003<0.01)。

(13) 心态平衡

心态平衡上不同年龄段居民得分差异显著（F=2.975，P=0.003<0.01)，事后比较得出：30—39岁显著低于30岁以下（SEM=0.0587，P=0.000<0.01)。

(14) 心理健康

心理健康上不同年龄段居民得分差异显著（F=4.507，P=0.000<0.01)，事后比较得出：70—79岁显著高于30岁以下（SEM=0.09671，P=0.000<0.01)，30—39岁（SEM=0.09671879，P=0.005<0.01)。

(15) 身体健康

身体健康上不同年龄段居民得分差异显著（F=11.001，P=0.000<0.01)，事后比较得出：30—30岁显著低于30岁以下（SEM=0.10637，P=0.000<0.01)，40—49岁（SEM=0.1076，P=0.001<0.01)；40—49岁显著高于70—79岁（SEM=0.17398，P=0.000<0.01)；70—70岁显著高于80岁以上（SEM=0.3254，P=0.024<0.05)。

二、不同人口学特征的居民的主、客观福祉关系

利用回归方程、相关分析、方差分析等不同数据分析方法，围绕各人口学特征变量、客观福祉指标、主观福祉指标间的预测关系进行深入研究。

（一）客观指标对内指性主观指标的回归

利用各客观福祉指标来预测不同的内指性主观福祉（即主观幸福感）水平，探讨客观福祉如何影响居民的主观幸福感体验。

对主、客观指标的Z分数进行皮尔逊积差相关分析（见表3-37)。

对各变量（含各主、客观指标）数据（Z分数）进行正态性拟合优度检验，代表残差分布的曲线与代表正态分布的斜线重合程度较高，各组变量P值

均大于 0.05，偏度系数 Skewness、峰度系数 Kurtosis 都小于 1，可认为近似于正态分布。

表 3-37　皮尔逊积差相关表

	主观 1	主观 2	主观 3	主观 4	主观 5
健康	0.264**	0.214**	0.247**	0.196**	0.172**
劳动	0.181**	0.161**	0.149**	0.177**	0.083**
人居环境	0.297**	0.258**	0.340**	0.263**	0.191**
文化	0.061**	0.048*	0.085**	0.092**	0.118**
社会保障	−0.024	0.049*	−0.062**	−0.055*	−0.042
社会网络参与	0.190**	0.090**	0.190**	0.191**	0.119**

	主观 6	主观 7	主观 8	主观 9	主观 10
健康	0.207**	0.209**	0.193**	0.150**	0.180**
劳动	0.118**	0.154**	0.130**	0.11**	0.093**
人居环境	0.200**	0.267**	0.259**	0.208**	0.188**
文化	0.064**	0.101**	0.058**	0.082**	0.044*
社会保障	−0.057*	0.116**	0.024	0.141**	0.117**
社会网络参与	0.140**	0.082**	0.146**	0.143**	0.173**

注：* 代表 $P<0.05$，* * 代表 $P<0.01$。

1. 以主观分指标 1 为因变量，以健康、劳动、人居环境、文化、社会保障、社会网络参与指标为预测变量，进行层次回归分析。

分析结果中文化（*T* 检验的显著性概率 *P* 值大于 0.05）变量未进入模型。

对“知足充裕”因变量的解释预测量由大到小依次是人居环境、健康、社会网络参与、劳动、社会保障指标，各自对因变量的预测量与评价分别为 9.9%、3%、1.3%、0.4%、0.3%。自变量对因变量预测力由大到小依次为 *C*（$Beta=0.315$，$P=0.000$，$P<0.01$），*A*（$Beta=0.100$，$P=0.000$，$P<0.01$），*F*（$Beta=0.117$，$P=0.000$，$P<0.01$），*B*（$Beta=0.75$，$P=0.007$，$P<0.01$），*E*（$Beta=-0.086$，$P=0.001$，$P<0.01$）（见表 3-38）。

表 3-38 客观指标对"知足充裕"的层次回归分析结果表

	Beta	*B*	*SE*	*T*	ΔR^2
C（人居环境）	0.315	0.304	0.024	12.704	9.9%
A（健康）	0.183	0.172	0.025	6.988	3.0%
F（社会网络参与）	0.117	0.113	0.024	4.729	1.3%
B（劳动）	0.75	0.073	0.027	2.690	0.4%
E（社会保障）	−0.086	−0.083	0.024	−3.386	0.3%

结合回归分析结果与自由度调整复决定系数 R^2 最大原则，所有自变量能够联合预测目标价值 15.3%的变异量，回归方程显著（$F=161.404$，$P<0.001$），校正后的 $R^2=0.150$。

重要发现——影响"知足充裕"的客观福祉因素：人居环境、健康、社会网络参与、劳动、社会保障领域的资源享有程度影响知足充裕体验水平，其影响程度依次逐渐降低。人居环境因子对居民知足充裕体验的预测程度、解释力度最高，健康与社会网络参与次之。

2. 以主观分指标 2 为因变量，以健康、劳动、人居环境、文化、社会保障、社会网络参与指标为预测变量，进行层次回归分析。

分析结果中文化、社会保障（T 检验的显著性概率 P 值全部大于 0.05）两个变量未进入模型。

对"心理健康"因变量的解释预测量由大到小依次是人居环境、健康、社会网络参与、劳动，各自对因变量的预测量与评价分别为 7.5%、1.4%、0.3%、0.2%。自变量对因变量的预测力由大到小依次为 C（$Beta=0.275$，$P=0.000$，$P<0.01$），A（$Beta=0.122$，$P=0.000$，$P<0.01$），F（$Beta=0.060$，$P=0.019$，$P>0.01$），B（$Beta=0.057$，$P=0.045$，$P>0.01$）（见表 3-39）。

表 3-39 客观指标对"心理健康"的层次回归分析结果表

	Beta	*B*	*SE*	*T*	ΔR^2
C（人居环境）	0.275	0.270	0.025	10.926	7.5%
A（健康）	0.122	0.117	0.026	4.572	1.4%
F（社会网络参与）	0.060	0.059	0.025	2.352	0.3%
B（劳动）	0.057	0.058	0.029	2.009	0.2%

结合回归分析结果与自由度调整复决定系数 R^2 最大原则，所有自变量能够联合预测目标价值 9.4%的变异量，回归方程显著（$F=119.376$，$P<0.001$），校正后的 $R^2=0.920$。

重要发现——影响心理健康的客观福祉因素：人居环境、健康、社会网络参与、劳动领域的资源享有程度影响心理健康体验水平，其影响程度依次逐渐降低。人居环境因子对居民心理健康体验的预测程度、解释力度最高，健康次之。

3. 以主观分指标 3 为因变量，以健康、劳动、人居环境、文化、社会保障、社会网络参与指标为预测变量，进行层次回归分析。

分析结果中文化、劳动（T 检验的显著性概率 P 值全部大于 0.05）两个变量未进入模型。

对“社会信心”因变量预测解释量由大到小依次是人居环境、社会网络参与、健康、社会保障，各自对因变量的预测量与评价分别为 11.7%、2.1%、1.4%、0.6%。自变量对因变量的预测力由大到小依次为 C（$Beta=0.341$，$P=0.000$，$P<0.01$），F（$Beta=0.147$，$P=0.000$，$P<0.01$），A（$Beta=0.128$，$P=0.000$，$P<0.01$），E（$Beta=-0.077$，$P=0.007$，$P<0.01$）（见表 3-40）。

表 3-40 客观指标对“社会信心”的层次回归分析结果表

	Beta	*B*	*SE*	*T*	ΔR^2
C（人居环境）	0.341	0.337	0.024	13.879	11.7%
F（社会网络参与）	0.147	0.145	0.024	6.005	2.1%
A（健康）	0.128	0.123	0.025	4.885	1.4%
E（社会保障）	−0.077	−0.075	0.024	−3.181	0.6%

结合回归分析结果与自由度调整复决定系数 R^2 最大原则，所有自变量能够联合预测目标价值 15.8%的变异量，回归方程显著（$F=192.633$，$P<0.001$），校正后的 $R^2=0.155$。

重要发现——影响“社会信心”的客观福祉因素：人居环境、社会网络参与、健康、社会保障领域的资源享有程度影响社会信心体验水平。其影响程度依次逐渐降低，人居环境因子对居民社会信心的预测程度、解释力度最高；社会网络参与、健康、社会保障因子影响力度接近。

4. 以主观分指标 4 为因变量，以健康、劳动、人居环境、文化、社会保障、社会网络参与指标为预测变量，进行层次回归分析。

分析结果中文化（T 检验的显著性概率 P 值大于 0.05）变量未进入模型。

对“成长进步”因变量的解释预测量由大到小依次是人居环境、社会网络参与、社会保障、劳动、健康，各自对因变量的预测量与评价分别为 5.8%、2.3%、1%、0.9%、0.2%。自变量对因变量的预测力由大到小依次为 C（$Beta$=0.242，P=0.000，P<0.01），F（$Beta$=0.153，P=0.000，P<0.01），E（$Beta$=−0.104，P=0.000，P<0.01），B（$Beta$=0.104，P=0.000，P<0.01），A（$Beta$=0.057，P=0.000，P<0.01）（见表 3-41）。

表 3-41 客观指标对“成长进步”的层次回归分析结果表

	Beta	*B*	*SE*	*T*	ΔR^2
C（人居环境）	0.242	0.229	0.024	9.518	5.8%
F（社会网络参与）	0.153	0.146	0.024	6.047	2.3%
E（社会保障）	−0.104	−0.098	0.025	−3.975	1.0%
B（劳动）	0.104	0.101	0.027	3.689	0.9%
A（健康）	0.057	0.053	0.025	2.077	0.2%

结合回归分析结果与自由度调整复决定系数 R^2 最大原则，所有自变量能够联合预测目标价值 10.2%的变异量，回归方程显著（F=90.586，P<0.001），校正后的 R^2=0.099。

重要发现——影响“成长进步”的客观福祉因素：人居环境、社会网络参与、社会保障、劳动、健康领域的资源享有程度影响成长进步体验水平，其影响程度依次逐渐降低。人居环境因子对居民成长进步的预测程度、解释力度最高，社会网络参与次之，社会保障与劳动影响力度接近。

5. 以主观分指标 5 为因变量，以健康、劳动、人居环境、文化、社会保障、社会网络参与指标为预测变量，进行层次回归分析。

分析结果中劳动（T 检验的显著性概率 P 值大于 0.05）变量未进入模型。

对“目标价值”因变量的解释预测量由大到小依次是人居环境、健康、社会网络参与、文化、社会保障，各自对因变量的预测量与评价分别为 3.6%、

1.4%、1%、0.7%、0.5%。自变量对因变量的预测力由大到小依次为 C（*Beta*=0.190，*P*=0.000，*P*<0.01），A（*Beta*=0.125，*P*=0.000，*P*<0.01），F（*Beta*=0.102，*P*=0.000，*P*<0.01），D（*Beta*=0.088，*P*=0.000，*P*<0.01），E（*Beta*=0.076，*P*=0.000，*P*<0.01）（见表 3-42）。

表 3-42 客观指标对“目标价值”的层次回归分析结果表

	Beta	*B*	*SE*	*T*	ΔR^2
C（人居环境）	0.190	0.179	0.024	7.381	3.6%
A（健康）	0.125	0.115	0.025	4.589	1.4%
F（社会网络参与）	0.102	0.097	0.025	3.934	1.0%
D（文化）	0.088	0.083	0.025	3.272	0.7%
E（社会保障）	0.076	0.071	0.024	2.973	0.5%

结合回归分析结果与自由度调整复决定系数 R^2 最大原则，所有自变量能够联合预测目标价值 7.2%的变异量，回归方程显著（*F*=54.481，*P*<0.001），校正后的 R^2=0.069。

重要发现——影响“目标价值”的客观福祉因素：人居环境、健康、社会网络参与、文化、社会保障的资源享有程度影响目标价值水平，其影响程度依次逐渐降低。人居环境因子对居民目标价值的预测程度、解释力度最高；健康、社会网络参与的影响力次之，文化与社会保障接近。

6. 以主观分指标 6 为因变量，以健康、劳动、人居环境、文化、社会保障、社会网络参与指标为预测变量，进行层次回归分析。

分析结果中文化、劳动（*T* 检验的显著性概率 *P* 值全部大于 0.05）两个变量未进入模型。

对“自我接受”因变量的解释预测量由大到小依次是健康、社会网络参与、人居环境、社会保障，各自对因变量的预测量与评价分别为 4.7%、1.1%、0.5%、0.5%。自变量对因变量的预测力由大到小依次为 A（*Beta*=0.216，*P*=0.000，*P*<0.01），F（*Beta*=0.105，*P*=0.000，*P*<0.01），C（*Beta*=0.134，*P*=0.000，*P*<0.01），E（*Beta*=−0.069，*P*=0.006，*P*<0.01）（见表 3-43）。

表 3-43 客观指标对“自我接受”的层次回归分析结果表

	Beta	*B*	*SE*	*T*	ΔR^2
A（健康）	0.216	0.206	0.024	8.439	4.7%
F（社会网络参与）	0.105	0.103	0.025	4.056	1.1%
C（人居环境）	0.134	0.131	0.027	4.913	0.5%
E（社会保障）	−0.069	−0.067	0.025	−2.732	0.5%

结合回归分析结果与自由度调整复决定系数 R^2 最大原则，所有自变量能够联合预测目标价值 7.8%的变异量，回归方程显著（$F=71.211$，$P<0.001$），校正后的 $R^2=0.075$。

重要发现——影响“自我接受”的客观福祉因素：健康、社会网络参与、人居环境、社会保障的资源享有程度影响自我接受体验水平，其影响程度依次逐渐降低。健康因子对居民自我接受体验的预测程度、解释力度最高；社会网络参与、社会保障与人居环境影响力接近。

7. 以主观分指标 7 为因变量，以健康、劳动、人居环境、文化、社会保障、社会网络参与指标为预测变量，进行层次回归分析。

分析结果中劳动、社会保障、社会网络参与（T 检验的显著性概率 P 值全部大于 0.05）三个变量未进入模型。

对“身体健康”因变量的解释预测量由大到小依次是人居环境、文化、健康，各自对因变量的预测量与评价分别为 7.4%、1.3%、1%。自变量对因变量的预测力由大到小依次为 C（$Beta=0.273$，$P=0.000$，$P<0.01$），D（$Beta=0.113$，$P=0.000$，$P<0.01$），A（$Beta=0.108$，$P=0.000$，$P<0.01$）（见表 3-44）。

表 3-44 客观指标对“身体健康”的层次回归分析结果表

	Beta	*B*	*SE*	*T*	ΔR^2
C（人居环境）	0.273	0.265	0.024	10.838	7.4%
D（文化）	0.113	0.109	0.025	4.458	1.3%
A（健康）	0.108	0.102	0.025	4.036	1.0%

结合回归分析结果与自由度调整复决定系数 R^2 最大原则，所有自变量能够联合预测目标价值 9.7%的变异量，回归方程显著（$F=117.473$，$P<0.001$），校正后的 $R^2=0.095$。

重要发现——影响“身体健康”的客观福祉因素：人居环境、文化、健康的资源享有程度影响身体健康体验水平，其影响程度依次逐渐降低。人居环境对身体健康的影响力最大。

8. 以主观分指标 8 为因变量，以健康、劳动、人居环境、文化、社会保障、社会网络参与指标为预测变量，进行层次回归分析。

分析结果中劳动、文化、社会保障（T 检验的显著性概率 P 值全部大于 0.05）三个变量未进入模型。

对“心态平衡”因变量的解释预测量由大到小依次是人居环境、社会网络参与、健康，各自对因变量的预测量与评价分别为 7.2%、2.1%、0.8%。自变量对因变量的预测力由大到小依次为 C（$Beta$=0.268，P=0.000，P<0.01），F（$Beta$=0.146，P=0.000，P<0.01），A（$Beta$=0.102，P=0.000，P<0.01）（见表 3-45）。

表 3-45　客观指标对“心态平衡”的层次回归分析结果表

	Beta	*B*	*SE*	*T*	ΔR^2
C（人居环境）	0.268	0.255	0.024	10.639	7.2%
F（社会网络参与）	0.146	0.139	0.024	5.777	2.1%
A（健康）	0.102	0.094	0.025	3.783	0.8%

结合回归分析结果与自由度调整复决定系数 R^2 最大原则，所有自变量能够联合预测目标价值 10.1%的变异量，回归方程显著（F=113.184，P<0.001），校正后的 R^2=0.100。

重要发现——影响“心态平衡”的客观福祉因素：人居环境、社会网络参与、健康的资源享有程度影响心态平衡水平，其影响程度依次逐渐降低。人居环境因子对居民心态平衡的预测程度、解释力度最高，社会网络参与的影响力次之。

9. 以主观分指标 9 为因变量，以健康、劳动、人居环境、文化、社会保障、社会网络参与指标为预测变量，进行层次回归分析。

分析结果中劳动（T 检验的显著性概率 P 值大于 0.05）变量未进入模型。

对“人际适应”因变量的解释预测量由大到小依次是人居环境、社会网络参与、健康、社会保障、文化，各自对因变量的预测量与评价分别为 3.6%、1.4%、0.8%、0.5%、0.3%。自变量对因变量的预测力由大到小依次为 C（$Beta$=0.190，P=0.000，P<0.01），F（$Beta$=0.118，P=0.000，P<

0.01)，A（$Beta=0.095$，$P=0.001$，$P<0.01$），E（$Beta=0.052$，$P=0.040$，$P>0.01$），D（$Beta=0.073$，$P=0.007$，$P<0.01$）（见表 3-46）。

表 3-46　客观指标对“人际适应”的层次回归分析结果表

	Beta	*B*	*SE*	*T*	ΔR^2
C（人居环境）	0.190	0.183	0.025	7.401	3.6%
F（社会网络参与）	0.118	0.114	0.025	4.592	1.4%
A（健康）	0.095	0.089	0.026	3.448	0.8%
E（社会保障）	0.052	0.050	0.024	2.054	0.5%
D（文化）	0.073	0.070	0.026	2.698	0.3%

结合回归分析结果与自由度调整复决定系数 R^2 最大原则，所有自变量能够联合预测目标价值 6.5%的变异量，回归方程显著（$F=54.771$，$P<0.001$），校正后的 $R^2=0.062$。

重要发现——影响“人际适应”的客观福祉因素：人居环境、社会网络参与、健康、社会保障、文化的资源享有程度影响人际适应水平，其影响程度依次逐渐降低。人居环境因子对居民人际适应的预测程度、解释力度最高；社会网络参与的影响力次之。

10. 主观分指标 10 为因变量，以健康、劳动、人居环境、文化、社会保障、社会网络参与指标为预测变量，进行层次回归分析。

分析结果中健康、劳动、文化（T 检验的显著性概率 P 值全部大于 0.05）三个变量未进入模型。

对“家庭氛围”因变量的解释预测量由大到小依次是人居环境、社会网络参与、社会保障，各自对因变量的预测量与评价分别为 1%、0.5%、0.3%。自变量对因变量的预测力由大到小依次为 C（$Beta=0.101$，$P=0.000$，$P<0.01$），F（$Beta=0.074$，$P=0.000$，$P<0.01$），E（$Beta=0.055$，$P=0.000$，$P<0.01$）（见表 3-47）。

表 3-47　客观指标对“家庭氛围”的层次回归分析结果表

	Beta	*B*	*SE*	*T*	ΔR^2
C（人居环境）	0.101	0.099	0.026	3.871	1.0%
F（社会网络参与）	0.074	0.072	0.026	2.814	0.5%
E（社会保障）	0.055	0.053	0.025	2.091	0.3%

结合回归分析结果与自由度调整复决定系数 R^2 最大原则，所有自变量能够联合预测目标价值 1.8%的变异量，回归方程显著（$F=14.986$，$P<0.001$），校正后的 $R^2=0.016$。

重要发现——影响“家庭氛围”的客观福祉因素：人居环境、社会网络参与、社会保障的资源享有程度影响家庭氛围水平，其影响程度依次逐渐降低。人居环境因子对居民家庭氛围的预测程度、解释力度最高；社会网络参与、社会保障接近。

主、客观指标回归耦合如图 3-33 所示。

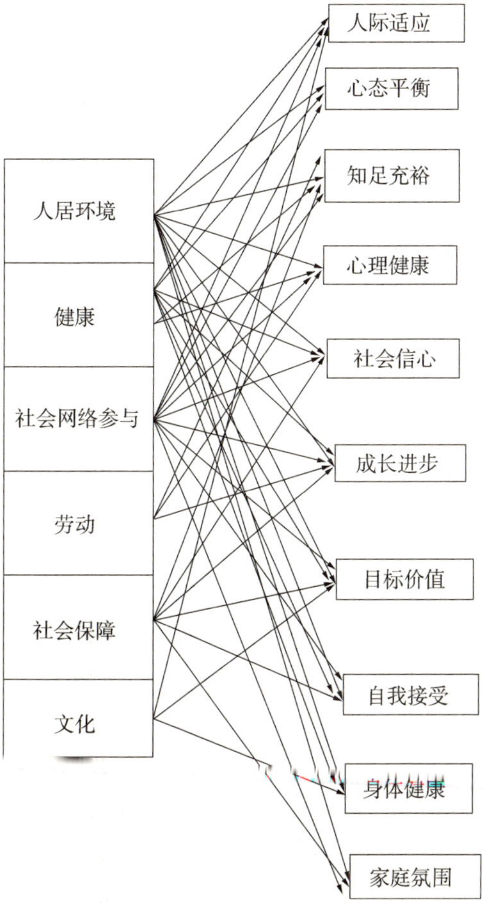

图 3-33 主、客观指标回归耦合图示

（二）客观福祉与主观内指指标的关系分析

1. 客观指标"人居环境"对主观内指指标的影响

在回归分析中，"人居环境"这一客观指标在所有主观指标上都有显著的解释力：在知足充裕、人际适应、心理健康、社会信心、成长进步、目标价值、身体健康、心态平衡、家庭氛围上的预测力、解释量与其他客观指标相比均为最大值，仅在自我接受体验指标上的解释力及排名处于其影响因素的最末位。相关系数矩阵中，人居环境与知足充裕（$P=0.000$，$P<0.01$），社会信心（$P=0.000$，$P<0.01$），成长进步（$P=0.000$，$P<0.01$），心理健康（$P=0.000$，$P<0.01$），人际适应（$P=0.000$，$P<0.01$），自我接受（$P=0.000$，$P<0.01$），身体健康（$P=0.000$，$P<0.01$），心态平衡（$P=0.000$，$P<0.01$），家庭氛围（$P=0.000$，$P<0.01$），目标价值（$P=0.000$，$P<0.01$）显著正相关。

重要发现——"人居环境"对主观内指指标的影响：

住房质量与居住环境、设施等要素在居民个体主观幸福感体验上发挥着重要的正向促进作用：住房结构的科学性、住房内部的功能配套程度、居住环境的舒适性、社区配套的完善性不仅影响个体的生理健康与心理适应，还对知足充裕、社会信心、成长进步、目标价值、心态平衡产生影响，是评价个体与他人生活、个体与社会总体发展水平是否相适应的重要指标。

人居环境中比较重要的指标有公共设施与空间、治安环境等。居住品质与个体的社会地位、所属阶层、自我价值发挥程度有着显著关联度。居住环境在某种程度上反映了在横向与纵向的社会比较中个体产生的自我认同感。居住空间区隔过程就是按照资本占有量展开的社会阶级和社会阶层分化过程，是资本关系的构建和强化过程。居住质量可以当作一个重要指标来衡量社会成员福祉水平。住房的选择往往直观地象征着不同的社会身份，居住空间、地段、配套等不仅外显了居民阶层的分化，而且居住空间分布是社会结构的一个重要组成要素，反映了居民的社会关系、社会地位、社会交往过程。

人居环境对个体人际适应与家庭氛围亦有影响：居住环境中公共空间的改善（扩大）及生活设施的优化有利于家庭成员的互动与团聚；私人空间的合理配置有利于满足家庭生活的休闲、安全及个性化的需要；个体居住的社区会影响个体交往的互动方式、频率及社会支持空间网络分布。居住社区的空间布局、地理方位与人际交往场所在空间上的不同组合状况会产生人际交往在空间结构上的差异性，从而影响居民与邻里、亲朋聚会的时机、场所、频次及活动方式等。居住位置距人际交往功能区域较近的居民在社区关系网络中占据优势地位。楼宇及社区道路走向所组成的社区空间布局模式通过居住位置到社区交往区域的功能距离影响个体社区关系网络与人际适应水平：居住所处位置越便于邻里交往互动、离社区生活与社交的功能配套设施、场所越近，其人际交往体验越趋向较高水平。

2. 客观指标“健康”对主观内指指标的影响

在回归分析中，健康对知足充裕体验的解释量与预测力仅次于人居环境，对身体健康体验、心理健康体验、人际适应体验、自我接受体验的正向预测力较强。相关系数矩阵中，健康指标与知足充裕（$P=0.000$，$P<0.01$），心理健康（$P=0.000$，$P<0.01$），人际适应（$P=0.000$，$P<0.01$），自我接受（$P=0.000$，$P<0.01$），身体健康（$P=0.000$，$P<0.01$），成长进步（$P=0.000$，$P<0.01$），目标价值（$P=0.000$，$P<0.01$），心态平衡（$P=0.000$，$P<0.01$），家庭氛围（$P=0.000$，$P<0.01$），社会信心（$P=0.000$，$P<0.01$）显著正相关。

重要发现——“健康”对主观内指指标的影响：

健康水平与知足充裕、目标价值、成长进步、家庭氛围、人际适应体验密切相关，有着显著正向预测作用。

健康指标的主要指标涉及保健与医疗两个维度，涉及体检、自付医药费、自理水平等具体测评内容。健康是个体得以生存发展、参与社会生活、实现自我价值的重要的基础性资源。个体的健康水平越高，对客观事物的充裕感、把握感与支配感越强。身心健康影响个体对自身能力水平的认知（在误工/卧床时间、自理能力、药物依赖性等指标上得以反映）。如果个体的健康水平较低，则有可能影响其工作表现，降低其应对困难时的信心，使其目标实现过程迟滞。生理上的不快与对某些药物或者家人帮助的依赖会分散甚至转移、消耗个体对工作、学习、生活的兴趣与精力，降低个体的生活乐趣，从而削弱个体的目标价值体验与成长进步体验。个人身体健康水平降低引发的误工病休等使得个体的生活重心从社会的分工合作转移到家庭中。由生理健康水平降低引发的身心不快、情绪焦躁抑郁、逆反等消极情绪等会降低个体与家人互动沟通的品质，同时家庭成员的健康水平会影响整个家庭的起居、饮食、休闲及行为方式等，所以会降低家庭成员的家庭氛围体验，减少生活情趣。

健康水平能够有效预测个体的人际适应体验。健康水平在人际交往与人际关系构建过程中影响着个体对自我形象、能力与适应状态的评价。维护健康所需的客观社会资源与服务的享有程度可以有效预测个体身心健康体验。身心适应水平的降低会影响人际交往质量，削弱人际交往中的自我评价，使得个体产生自卑或者逆反情绪。[①]

3. 客观指标“社会网络参与”对主观内指指标的影响

回归分析中，社会网络参与对人际适应、知足充裕、成长进步、目标价值、自我接受、心态平衡、家庭氛围也具有一定的正向预测及解释作用。相关系数矩阵中，社会网络参与与目标价值（$P=0.000$，$P<0.01$），自我接受（$P=0.000$，$P<0.01$），心态平衡（$P=0.000$，$P<0.01$），人际适应（$P=0.000$，$P<0.01$），家庭氛围（$P=0.000$，$P<0.01$），社会信心（$P=0.000$，$P<0.01$），知足充裕（$P=0.000$，$P<0.01$），成长进步（$P=0.000$，$P<0.01$），心理健康（$P=0.000$，$P<0.01$），身体健康（$P=0.000$，$P<0.01$）呈显著正相关。

重要发现——“社会网络参与”对主观内指指标的影响：

社会网络参与程度对人际适应体验、家庭氛围体验有显著的正向促进与预测作用。社会网络参与维度指标涉及个体民主政治决策参与度、社会组织参与度、家人/邻里/朋友互动频率等。

社会资本理论指出，为了文化、社会、经济、政治和其他目的建立起来的地方制度、组织和居民之间的社会网络关系是评估结构型社会资本（与认知层面相对，认知层面通常指的是社会资本在个体心理体验层面的反映，往往通过制度信

---

① 张建育，贺小华．大学生情绪调节自我效能感、人际关系困扰和主观幸福感的关系[J]．赣南师范学院学报，2016（2）：110-113；龚玲，王鑫强，齐晓栋．情绪调节策略与生活满意度的关系：人际关系的中介作用[J]．西南师范大学学报（自然科学版），2013（6）：145-149.

任、人际互惠、同情宽容等主观情感指标所反映[①]）的重要指标，往往通过个体人际交往与个体参与社会决策、社会组织的频次等基础指标来体现。个体通过自我认知选择构建自己的人际与社会关系网，在参与和交往中获得不同的社会支持、信任，从而改变对自我及他人的认知评价——是悦纳自己与当下现状，还是厌恶自己与所处现实？是感到生活充实、自我进步完善，还是感到生活缺乏意义、自我发展迟滞？良好的社会网络参与行为与较为充足的社会支持会促进自我认知评价的完善与提升，使个体时刻明确生活的意义与价值。这种认知评价的改善逐渐影响交往价值观、道德准则与发展目标。[②]

社会网络还规范着个体在社会生活中的言行。社会网络由许多非正式的自组织构成，由个体自主选择参与与构建。良好的社会网络有助于个体树立合理的目标期待。因此社会网络参与可作为重要的预测变量来解释自我接受、成长进步与目标价值指标。

社会网络参与对心态平衡体验的有效预测作用可以用海德（F. Heide）提出的认知平衡理论来解释：人的心理活动产生于个体与社会要素（社会事件、他人、文化观念等）的相互联动中，并在这个过程中，个体通过心理活动变化逐渐达到与环境的和谐统一。因此，个体对境遇才会有合理的认知与较为稳定、客观的自我认知，而不是怨天尤人，即平衡体验。良好的社会网络参与会给个体带来工具性的支持与帮助，以及精神层面的安全感与归属感，工具性的支持主要是基于个体最大化地获取生存与发展资源，提升个体对生存、发展资源的充裕感以及充分享有社会权益，促进个体对客观生存条件的需求满足，缓解个体的压力。居民通过日常的社会网络参与与互动，会形成对资源可得性与资源获取方式的相对持续稳定的认知方式，这种认知方式会影响个人的人际交往策略，故社会网络参与可以有效预测个体的人际适应能力。林南在 2005 年、2011 年分别对社会网络的规模与密度以及个体获取资源的程度作了关系研究。结果表明：社会网络中成员的数量越多，成员间的联系越密切，其成员获取资源的渠道就越多；社会网络中资源的多样性与充足度越

① 李惠斌，杨雪冬，社会资本与社会发展［M］．北京：社会科学文献出版社，2000：77-80，379-382.

② M. Castells. The urban question：A Marxist approach［M］．London：MIT Press，1977：1-3.

高，个体就越能感到一种满足充裕感，越有利于进行彼此间的需求表达，越有利于个体产生工具性与精神情感性的需求满足。所以，社会网络参与可以有效预测知足充裕体验。

4. 客观指标“社会保障”对主观内指指标的影响

相关系数矩阵中，社会保障指标与心理健康（$P=0.000$，$P<0.01$），身体健康（$P=0.000$，$P<0.01$），家庭氛围（$P=0.000$，$P<0.01$），人际适应（$P=0.000$，$P<0.01$）具有显著正相关；与社会信心（$P=0.000$，$P<0.01$），成长进步（$P=0.036$，$P<0.05$），自我接受（$P=0.011$，$P<0.05$），知足充裕（$P=0.000$，$P<0.01$）具有显著负相关。

重要发现——“社会保障”对主观内指指标的影响：

在多重客观指标对不同主观幸福感体验的回归预测中，社会保障指标在成长进步、社会信心上的解释量，相比于在其他主观指标上来说更大；且社会保障指标在与其他客观指标共同预测成长进步与社会信心指标时，显示出对人际适应、家庭氛围的显著正向预测力；社会保障对知足充裕、社会信心、成长进步、自我接受是显著的负向预测力。社会保障中涉及社会保险参与、社保补偿水平以及社会福利事业的参与等指标。

社会保障是以社会公平为基本价值取向，通过社会资源的再分配，保障陷入困境的弱势者获取基本的生存与生产生活资源，减轻个人与家庭的负担，构建社会安全网；此外还需要满足民众发展需求，从制度层面保障民众各生活领域社会资源享有的全面提升，刺激社会总需求，保证劳动力市场供求平衡，为国民经济的发展提供资源。而社会保障标准和管理方式也有利于社会发展目标的实现，以促进全民共享社会发展成果局面的达成，促进社会公平正义，实现社会和谐，全面提升民众公平感，促进个人与他人、社会的和谐共处，提升个体与家庭应对变化、风险的能力。

良好的社会保障是居民正面评价社会发展程度与福祉水平的指标。居民的社会权益很大程度上受社会保障制度所制约。只有实现民众学有所教、劳有所得、病有所医、老有所养、住有所居，提升民众对养老、医疗、教育资源的实际享有，才能让社会改革成果充分落实到每一位居民的实际生活中，使其充分感受到社会发展的进程与成果。

但从社会保障与不同主观指标的线性相关情况来看，社会保障指标水平，即社会保险覆盖率与保障水平等一味提升，反而会降低个体的知足充裕、自我接受、成长进步与社会信心体验。这可以用社会福利悖论来解释。社会保障的根本目的是保持经济发展和社会稳定，保障水平过低无法实现这一目标；但如果社会保障标准较高，也许会导致社会和经济效率的损失或者居民缺乏就业动机等，从而造成“懒人”激增。社会保障水平具有一定的刚性，保障水平一旦提升，则具有保障水平的不可逆性。而替代率的一味提升并不一定利于个体知足充裕感的完善，反而越发难以满足民众对生存发展的物质需求。长此以往，会削弱社会生产效率，损害社会可持续发展与公平正义。社会保障支出增长速度过快，人口老龄化总体趋势和经济发展周期产生起伏，则会产生社会保障的财政危机，危及社会保障制度的长远发展与社会福利格局的健全。过高的社会保障支出属于消费性支出，挤出效应会发生在资本积累过程中，造成社会经济的投资总量不足。同时，社会保障水平的提升会引起雇主缴纳社会保障税费的增长，引起生产成本上升，企业想维持原有的利润水平的话，必然面临更大的压力，职工的社会生产与经济活动强度也会随之增加，这会影响职工对劳动价值的评价。所以，社会保障的完善并不是一味地提高社会保险覆盖率与保障水平，而应当往促进个体积极参与社会经济活动，将个体价值实现、成长进步与社会整体实力的提升相结合的良好方向上发展，采取“积极福利”取向、“社会资本”整合取向和“社会质量”取向。[①] 吉登斯提出：“社会福利将不再只是由政府来创造和分配，而是由政府与其他机构（包括企业）通过多元合作模式来协同开发、提升。”[②] 府际合作模式不仅可以整合社会资源，还进一步强化了对人力资本的保护与投资，有利于提高居民参与经济生产活动的积极性、社会归属感，能够发挥出高效的社会资本凝聚功能。

5. 客观指标“劳动”对主观内指指标的影响

相关系数矩阵中，劳动指标与目标价值（$P=0.000$，$P<0.01$），自我接受

① 林闽钢. 福利多元主义的兴起及其政策实践［J］. 社会，2002（7）：36-37.

② 吉登斯. 第三条道路与民主社会主义的复兴［M］. 郑戈等，译. 北京：北京大学出版社，2000：130-145.

（$P=0.000$，$P<0.01$），心态平衡（$P=0.000$，$P<0.01$），人际适应（$P=0.000$，$P<0.01$），家庭氛围（$P=0.000$，$P<0.01$），社会信心（$P=0.000$，$P<0.01$），知足充裕（$P=0.000$，$P<0.01$），成长进步（$P=0.000$，$P<0.01$），心理健康（$P=0.000$，$P<0.01$），身体健康（$P=0.000$，$P<0.01$）呈显著正相关。

重要发现——“劳动”对主观内指指标的影响：

回归分析中，劳动对于成长进步指标的正向解释力显著。

劳动维度涉及的指标包含月收入、月休假天数、劳动场所环境设施、通勤交通便利性、劳务信息查询等。其中，月收入、月休假天数等指标是反映消费者消费行为、商品选择、生活品质的要素。劳动良好的客观条件、（工作）待遇的提升、劳动信息等资源的充分享有会满足个体对于物质条件的需求，有利于个体身心健康、情绪稳定，并且有助于个体形成积极的心态。劳动物质环境、信息资源的充分享有在一定程度上标志着劳动境遇、社会地位的提升。劳动不仅是个体参与社会生产的途径，更是个体形成社会主体化自我观念的重要方式。主体（个体或集体）通过自我认同以及参与经济生产活动来完成自我构建。[①] 所以，劳动境遇与待遇、劳动福利的提升能够集中反映个体在社会中所发挥的价值、取得的进步以及社会角色的变迁、社会阶层的上升，会使得个体觉得自己的价值有所体现，个人能力有所发展，从而增强和提升个体在人际交往、参与社会生活的良好体验与信心水平，有效正向预测个体的成长进步体验。

劳动是个体参与社会生产的基本途径。职业（企事业单位职工、公务员、无业者、自由职业者等）、受教育程度、收入、住房四大要素与个体社会阶层有显著相关性。社会阶层往往与组织资源、经济资源和文化资源的占有状况相关。现代化进程极大地改变了整个社会的职业结构，影响了居民因职业变化而产生的社会阶层流动。劳动者就业情况、岗位、职务与社会资源的分配具有显著关联性。这也符合“职业中心视角”假说。[②] 社会经济地位往往以职业类别与连带的权力和资产为核心，即职业同时与教育、收入、社会权力、阶层地位等其他常用社会

---

① 阿兰·图海纳. 行动社会学：论工业社会［M］. 卞晓平，狄玉明，译. 北京：社会科学文献出版社，2012：3-15.

② 杨雄，李煜. 社会学理论前沿［M］. 上海：上海社会科学院出版社，2016：67-77.

经济指标相联系，“职业”可谓是多元综合性载体。

6. 客观指标“文化”对主观内指指标的影响

相关系数矩阵中，文化指标与目标价值（$P=0.000$，$P<0.01$），自我接受（$P=0.000$，$P<0.01$），心态平衡（$P=0.000$，$P<0.01$），人际适应（$P=0.000$，$P<0.01$），家庭氛围（$P=0.000$，$P<0.01$），社会信心（$P=0.000$，$P<0.01$），知足充裕（$P=0.000$，$P<0.01$），成长进步（$P=0.000$，$P<0.01$），心理健康（$P=0.011$，$P<0.05$），身体健康（$P=0.000$，$P<0.01$）呈显著正相关。

重要发现——“文化”对主观内指指标的影响：

回归分析中，文化对于目标价值、身体健康、人际适应的解释力显著。对目标价值体验有正向预测力，且该解释力相比于身体健康与人际适应而言更强。

文化维度包含信息、文化活动、消费方式的选择、文体活动频率与时间、受教育年限等指标。个体的教育水平、接受的信息、参与的文化休闲活动都与个体的保健意识、健康资源的利用方式以及健康水平有着密切的联系。个体对保健常识及医疗政策的理解程度、良好的日常起居规律等维护健康水平的积极行为与心理平衡指标有着显著正向关联；个体文化指标越高，其身体健康指标与身心健康体验水平越高。

社会通过教育、文化传媒、文体活动传达文化价值，使得个体具备了是非判断、道德选择的能力，使个体学会遵循行事的基本规范。个体在此基础上将对社会的价值认同转化为自己的实践认同，文化资源系统就会逐渐对个体的行为产生某种制约、引导作用，引导个体进行目标定位，并激励个体的意志行为。[①] 社会文化资源的充分享有可以促进个体的目标定向，激发个体寻求自我价值与生活意义，有效预测个体目标价值体验水平。

社会文化资源的享有程度对个体针对社会发展持有的期待与信心有着显著的解释量。个体享有的教育资源会直接影响个体对社会发展趋势的认知：社会秩序是否稳定？社会竞争是否公正？社会阶层间的流动机制是否健全？社会分层体系是否足够开放？个体对社会包容性发展程度的认知往往是通过学校教育系统最先建立的。社会文化通过传媒进行传播，个体通过文化休闲活动与教育活动接收文化符号，通过同化、顺应过程，社会文化与自身认知体系得到重新整合，个体对

① 张汝伦．经济全球化和文化认同［J］．哲学研究，2001（2）：17-24.

社会发展趋势的认同感以及对所属社会文化环境的归属感会提升。[①]

（三）客观指标、人口学特征对内指性主观指标的回归

选取年龄、月收入、月开支这种有绝对零点，有可比性、度量性的连续性人口学特征，检验其与内指性主观福祉的相关关系，以验证可否将其代入客观指标对主观指标的多层次回归分析中，具体相关系数矩阵如表 3-48 所示。

表 3-48　人口学特征与主观指标的相关系数矩阵

	主观 1 知足充裕	主观 2 心理健康	主观 3 社会信心	主观 4 成长进步	主观 5 目标价值
年龄	0.213**	0.106**	0.202**	0.061**	0.083**
月开支	0.007	0.027	0.052**	0.020	0.062**
月收入	−0.018	0.003	−0.058*	−0.015	0.001
子女数	0.119	−0.048	0.136	0.036	−0.084

	主观 6 自我接受	主观 7 身体健康	主观 8 心态平衡	主观 9 人际适应	主观 10 家庭氛围	主观 指标总分
年龄	0.101**	−0.121**	−0.015	0.036*	0.077**	0.118
月开支	−0.041	−0.061**	−0.022	0.025*	0.065*	−0.008
月收入	−0.041	0.009	0.005	0.009	0.064*	−0.037
子女数	0.035	0.072	0.009	−0.013	0.020	0.066

注：* 代表 $P<0.05$，** 代表 $P<0.01$。

年龄、月收入与月开支人口学特征与不同的主观指标呈现不同程度的显著相关。进一步采用多层次回归分析探讨：(1) 人口学特征、客观指标对不同内指性主观福祉（主观幸福感指标）预测效应的相对大小是怎样的？(2) 这类连续性人口学特征每变化 1 个单位，各类次级主观幸福体验变化多少个单位？(3) 加入了年龄、月收入、月开支后，原客观指标对各主观指标的预测解释力是否存在方向及数量上的变化？

1. 以知足充裕为因变量，以健康、劳动、人居环境、文化、社会保障、社

① 乔纳森·弗里德曼．文化认同与全球性过程［M］．郭建如，译．北京：商务印书馆，2003：10-15.

会网络参与、年龄、月开支、月收入为预测变量，进行层次回归分析。

分析结果中，文化、月开支、月收入（T 检验的显著性概率 P 值均大于 0.05）三个变量未进入模型。

自变量对因变量的预测力由大到小依次为 C（$Beta=0.318$，$P=0.000$，$P<0.01$），年龄（$Beta=0.208$，$P=0.000$，$P<0.01$），A（$Beta=0.152$，$P=0.000$，$P<0.01$），F（$Beta=0.121$，$P=0.000$，$P<0.01$），B（$Beta=0.110$，$P=0.007$，$P<0.01$），E（$Beta=-0.053$，$P=0.038$，$P<0.05$）（见表 3-49）。

表 3-49 客观指标与人口学特征预测知足充裕指标的变异量表

	Beta	*B*	*SE*	*T*	ΔR^2
C（人居环境）	0.318	0.306	0.024	12.699	10.1%
年龄	0.208	0.013	0.002	8.487	4.3%
A（健康）	0.152	0.142	0.025	5.802	2.0%
F（社会网络参与）	0.121	0.116	0.024	4.920	1.4%
B（劳动）	0.110	0.108	0.027	3.973	0.9%
E（社会保障）	—0.053	—0.052	0.025	—2.072	0.2%

结合回归分析结果与自由度调整复决定系数 R^2 最大原则，所有自变量能够联合预测目标价值 18.9%的变异量，回归方程显著（$F=116.255$，$P<0.001$），校正后的 $R^2=0.186$。

重要发现——人口学特征、客观福祉对“知足充裕”的预测：对知足充裕为因变量的解释预测量由大到小依次是人居环境、年龄、健康、社会网络参与、劳动、社会保障，各自对因变量的预测量与评价分别为 10.1%、4.3%、2.0%、1.4%、0.9%、0.2%。

2. 以心理健康为因变量，以健康、劳动、人居环境、文化、社会保障、社会网络参与、年龄、月开支、月收入为预测变量，进行层次回归分析。

分析结果中，劳动、社会保障、社会网络参与、月开支、月收入（T 检验的显著性概率 P 值均大于 0.05）五个变量未进入模型。

自变量对因变量的预测力由大到小依次为 C（$Beta=0.275$，$P=0.000$，$P<0.01$），A（$Beta=0.119$，$P=0.000$，$P<0.01$），年龄（$Beta=0.089$，$P=

0.000，$P<0.01$)，D ($Beta=0.071$，$P=0.038$，$P<0.05$)（见表 3-50）。

表 3-50　客观指标与人口学特征预测心理健康指标的变异量表

	Beta	B	SE	T	ΔR^2
C（人居环境）	0.275	0.270	0.025	10.802	7.5%
A（健康）	0.119	0.114	0.026	4.412	1.2%
年龄	0.089	0.006	0.002	3.493	0.8%
D（文化）	0.071	0.069	0.026	2.691	0.5%

结合回归分析结果与自由度调整复决定系数 R^2 最大原则，所有自变量能够联合预测心理健康 10%的变异量，回归方程显著（$F=116.686$，$P<0.001$），校正后的 $R^2=0.098$。

重要发现——人口学特征、客观福祉对“心理健康”的预测：对心理健康为因变量的解释预测量由大到小依次是人居环境、健康、年龄、文化，各自对因变量的预测量与评价分别为 7.5%、1.2%、0.8%、0.5%。

3. 以社会信心为因变量，以健康、劳动、人居环境、文化、社会保障、社会网络参与、年龄、月开支、月收入为预测变量，进行层次回归分析。

分析结果中，劳动、月开支（T 检验的显著性概率 P 值均大于 0.05）两个变量未进入模型。

自变量对因变量的预测力由大到小依次为 C ($Beta=0.344$，$P=0.000$，$P<0.01$)，年龄 ($Beta=0.205$，$P=0.000$，$P<0.01$)，F ($Beta=0.143$，$P=0.000$，$P<0.01$)，A ($Beta=0.099$，$P=0.000$，$P<0.01$)，D ($Beta=0.067$，$P=0.008$，$P<0.01$)，E ($Beta=-0.055$，$P=0.029$，$P>0.01$)，月收入 ($Beta=-0.049$，$P=0.040$，$P>0.01$)（见表 3-51）。

结合回归分析结果与自由度调整复决定系数 R^2 最大原则，所有自变量能够联合预测社会信心 19.7%的变异量，回归方程显著（$F=191.640$，$P<0.001$），校正后的 $R^2=0.193$。

重要发现——人口学特征、客观福祉对“社会信心”的预测：对社会信心为因变量的解释预测量由大到小依次是人居环境、年龄、社会网络参与、健康、文化、社会保障、月收入，各自对因变量的预测量与评价分别为 11.8%、4.2%、

2.0%、0.8%、0.4%、0.3%、0.2%。

表 3-51　客观指标与人口学特征预测社会信心指标的变异量表

	Beta	*B*	*SE*	*T*	ΔR^2
C（人居环境）	0.344	0.339	0.024	13.843	11.8%
年龄	0.205	0.013	0.002	8.422	4.2%
F（社会网络参与）	0.143	0.141	0.024	5.915	2.0%
A（健康）	0.099	0.094	0.025	3.770	0.8%
D（文化）	0.067	0.065	0.025	2.642	0.4%
E（社会保障）	−0.055	−0.054	0.025	−2.181	0.3%
月收入	−0.049	0.000	0.000	−2.051	0.2%

4. 以成长进步为因变量，以健康、劳动、人居环境、文化、社会保障、社会网络参与、年龄、月开支、月收入为预测变量，进行层次回归分析。

分析结果中，文化、年龄、月开支、月收入（*T* 检验的显著性概率 *P* 值大于 0.05）变量未进入模型。

自变量对因变量的预测力由大到小依次为 *C*（*Beta*=0.242，*P*=0.000，*P*<0.01），*F*（*Beta*=0.153，*P*=0.000，*P*<0.01），*E*（*Beta*=−0.104，*P*=0.000，*P*<0.01），*B*（*Beta*=0.104，*P*=0.000，*P*<0.01），*A*（*Beta*=0.057，*P*=0.000，*P*<0.01）（见表 3-52）。

表 3-52　客观指标与人口学特征预测成长进步指标的变异量表

	Beta	*B*	*SE*	*T*	ΔR2
C（人居环境）	0.242	0.229	0.024	9.518	5.8%
F（社会网络参与）	0.153	0.146	0.024	6.047	2.3%
E（社会保障）	−0.104	−0.098	0.025	−3.975	1.0%
B（劳动）	0.104	0.101	0.027	[illegible]	[illegible]
A（健康）	0.057	0.053	0.025	2.077	0.2%

结合回归分析结果与自由度调整复决定系数 R^2 最大原则，所有自变量能够联合预测成长进步 10.2% 的变异量，回归方程显著（*F*=90.586，*P*<0.001），校正后的 R^2=0.099。

重要发现——人口学特征、客观福祉对“成长进步”的预测：对成长进步为因变量的解释预测量由大到小依次是人居环境、社会网络参与、劳动、社会保障、健康，各自对成长进步的预测量与评价分别为 5.8%、2.3%、1%、0.9%、0.2%。

5. 以目标价值为因变量，以健康、劳动、人居环境、文化、社会保障、社会网络参与、年龄、月开支、月收入为预测变量，进行层次回归分析。

分析结果中，劳动、月开支、月收入（T 检验的显著性概率 P 值大于 0.05）变量未进入模型。

自变量对因变量的预测力由大到小依次为 C（$Beta=0.188$，$P=0.000$，$P<0.01$），A（$Beta=0.119$，$P=0.000$，$P<0.01$），F（$Beta=0.094$，$P=0.000$，$P<0.01$），D（$Beta=0.095$，$P=0.000$，$P<0.01$），E（$Beta=-0.084$，$P=0.001$，$P<0.01$），年龄（$Beta=0.060$，$P=0.027$，$P>0.01$）（见表 3-53）。

表 3-53　客观指标与人口学特征预测目标价值指标的变异量表

	Beta	*B*	*SE*	*T*	ΔR^2
C（人居环境）	0.188	0.177	0.025	7.240	3.5%
A（健康）	0.119	0.109	0.025	4.295	1.2%
F（社会网络参与）	0.094	0.089	0.025	3.598	0.9%
D（文化）	0.095	0.090	0.026	3.506	0.8%
E（社会保障）	−0.084	−0.079	0.024	−3.252	0.7%
年龄	0.060	0.004	0.002	2.217	0.3%

结合回归分析结果与自由度调整复决定系数 R^2 最大原则，所有自变量能够联合预测目标价值 7.4%的变异量，回归方程显著（$F=52.417$，$P<0.001$），校正后的 $R^2=0.070$。

重要发现——人口学特征、客观福祉对“目标价值”的预测：对目标价值为因变量的解释预测量由大到小依次是人居环境、健康、社会网络参与、文化、社会保障、年龄，各自对因变量的预测量与评价分别为 3.5%、1.2%、0.9%、0.8%、0.7%、0.3%。

6. 以自我接受为因变量，以健康、劳动、人居环境、文化、社会保障、社会网络参与、年龄、月开支、月收入为预测变量，进行层次回归分析。

分析结果中，劳动、文化、月开支、月收入（*T* 检验的显著性概率 *P* 值大于 0.05）变量未进入模型。

自变量对因变量的预测力由大到小依次为 A（*Beta*＝0.216，*P*＝0.000，*P*＜0.01），C（*Beta*＝0.129，*P*＝0.000，*P*＜0.01），F（*Beta*＝0.103，*P*＝0.000，*P*＜0.01），年龄（*Beta*＝0.074，*P*＝0.004，*P*＜0.01），E（*Beta*＝－0.059，*P*＝0.026，*P*＞0.01）（见表 3-54）。

表 3-54　客观指标与人口学特征预测自我接受指标的变异量表

	Beta	*B*	*SE*	*T*	ΔR^2
A（健康）	0.216	0.205	0.025	8.338	4.7%
C（人居环境）	0.129	0.126	0.027	4.683	1.5%
F（社会网络参与）	0.103	0.101	0.026	3.962	1.0%
年龄	0.074	0.005	0.002	2.854	0.5%
E（社会保障）	－0.059	－0.057	0.026	－2.225	0.3%

结合回归分析结果与自由度调整复决定系数 R^2 最大原则，所有自变量能够联合预测自我接受 8%的变异量，回归方程显著（*F*＝69.523，*P*＜0.001），校正后的 R^2＝0.077。

重要发现——人口学特征、客观福祉对“自我接受”的预测： 对自我接受为因变量的解释预测量由大到小依次是健康、人居环境、社会网络参与、年龄、社会保障，各自对因变量的预测量与评价分别为 4.7%、1.5%、1.0%、0.5%、0.3%。

7. 以身体健康为因变量，以健康、劳动、人居环境、文化、社会保障、社会网络参与、年龄、月开支、月收入为预测变量，进行层次回归分析。

分析结果中，健康、社会保障、社会网络参与、月收入（*T* 检验的显著性概率 *P* 值大于 0.05）变量未进入模型。

自变量对因变量的预测力由大到小依次为 C（*Beta*＝0.275，*P*＝0.000，*P*＜0.01），年龄（*Beta*＝－0.115，*P*＝0.000，*P*＜0.01），B（*Beta*＝0.135，*P*＝0.000，*P*＜0.01），D（*Beta*＝0.080，*P*＝0.004，*P*＜0.01），月开支（*Beta*＝－0.072，*P*＝0.026，*P*＞0.01）（见表 3-55）。

表 3-55　客观指标与人口学特征预测身体健康指标的变异量表

	Beta	*B*	*SE*	*T*	ΔR^2
C（人居环境）	0.275	0.268	0.025	10.831	7.6%
年龄	−0.115	−0.007	0.002	−4.545	1.5%
B（劳动）	0.135	0.128	0.026	4.962	1.3%
D（文化）	0.080	0.078	0.025	3.080	0.6%
月开支	−0.072	−0.000	0.000	−2.771	0.5%

结合回归分析结果与自由度调整复决定系数 R^2 最大原则，所有自变量能够联合预测身体健康 11.5%的变异量，回归方程显著（$F=117.303$，$P<0.001$），校正后的 $R^2=0.112$。

重要发现——人口学特征、客观福祉对“身体健康”的预测：对身体健康为因变量的解释预测量由大到小依次是人居环境、年龄、劳动、文化、月开支，各自对因变量的预测量与评价分别为 7.6%、1.5%、1.3%、0.6%、0.5%。

8. 以心态平衡为因变量，以健康、劳动、人居环境、文化、社会保障、社会网络参与、年龄、月开支、月收入为预测变量，进行层次回归分析。

分析结果中，劳动、文化、社会保障、年龄、月开支、月收入（*T* 检验的显著性概率 *P* 值全部大于 0.05）变量未进入模型。

自变量对因变量的预测力由大到小依次为 C（$Beta=0.268$，$P=0.000$，$P<0.01$），F（$Beta=0.146$，$P=0.000$，$P<0.01$），A（$Beta=0.102$，$P=0.000$，$P<0.01$）（见表 3-56）。

表 3-56　客观指标与人口学特征预测心态平衡指标的变异量表

	Beta	*B*	*SE*	*T*	ΔR^2
C（人居环境）	0.268	0.255	0.024	10.639	6.9%
F（社会网络参与）	0.146	0.139	0.024	5.777	1.9%
A（健康）	0.102	0.094	0.025	3.783	0.9%

结合回归分析结果与自由度调整复决定系数 R^2 最大原则，所有自变量能够联合预测心态平衡指标 9.8%的变异量，回归方程显著（$F=106.612$，$P<0.001$），校正后的 $R^2=0.096$。

重要发现——人口学特征、客观福祉对“心态平衡”的预测：对心态平衡为因变量的解释预测量与评价由大到小依次是人居环境、社会网络参与、健康，各自对因变量的预测量与评价分别为 6.9%、1.9%、0.9%。

9. 以人际适应为因变量，以健康、劳动、人居环境、文化、社会保障、社会网络参与、年龄、月开支、月收入为预测变量，进行层次回归分析。

分析结果中，劳动、月开支、月收入（T 检验的显著性概率 P 值大于 0.05）变量未进入模型。

自变量对因变量的预测力由大到小依次为 C（$Beta=0.188$，$P=0.000$，$P<0.01$），F（$Beta=0.113$，$P=0.000$，$P<0.01$），A（$Beta=0.091$，$P=0.001$，$P<0.01$），E（$Beta=0.052$，$P=0.046$，$P>0.01$），D（$Beta=0.072$，$P=0.008$，$P<0.01$），年龄（$Beta=0.055$，$P=0.042$，$P>0.01$）（见表 3-57）。

表 3-57 客观指标与人口学特征预测人际适应指标的变异量表

	Beta	*B*	*SE*	*T*	ΔR^2
C（人居环境）	0.188	0.181	0.025	7.250	3.5%
F（社会网络参与）	0.113	0.109	0.025	4.335	1.3%
A（健康）	0.091	0.085	0.026	3.249	0.7%
E（社会保障）	0.052	0.050	0.025	2.000	0.5%
D（文化）	0.072	0.069	0.026	2.636	0.3%
年龄	0.055	0.003	0.002	2.036	0.3%

结合回归分析结果与自由度调整复决定系数 R^2 最大原则，所有自变量能够联合预测人际适应指数 6.5% 的变异量，回归方程显著（$F=52.569$，$P<0.001$），校正后的 $R^2=0.061$。

重要发现——人口学特征、客观福祉对“人际适应”的预测：对人际适应为因变量的解释预测量由大到小依次是人居环境、社会网络参与、健康、社会保障、文化、年龄，各自对因变量的预测量与评价分别为 3.5%、1.3%、0.7%、0.5%、0.3%、0.3%。

10. 家庭氛围为因变量，以健康、劳动、人居环境、文化、社会保障、社会网络参与、年龄、月开支、月收入为预测变量，进行层次回归分析。

分析结果中，健康、劳动、文化、社会保障、月开支、月收入（*T* 检验的显著性概率 *P* 值全部大于 0.05）变量未进入模型。

自变量对因变量的预测力由大到小依次为 C（*Beta*=0.098，*P*=0.000，*P*<0.01），F（*Beta*=0.071，*P*=0.007，*P*<0.01），年龄（*Beta*=0.061，*P*=0.020，*P*>0.01）（见表 3-58）。

表 3-58　客观指标与人口学特征预测家庭氛围指标的变异量表

	Beta	*B*	*SE*	*T*	ΔR^2
C（人居环境）	0.098	0.096	0.026	3.728	1.0%
F（社会网络参与）	0.071	0.070	0.026	2.686	0.5%
年龄	0.061	0.004	0.002	2.326	0.4%

结合回归分析结果与自由度调整复决定系数 R^2 最大原则，所有自变量能够联合预测家庭氛围指数 1.8%的变异量，回归方程显著（*F*=13.897，*P*<0.001），校正后的 R^2=0.016。

重要发现——人口学特征、客观福祉对“家庭氛围”的预测：对家庭氛围为因变量的解释预测量与评价由大到小依次是人居环境、社会网络参与、年龄，各自对因变量的预测量与评价分别为 1.0%、0.5%、0.4%。

（四）客观福祉与主观外指指标的关系

选取各生活领域资源享有的满意度、改善感、需求满足感三类外指评价指标变量，进行外指评价指标与客观基础指标间的斯皮尔曼秩相关检验，目的在于筛查出密切影响健康、文化、人居环境、劳动、社会保障、社会网络参与的与满意度、改善感、需求满足感最为密切的相关因素。

1. 重要发现——健康领域对主观外指指标的影响

健康领域的基础客观指标包括：A1 健身时间、A2 到健身地时间、A3 体检频率、A4 查阅健康记录方便、A5 查阅健康知识方便度、A6 吸烟量、A7 三餐营养均衡、A8 作息规律、A9 自付医药费、A10 生活自理能力、A11 服药频率、A12 连续卧床天数、A13 因病耽误劳动的天数、A14 入睡情况。除到健身场所时间、吸烟量指标外，健康领域中其他客观指标对于个体健康领域资源享有的满意度、改善感、需求满足感的相关关系正负性均一致、均达显著水平。到健身场所的时间负向影响居民对健康资源享有情况的满意度，到健康场所时间越短，满意度越高，而该指标与健康领域的改善感、需求满足感无显著相关。吸烟量负向影响居民健康领域的改善感，吸烟量越少，越能够感受到健康状况的改善，而该指标与健康资源享有的满意度与需求满足感无显著相关。这表明健康领域中设计、选取的客观基础指标与民众对于健康领域资源的认知理解紧密相关。

通过分析数据可知，A9 自付医药费越少，A1 健身时间越多、A2 到健身地时间越短、A3 体检频率越高、A4 查阅健康记录越方便、A5 查阅健康知识方便度越高、A7 三餐营养越均衡、A8 作息规律越好、A10 生活自理能力越好、A11 服药频率越低、A12 连续卧床天数越少、A13 因病耽误劳动的天数越少、A14 入睡情况越好，健康资源享有的满意度越高。

A1 健身时间越多、A3 体检频率越高、A4 查阅健康记录越方便、A5 查阅健康知识方便度越高、A6 吸烟量越少、A7 三餐营养越均衡、A8 作息规律越好、A10 生活自理能力越好、A11 服药频率越低、A12 连续卧床天数越少、A13 因病耽误劳动的天数越少、A14 入睡情况越好，健康资源的改善感越强。

A1 健身时间多、A3 体检频率越高、A4 查阅健康记录越方便、A5 查阅健康知识方便度越高、A7 三餐营养越均衡、A8 作息规律越好、A10 生活自理能力越好、A11 服药频率越低、A12 连续卧床天数越少、A13 因病耽误劳动的天数越少、A14 入睡情况越好，健康资源的需求满足感越强。

通过调查还发现，健康资源享有满意度评价与居民经济状况有显著相关关系。不同结余率①居民对健康资源享有的满意度评价分布差异显著（Sig. = 0.000，χ^2 = 1489.018，df = 5，P = 0.01）。非常不满意、不满意、比较不满意、比较满意的选项分布上，结余率低于 0.3 的人数比例大于结余率高于 0.3 的人数比例，尤其是“不满意”这个选项的分布上，结余率低的人数比例显著大于结余率高的人数比例（见表 3-59）

① “结余率”的计算公式为“月结余率 =（月总收入—月支出）/月收入”。结余率在 0.3 以下为较低，高于 0.3 为较高。

表 3-59　不同结余率居民的健康资源享有满意度评价分布表

	非常不满意	不满意	比较不满意	比较满意	满意	非常满意
结余率低于 0.3	2.0%	11.5%	9.3%	17.6%	43.8%	15.7%
结余率高于 0.3	1.5%	7.2%	8.3%	15.4%	46.9%	20.7%

经深入筛查相关因素分析发现，结余率主要与自付医疗保健费用间有着高于其他因素的显著相关关系，并且这种关系在不同自理水平居民群体中产生分化，即结余率与生活自理对个人自付医疗保健费用年支出占比[①]具有显著的交互作用：结余率会对自理水平较高的居民的日常健康保健维护产生显著影响。

当结余率低于 0.3 时，“完全能够自理”与“均可基本自理”的居民年个人自付医疗保健费用支出占比低到几近为 0，而结余率高于 0.3 的“完全能够自理”与“均可基本自理”两个居民群体的年个人自付医疗保健费用支出占比在 40%—60%，与结余率低于 0.3 的“完全无法自理”和“生活大部分自理”“生活部分自理”的居民的年个人自付医疗保健费用支出占比水平相当。

结余率高于 0.3 的健康状况为“大部分无法自理”与“完全无法自理”“部分自理”“大部分自理”居民的年个人自付医疗保健费用支出占比均显著高于结余率低于 0.3 的健康状况为“大部分无法自理”与“完全无法自理”“部分自理”“大部分自理”的居民（见图 3-34、表 3-60）。可见，不同自理水平的居民对于医疗保健的需求有所差异，自付医疗保健费用比例高的居民更容易受限于结余率这一经济要素，这也能够解释为何结余率水平不同的居民在健康资源享有满意度上存在某种程度分化。[②]

① “个人自付医疗保健费用年支出占比”变量通过“个人近一年在医疗保健方面的实际自付费用支出/（个人月支出×12）”来量化。

② 本节内容已部分发表，具体可参见侯小伏，牛千．社会养老与医疗保险参与现状与效果评价——来自 2017 年山东省城乡居民的调查［J］．东岳论丛，2018（3）：118-126.

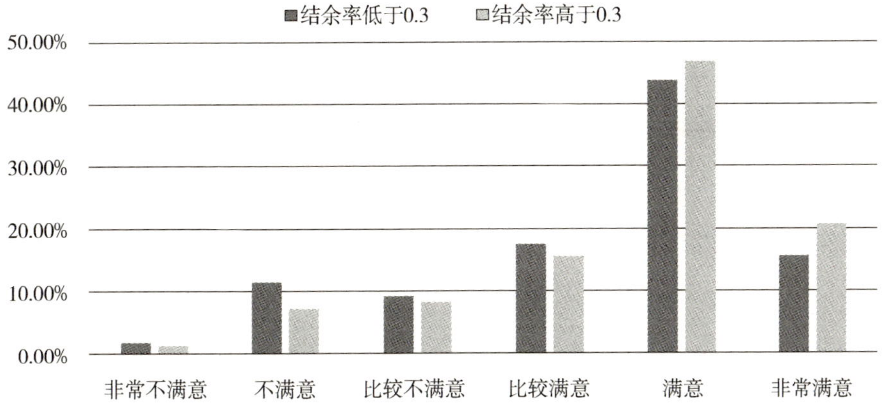

图 3-34 不同结余率居民的健康满意度评价分布图

表 3-60 健康领域客观指标与主观外指评价指标的相关系数矩阵

	A1	A2	A3	A4	A5	A6	A7
满意度	0.124**	0.023*	−0.091*	0.315**	0.309**	0.018	0.380**
改善感	0.144**	−0.010	−0.087*	0.378**	0.366**	−0.047*	0.391**
需求满足感	0.171**	0.017	−0.083*	0.414**	0.421**	0.032	0.412**

	A8	A9	A10	A11	A12	A13	A14
满意度	0.350**	−0.329**	0.185**	−0.436**	−0.209**	−0.228**	0.325**
改善感	0.345**	−0.200**	0.102**	−0.212**	−0.055*	−0.120**	0.131**
需求满足感	0.371**	−0.218**	0.131**	−0.238**	−0.086*	−0.129**	0.177**

注：*代表 $P<0.05$，**代表 $P<0.01$。下同。

2. 重要发现——劳动领域对主观外指指标的影响

劳动领域的基础客观指标包括：B18 月均收入、B19 休假数量、B20 到劳动场所交通便捷度、B21a 劳动自来水、B21b 劳动温度调节装置（如暖气、风扇、空调等）、B21c 劳动卫生厕所、B21d 劳动通信网络、B22 劳动采光、B23 劳动消防设施、B24 劳动空气流通、B25 劳动就业信息数量、B26 劳动培训次数、B37 劳动场所停电次数、B21 加总后的劳动基本配套种类数量。除休假数量这一指标外，劳动领域中其他客观指标对于个体劳动领域中资源享有的满意度、改善感、需求满足感的相关关系正负性均一致、均达显著水平。休假数量这个指标主要正向影响劳动领域的改善感与需求满足感；休假天数越多，个体越能够感受到劳动状况的改善，越易获得较高的需求满足感，而该指标与劳动资源享有的满意度无显著相关。这表明劳动领域中设计、选取的客观基础指标与民众对于劳动领域资源的认知理解紧密相关（见表 3-61）。

表 3-61　劳动领域客观指标与主观外指评价指标的相关系数矩阵

	B18	B19	B20	B21a	B21b	B21c	B21d
满意度	0.097**	0.000	−0.367**	0.106*	0.141*	0.143**	0.142**
改善感	0.144**	0.010*	−0.087*	0.378**	0.366**	0.047*	0.391**
需求满足感	0.171**	0.017*	−0.083*	0.414**	0.421**	0.032*	0.412**

	B22	B23	B24	B25	B26	B27	B21 加总
满意度	0.125**	−0.166**	0.209**	−0.433**	−0.112**	−0.086*	0.186**
改善感	0.345**	−0.20**	0.102**	−0.212**	−0.055*	−0.120**	0.191**
需求满足感	0.371**	−0.218**	0.131**	−0.238**	−0.086*	−0.129**	0.207**

B18 月均收入越高、B20 到劳动场所交通便捷度越高、B24 劳动空气流通越好、B25 劳动就业信息获取越便捷、B26 劳动培训次数越多、B27 劳动场所停电次数越少、B21 加总后的劳动基本配套种类数越多，劳动领域资源享有的满意度越高。

B18 月均收入越高、B19 休假数量越多、B20 到劳动场所交通便捷度越高、B24 劳动空气流通越好、B25 劳动就业信息获取越便捷、B26 劳动培训次数越多、B27 劳动场所停电次数越少、B21 加总后的劳动基本配套种类数越多，劳动领域资源享有的改善感越强。

B18 月均收入越高、B19 休假数量越多、B20 到劳动场所交通便捷度越高、B24 劳动空气流通越好、B25 劳动就业信息获取越便捷、B26 劳动培训次数越多、B27 劳动场所停电次数越少、B21 加总后的劳动基本配套种类数越多，劳动领域资源的需求满足感越高。

“劳动就业信息获取便捷度”与劳动资源享有的满意度、改善感、需求满足感有着最为显著的相关关系。居民越能够便捷地获取劳动就业信息，其劳动资源享有的满意度、改善感、需求满足感水平越高。

3. 重要发现——人居环境领域对主观外指指标的影响

人居环境领域的基础客观指标包括：C31 住房面积、C32a 住房自来水、

C32b 温度调节装置（如暖气、风扇、空调等）、C32c 住房煤气天然气、C32d 住房卫生厕所、C32e 住房通信网络、C33 住房空气流通、C34 住房采光、C35 住房消防设施、C36 住房周边环境卫生、C37 住房空气污染、C38 住房噪声污染、C39 住房生活用水清洁、C40 工业垃圾、C41 生活垃圾、C42 绿地充足、C43 灾害事故、C44 住房停电次数、C31 计算后的人均住房面积、C32 加总后的基本住房配套种类数量。人居环境领域中所有客观指标对于个体人居环境领域中的资源享有满意度、改善感、需求满足感的相关关系正负性均一致、均达显著水平。这表明人居环境领域中设计、选取的客观基础指标与民众对于人居环境领域资源的认知理解紧密相关（见表 3-62）。

表 3-62　人居环境领域客观指标与主观外指评价指标的相关系数矩阵

	C31	C32a	C32b	C32c	C32d	C32e	C33	C34	C35	C36
满意度	0.145**	0.088*	0.065*	0.037*	0.076*	0.026*	0.281**	0.139**	0.175**	0.553**
改善感	0.133**	0.100**	0.091**	0.029*	0.081*	0.029*	0.255**	0.116**	0.178**	0.556**
需求满足感	0.122**	0.103**	0.108**	0.067*	0.111**	0.052*	0.288**	0.159**	0.193**	0.563**

	C37	C38	C39	C40	C41	C42	C43	C44	C31 计算后	C32 加总
满意度	0.195**	0.283**	0.159*	0.259**	0.343**	0.123*	0.284**	−0.138*	0.077**	0.076**
改善感	0.192**	0.272**	0.187*	0.269**	0.327**	0.168*	0.269**	−0.145*	0.088**	0.099**
需求满足感	0.201**	0.312**	0.176*	0.289**	0.329**	0.182*	0.264**	−0.139*	0.077**	0.135**

C31 住房面积越大、C33 住房空气流通性越好、C34 住房采光越好、C36 住房周边环境卫生条件越好、C37 住房空气污染越少、C38 住房噪声污染越少、C39 住房生活用水越清洁、C40 工业垃圾越少、C41 生活垃圾越少、C42 绿地越充足、C43 灾害事故越少、C44 住房停电次数越少、C31 计算后的人均住房面积越大、C32 加总后的基本住房配套种类数量越多，人居环境资源享有的满意度、需求满足感、改善感水平越高。C36 周边环境卫生与人居环境资源享有的满意度、改善感、需求满足感有着最为显著的正相关关系。

4. 主要发现——文化对主观外指指标的影响

文化领域的基础客观指标包括：D48 受教育年限、D49 文化类产品支出、

D50 经常参加文体活动、D51 休闲时间、D52a 新闻类、D52b 财经类、D52c 综艺类、D52d 体育类、D52e 影视类、D52f 军事类、D52g 农业类、D52h 科学与教育类、D52i 社会与法制类、D52j 音乐与戏曲类、D52k 服务类、D53 省内短途游次数、D54 出省游次数、D55 出境游次数、D56 旅游消费、D57 住房接收电视信号、D58 住房接收广播信号、D59 阅读报刊手机媒体读物时间、D49 计算后的文化类产品支出占月支出比例、D52 加总后的信息广泛度指标。除受教育年限、阅读报刊手机媒体读物时间、文化类产品支出占月支出比例指标外，文化领域中其他客观指标对于个体文化领域中的满意度、改善感、需求满足感的相关关系正负性均一致、均达显著水平。受教育年限这个指标主要负向影响文化领域的改善感与需求满足感，而该指标与文化资源享有的满意度无显著相关性。阅读报刊手机媒体读物时间能够正向影响文化领域资源享有的满意度与需求满足感，阅读时间越多，个体越能产生对文化资源享有的较高满意度评价、越易获得较高的需求满足感，而该指标与文化领域的改善感无显著相关性。文化类产品支出占月支出比例与文化资源的需求满足感显著正相关，与文化资源满意度与改善感无显著相关性。这表明文化领域中设计、选取的客观基础指标与民众对于文化领域资源的认知理解紧密相关（见表 3-63）。

表 3-63　文化领域客观指标与主观外指评价指标的相关系数矩阵

	D48	D49	D50	D51	D52a	D52b	D52c	D52d
满意度	0.03	0.061*	0.202**	0.126**	0.083*	0.110**	0.093**	0.098**
改善感	−0.05*	0.056*	0.190**	0.105**	0.083*	0.109**	0.066*	0.085**
需求满足感	−0.04*	0.064*	0.182**	0.127**	0.083*	0.108**	0.067*	0.090**

	D52e	D52f	D52g	D52h	D52i	D52j	D52k	D53
满意度	0.085**	0.132**	0.154**	0.100**	0.118**	0.121**	0.062*	0.089*
改善感	0.058*	0.120**	0.151**	0.106**	0.082*	0.114**	0.049*	0.121**
需求满足感	0.073*	0.114**	0.126**	0.111**	0.078*	0.117**	0.049*	0.115**

	D54	D55	D56	D57	D58	D59	D49 计算	D52 加总
满意度	0.113**	0.055*	0.052*	0.073*	0.144**	0.068*	0.034	0.085**
改善感	0.135**	0.082*	0.081*	0.072*	0.161**	0.041	0.034	0.078**
需求满足感	0.132**	0.073*	0.084*	0.043	0.169**	0.052*	0.069**	0.135**

D49 文化类产品支出越高、D50 参加文体活动频率越高、D51 休闲时间越多、D53 省内短途游次数越多、D54 出省游次数越多、D55 出境游次数越多、D56 旅游消费越多、D57 住房能接收电视信号、D58 住房能接收广播信号、D59 阅读报刊手机媒体读物时间越多、D52 加总的日常接触信息种类越多，文化资源享有的满意度越高。

D48 受教育年限越多、D49 文化类产品支出越高、D50 参加文体活动频率越高、D51 休闲时间越多、D53 省内短途游次数越多、D54 出省游次数越多、D55 出境游次数越多、D56 旅游消费越多、D57 住房能接收电视信号、D58 住房能接收广播信号、D52 加总的日常接触信息种类越多，文化资源的改善感越强。

D48 受教育年限越多、D49 文化类产品支出越多、D50 参加文体活动越频繁、D51 休闲时间越多、D53 省内短途游次数越多、D54 出省游次数越多、D55 出境游次数越多、D56 旅游消费越多、D58 住房能接收广播信号、D59 阅读报刊手机媒体读物时间越多、D52 加总的日常接触的信息种类越多、D49 计算后的文化类产品支出占月支出比例越高，文化资源的需求满足感越高。

通过本调查发现，文化类基础指标中“文体活动（如参观文化馆、博物馆、展览，观看电影、运动会、文艺表演，参加讲座）频率”与文化资源享有的满意度、改善感、需求满足感有着最为显著的正相关关系。

5. 重要发现——社会保障领域对主观外指指标的影响

社会保障领域的基础客观指标包括：E63a 城乡居民基本医疗保险、E63b 城镇职工基本医疗保险、E63c 公费医疗、E63d 商业性医疗保险、E64a 城乡居民基本养老保险、E64b 城镇职工基本养老保险、E64c 机关事业单位或企业职业年金、E64d 商业性养老保险、E65 失业保险、E66 工伤保险、E67 生育保险、E68 住房公积金、E69a 医疗费用总开销、E69b 自付医疗费用、E63 加总后的医疗保险种数、E64 加总后的养老保险种数、E69 计算后的自付医药费占总医药开销比例。除城镇职工基本医疗保险、城镇职工基本养老保险、失业保险、工伤保险、生育保险、住房公积金外，社会保障领域中其他客观指标与满意度、改善感、需求满足感的相关关系正负性均一致，均达显著水平。

加入城镇职工医疗保险的群体在社会保障领域的改善感与需求满足感显著低于不加入该险种的群体，满意度则在是否加入的两群体间无显著差异。加入城镇职工基本养老保险的群体的社会保障资源享有的满意度评价显著高于不加入该险种的群体，改善感显著低于不加入该险种的群体，需求满足感在是否加入的两群体间无显著差异。加入失业保险的群体的满意度显著高于不加入该险种的群体，改善感与需求满足感在是否加入的两群体间无显著差异。加入工伤保险的群体的满意度显著高于不加入该险种的群体，改善感与需求满足感在是否加入的两群体间无显著差异。加入生育保险的群体在社会保障资源享有的满意度与需求满足感上均显著高于不加入该险种的群体，而改善感在是否加入的两群体间无显著差异。有住房公积金的群体在社会保障资源享有的满意度与需求满足感上均显著高于没有住房公积金的群体，而改善感在是否加入的两群体间无显著差异。这表明社会保障领域中设计、选取的客观基础指标与民众对于社会保障领域资源的认知理解紧密相关（见表 3-64）。

表 3-64　社会保障领域客观指标与主观外指评价指标的相关系数矩阵

	E63b	E63c	E63d	E64a	E64b	E64c	E64d	E65
满意度	0.003	0.074*	0.053*	0.121**	0.019*	0.070*	0.096**	0.010*
改善感	−0.026*	0.044*	0.034*	0.141**	−0.010*	0.047*	0.070*	−0.009
需求满足感	−0.011*	0.055*	0.031*	0.125**	0.001	0.063*	0.080**	0.009
	E66	**E67**	**E68**	**E69a**	**E69b**	**E63 加总**	**E64 加总**	**E69 计算后**
满意度	0.023*	0.041*	0.035*	−0.126**	−0.201**	0.093**	0.135**	−0.120**
改善感	0.005	0.014	0.009	−0.124**	−0.176**	0.062**	0.110**	−0.104**
需求满足感	0.007	0.021*	0.016*	−0.119**	−0.171**	0.069**	0.117**	−0.100**

E65 参与失业保险、E66 参与工伤保险、E67 参与生育保险、E68 参与住房公积金、E69a 医疗费用总开销越多、E69b 自付医疗费用越少、E63 加总后的医疗保险种数越多、E64 加总后的养老保险种数越多、E69 计算后的自付医药费占总医药开销比例越少，社会保障资源享有的满意度越高。

E69a 医疗费用总开销越多、E69b 自付医疗费用越少、E63 加总后的医疗保险种数越多、E64 加总后的养老保险种数越多、E69 计算后的自付医药费占总医药开销比例越少，社会保障资源的改善感越强。

E67 参与生育保险、E68 参与住房公积金、E69a 医疗费用总开销越多、

E69b 自付医疗费用越少、E63 加总后的医疗保险种数越多、E64 加总后的养老保险种数越多、E69 计算后的自付医药费占总医药开销比例越少，社会保障资源的需求满足感越强。

6. 重要发现——社会网络参与领域对主观外指指标的影响

社会网络参与领域中的基础客观指标包括：F73 是否行使话语权、F74 是否加入非政府组织、F75 是否参加投票、F76 家人互动频率、F77 邻里互动频率、F78 朋友互动频率、F79 参与社会福利活动次数。社会网络参与领域中所有客观指标对于个体资源享有的满意度、改善感、需求满足感的相关关系正负性均一致，均达显著水平，表明社会网络参与领域中设计、选取的客观基础指标与民众对于社会网络参与领域资源的认知理解紧密相关（见表 3-65）。

表 3-65　社会网络参与领域客观指标与主观外指评价指标的相关系数矩阵

	F73	F74	F75	F76	F77	F78	F79
满意度	0.152**	0.085*	0.222**	0.063*	0.139**	0.121**	0.046*
改善感	0.161**	0.097**	0.204**	0.070*	0.143**	0.129**	0.045*
需求满足感	0.090**	0.217**	0.059*	0.146**	0.131**	0.046*	0.063*

F73 行使话语权、F74 加入非政府组织、F75 参加投票、F76 家人互动频率越高、F77 邻里互动频率越高、F78 朋友互动频率越高、F79 参与社会福利活动次数越多，社会网络资源享有的满意度、改善感、需求满足感水平越高。通过本调查发现，基础指标中“话语权的行使”与社会网络资源享有的满意度、改善感、需求满足感有着最为显著的正相关关系。居民越能够自由行使自己的话语权，其社会网络资源享有的满意度、改善感、需求满足感水平越高。

第三节　居民福祉指标体系在政策优化中的应用

据前文调查数据分析可知，本套居民主客观福祉指标体系在政策优化上有一定的应用价值：一是不同人口学特征样本在主观、客观福祉享有度上呈现的分化可帮助研究者聚焦到不同民生福祉领域需重点关注的对象群体，二是不同特征居民在各领域主、客观福祉指标上所表现出的数量关系可为探索福祉水平提升机制提供实证依据。研究者可借助本套测评工具，为如何发挥公共政策和社会资源供给策略的调节作用以促进全民共享福祉水平的提升提供一定参考依据。

一、聚焦重点群体，促进福祉全面享有

《中共中央关于坚持和完善中国特色社会主义制度 推进国家治理体系和治理能力现代化若干重大问题的决定》中，涉及民生福祉方面的表述中屡次提及“重点群体支持体系”的内容，诸如完善重点群体就业支持体系、帮助重点群体顺利参与社会保险、健全重点群体的帮扶制度等。

根据前文福祉指标在人口学特征上的分布与显著差异，进一步进行事后比较分析，于2019—2020年补充调研并深入分析，聚焦各领域福祉水平相对较低的重点群体，归纳总结其特征与当前在社会资源享有上的迫切需要，为政策优化提供分析思路。

（一）促进慢病者的保健习惯养成，强化农村与“村改居”居民健康教育，构建健康风险提前管控机制

由前文分析可得，不同自理水平的居民对健康资源享有的满意度评价差异显著。处于“基本自理”“部分自理”“大部分自理”水平的居民的自付诊疗保健费占比显著高于其他组别。他们往往患有慢性疾病，或者长期处于亚健康状态中，不仅需要拥有针对已有慢性疾病的治疗性服务与医药资源，还需要防止已有慢性疾病的恶化，并及时追踪疾病预后效果的防治—康复型双重医疗资源，而很多保健药品与长期的康复护理在医保报销范围以外。该群体需求多样，患病周期漫长，保健与病程控制自费负担重。

根据医院规模、规模经济与交易成本方面的理论与经验[①]，分析得出医疗资源投入随健康水平的波动呈现一定的规律性变化（见图3-35）。不同健康状态的个体处于图谱中的不同位置，对医疗服务的需求差异较大，对医疗资源的消耗量也不同：个体健康状态越好，健康需求越是靠近预防保健、康复和护理以及常见

① 匡莉．公立医院规模持续扩张机制与调控策略理论模型与实证研究［M］．广州：中山大学出版社，2011：10-20.

病防治的一端，个体越需要全科化、保健性、基础性的医疗服务。偶尔有急性疾病的高健康水平个体接受的医护干预手段多为医护人员的徒手疗法（如望、闻、问、切等基本体检诊断、按摩、注射等）与基本的急性病药物。这些医疗保健项目见效快，且提供基础保健性、全科化医疗服务、便于居民就近就医的机构众多，如社区诊所、区/县医院，接受诊疗便捷度高、风险小、费用低。健康需求越是靠近重症干预的一端，个体越是需要权威的专科化治疗干预，而费用方面有相应的大病保险与医保进行给付。健康水平位于中间的群体对于医疗资源的需求处于图谱的中间阶段，既有保健及巩固疾病治疗预后效果的目标，又有治疗慢性病、延缓慢性病进程的需求。他们既需要全科医护资源，又需要专科化、精细化的高端诊疗技术，故其对防治性与治疗性双重医疗资源均存在一定程度的需求，并对更高等级医疗机构的诊疗服务有着更为迫切的需求。随着居民生活习惯的变化、环境污染的加剧以及社会心理压力增大的影响，慢性病患者与亚健康状态的人越来越多，而慢性病患者所需的治疗周期较长、自费比例高，且因存在疾病控制与常态化保健需求，相较于健康水平高的群体易产生较大的心理与经济负担（见图 3-35）。

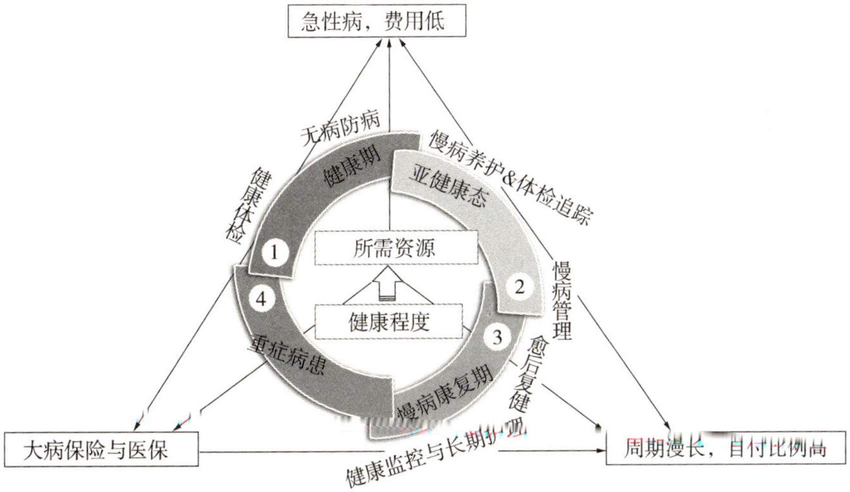

图 3-35 健康程度、所需资源与支付类型的关系图

经过深入走访发现，城镇社区中的“村改居”居民与农村居民在健康知识与健康记录（如病历）查阅方便性指标的得分上，相较于城镇居民存在欠缺，在接

受健康信息途径与及时性上有所限制。因此，健康知识的宣传普及要注重群体的多样性，宣传渠道过于单一会阻碍居民享有相应的健康信息资源。

同时我们发现，30—39 岁的居民接受系统全面体检的频率、日均健身时间、三餐营养均衡度、作息规律度显著低于其他年龄段，存在“中青年健康潜在危机陷阱”现象。中青年群体是社会的中坚力量，面临职业和家庭的双重负担，且该群体健康危机意识不强，对健康维护与疾病初期的诊疗不够重视。提高中青年群体的健康体检频率，建立针对中青年群体的健康风险管理机制，对其健康维护有着重要的预警作用。

所以，健康领域中需重点帮助慢性疾病患者与“亚健康”群体提升保健意识，帮助中青年及早养成健康行为，通过推进健康教育社会化，尤其是开展健康教育进村居社区来促进构建健康风险防御网，实现疾病防治关口前移。医疗卫生实践表明，通过调整日常生活、饮食、作息等来降低亚健康、患慢性病的风险，是实现从治病向防病转变、促进疾病防治关口前移的有效机制。大力普及卫生保健知识，树立良好的卫生保健意识和科学的防病治病观念，促进疾病防治关口前移，无疑是事半功倍的最佳选择。政府应着力为村居、街道配套有机食材标准化市场，为有机食品直销提供规范化的平台，实现“从菜园到餐桌”的快速流通，切实让利消费者；由村委会、居委会牵头为居民配置便民“口袋药房”，使不同收入层次的城乡居民都能够负担得起保健食品、药品与必备的健康诊疗服务，过上无病防病的健康生活。

（二）鼓励适时设立弹性工作制度，打破劳动力市场对非正规就业人员的排除

前文分析发现，在就业群体中“其他”这个类型的居民在劳动福祉享有评价上显著低于其他类型。笔者后续追访 138 名典型“其他”就业者，其人口学特征分布如表 3-66 所示。通过访谈发现，“其他”这一类型就业者在就业方式上多表现为缺乏规范的雇佣关系的非正规就业形态，借助 Nvivo 11 软件提炼其参与非正规就业的原因，并分别统计各个原因的被访对象占比（见表 3-67）。

表 3-66 “其他”就业类型访谈对象特征（N＝138）

人口学特征		百分比（%）
户籍类型	乡村	54.55
	镇	27.27
	县城	12.12
	城市	6.06
年龄	15—20	12.12
	21—30	45.45
	31—40	24.24
	41—50	12.12
	51—60	3.03
	61—65	3.03
性别	男	51.52
	女	48.48

表 3-67 “其他”就业者参与非正规就业原因及占比

原因	占比（%）
因失业或主观原因离职，需满足个人及家庭的即时消费	52.50
岗位选择多	50.72
经营性收入增多	50.00
新兴行业有潜力	47.50
工资性收入增多	22.41
更高的工作自由度	21.79
多样的工作方式	20.11
赚钱又可顾家	18.07
增加收入渠道	17.24
就业年龄范围大	13.04
提高非体力劳动比重	10.14
公平无歧视的就业环境	10.44
合理的工资标准	9.24
适当的工作强度	4.02

部分专家以“圈内人”与“圈外人”的对立关系来比喻正规职工与非正规职工之间存在的二元管制，形容这是一种“职场排除效应”，工作贫穷（working poor）则是这个群体的典型特征。通过本书前期量化分析与后续深入访谈发现，非正规就业中存在大量承揽、派遣关系，就算是雇佣关系，也往往是“一对多”的形式，即劳动者同时兼职多差，且兼职工作难有规范的劳动合同作约束；以服务业为主，就业者的用人单位与雇主责任难以厘定；就业者居住与劳动空间相隔远，通勤时间长，无法享受法定节假日，超工时劳动情况频发，交通意外等工伤事故发生概率更大；面临着岗位与薪资不稳定，劳动技能无法得到持续提升，缺乏晋升空间的不安定感。因缺乏规范的雇佣关系，而存在无明确的雇主责任、工作变动频繁、被正规职工社保排斥等参保困境（见图 3-36）。

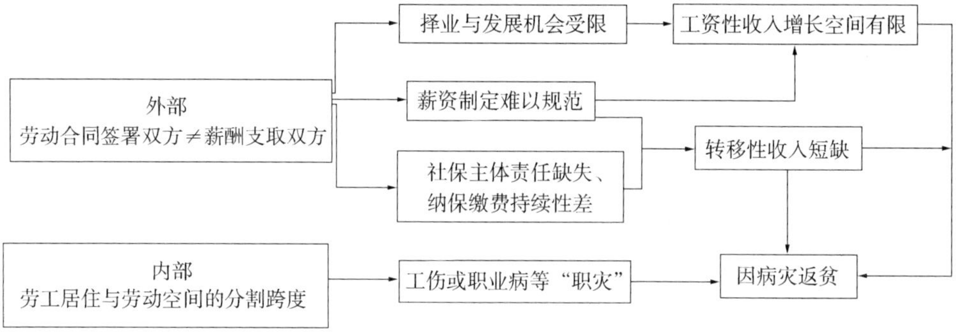

图 3-36　非正规就业困境与劳动风险

通过重点访谈还了解到，该部分非正规就业者几乎都有过正规就业的经历，因技术水平有限、学历限制或家庭变故而最终离职待业，其中 40—59 岁的无薪女性主要是因家庭变动等因素被动成为待业者。如何平衡琐碎的家庭事务与繁重的岗位工作，成为当今许多劳动者需要面临的重大挑战，这也迫使很多正规职工被动踏入非正规就业者的行列。解决这一问题不仅需要家庭成员间的合理分工，还需要公共管理部门、商业机构等积极提供覆盖城乡的诸如老幼托管、家政服务等帮扶服务，才能有效缓解上有老下有小、家有负担外有工作的中年危机。此外，人社部门应积极引导不同行业依据岗位工作需要与人员配置情况适度引入弹性工作制度，尤其是对有特殊需要的劳动者（如处于孕哺期的女性劳动者）渐进式地实行更为灵活的弹性工作时间，如半日调休等，适度减轻其工作强度，为该群体平衡工作与家庭事务提供更多的空间，避免其成为被动型无薪酬劳动者。

非正规就业者由于缺乏规范的雇佣关系，而存在无明确的雇主责任、工作变动频繁、被正规职工社保排斥等参保困境，常被“体面”的劳动岗位拒绝。具体可以从以下几个角度去考虑构建过渡型的非正规职工社保：一是补偿替代水平要适应劳动者收入动态波动，允许参保者在多层次筹支梯度间、职工保—居民保轨道间灵活顺利地变更，能够平滑接续，以适应劳动者身份灵活转换。二是在保障其基本生活水平的同时提高激励性，符合劳动力市场进出机制愈发开放灵活、非正规职工规模愈发壮大的现实。三是论证通过税收或多元合作、责任主体预付来构建非正规职工社保体系的可行性，为的是最大限度地促进社保责任主体向多元支柱格局稳健拓展。

（三）切实完善劳动场所配套设施建设，切实保护农民职工劳动权益

本次调查抽样中的绝大多数乡村民营企业劳动环境差，劳动保护措施不完善，尤其是那些在易燃、易爆等艰苦、繁重、危险环境里工作的雇工，因缺乏必要的人身安全保护机制，人身安全及劳动权益难以得到保证。

2018 年 3 月 5 日在十三届全国人大一次会议上，李克强总理在政府工作报告中提出，大力实施乡村振兴战略。推进农村一、二、三产业融合发展，促进农业产业链延伸，才能真正实现乡村振兴长远战略目标。民营经济是改革发展的排头兵、劳动就业的主渠道。有相当一部分民营企业是根植于农村、发迹于农村、壮大于农村，与农村、农业和广大农民群众存在着难以割舍的紧密联系，对农村的“生产发展、生活富裕、乡风文明”起着重要的推动作用，是建设新农村的一支不可或缺的重要力量。笔者发现，城乡居民在劳动指标的得分上差异显著，多重比较后发现这个差异集中体现在农村民营企业职工在劳动设施与配套条件享有上显著低于城镇民营企业

因此政府应加强对企业的监管督导，督促企业进一步全面改善劳动环境条件，着重加强对地处城郊、乡村的私营企业的检查和监督力度。加强对雇工的劳动保护，实现安全生产和文明生产。当地工商管理部门要联合各级地方工会、产业工会和基层工会深入农村，通过实地巡查、员工座谈等方式第一时间了解企业生产环境与员工劳动保护情况。通过监督，督促乡村民营企业不断改善劳动场所

的配套设施、强化劳动场所的安全性，改善雇工的劳动环境。同时要求私营企业必须采取有效的技术措施和组织措施，防止伤亡事故和职业病的发生。企业主对雇工的劳动保护工作应全面负责，拨出专款增添安全设施，改善劳动环境条件，同时应制定劳动保护管理办法以及相应的操作规程，并组织安全生产检查，防止违章作业，及时消除事故隐患。

（四）重点提升“村改居”社区、老旧小区公共配套设施，加强农村自建房周围治安治理和灾害防范

经前文分析可知，老旧城区、“城中村”及保障性住房在健身场所等公共设施配套上显著劣于其他住宅地社区类别。“村改居”及老旧社区往往存在结构布局不科学、不合理的情况。对此，政府可启动住房配套改造工程，完善公共空间建设，改善居民社区的功能分区规划。许多“村改居”社区、保障性住房以及老旧小区中，公共活动区域面积小，没有充足的空间进行休闲活动，也没有必备的公厕、农贸市场等配套性公共设施。特别是随着私家车数量的增多，老旧小区的车位供应量明显不足，居民公共活动区域被私家车辆侵占，同时也增加了老幼居民的出行风险。因此，为老旧社区的公共空间扩容，推进其休闲活动设施与场地建设，应成为住建部门的重点工作。政府需采用购买、置换、租赁等方式，对老旧街坊型社区和已建成的居住（小）区无养老服务设施或现有设施未达到标准的现象进行整改，增加社区养老服务设施，开辟社区公共活动空间。

由前文分析可知，老旧街坊型社区、保障性住房与农村自建房在事故灾害发生这一指标上的得分显著低于其他社区类型。加快公共安全信息管理系统和突发事件应急指挥系统建设，建立公共安全应急干预体系，及时排查对居民生活具有安全威胁的危险源，对于提高社会治安治理与灾害防范效率有着重要意义。定期检查社区及住户公共空间的消防设施、电路情况、防雷防洪装置。加强对老旧城区与保障性住房周边的日常安全巡逻，加设街区监控与天眼装置。加强城市流动人口的犯罪预警机制建设，扩大老旧街坊型社区、保障性住房等重点要害部位的监控覆盖面，建立动态的治安风险评估机制。依托治理机制，通过公共传媒、微信微博等新媒体，执法人员上门宣传等方式，加强社会治安治理与防灾防害等方面的宣传教育，提高群众的责任意识和防范意识，鼓励居民积极举报各种违法犯罪活动。

（五）强化对企业纳保的监管，提高私企职工参保意愿，强化兼职务工务农者纳保持续性

国有企业与机关事业单位、社会非营利组织的社会保障指标显著高于另外那些就业情况，尤其是国有企业职工的社会保障指标得分显著甚至还高于机关事业单位与社会非营利组织。“其他”这一就业类型的社会保障指标虽显著低于国企、机关事业单位及社会非营利组织，但显著高于私企等就业类型，这说明了股份合作单位、联营单位、有限责任公司、股份有限公司、港澳台商投资单位、外商投资单位、村办企业等单位已具备较为完善的职工保险体系，也在一定程度上证明了雇主增强了保险责任意识。此外，就业分类中非机关事业单位与非国企的在职职工，选择商业保险的比例高达58.3%，公有制单位在职员工选择商业保险的为30%，也说明了国家非公有制单位员工更愿意通过投商业保险来获得养老、医疗等保障。

独立样本t检验发现，兼职务工务农者满意度与其他城镇职工医保参保者的差异显著。深入调研分析发现，城镇职工医保参保人员中的农民工群体对于社会养老保障政策满意度在“一般”以下水平的比例多于其他城镇职工医保参保人员，且显著性水平达到边缘显著（$t=1.753$，$Sig.=0.088$，$P=0.1$）。深入走访验证，农村居民完全弃地者，就地加入雇佣、承揽、派遣关系的，约占“居住地为农村”的12.942%，过渡型务工兼职务农者，参与派遣或承揽的，参加城镇职工基本社会保险的占比不足20%。这部分农村转移就业的农民工与典型的“原生型”城镇职工在经济状况、社会地位、社会权益分配等方面不可否认仍存在不小的差距。这部分人进入城市稍正规的企业打工后，可以获得参加职工养老保险的机会。但他们中的大多数学历并不高，缺乏持续且精专的从业技能与经验，往往会出现频繁换岗、换单位的情况，其就业流动性大、缴费能力偏低。而城镇职工社会保险项目相对于城乡居民养老保险而言，存在缴费率相对较高、保险收益权随缴费单位的变更而流转或终止的特点。企业的社会责任感有待提升，有些企业未及时为农民工缴纳保险，致使农民工不能按规定标准享受养老保障。农民工在缴纳社会保险费方面存在较大压力，这也是大多数来源于农村转移人口的城镇职工对社会养老保险政策的认知水平或者满意度偏低的原因。

2020年中央出台了减税降费、阶段性减免社保缴费等政策。国务院总理李

克强在2021年1月20日主持召开国务院常务会议时强调，今年所有省份要保持社保费现行征收方式不变，不得自行对历史欠费进行集中清缴；不得因社保费征收职责划转使企业特别是中小微企业增加缴费负担。

随着农业转移人口市民化进程的推进，政府逐年加大力度推进农民工同工同酬和基本劳动权益的保障工作，包括在社保经办、转续、补缴登记上提高保障服务均等化。《人社部关于完善农民工社保缴纳建议的答复》（人社建字〔2020〕149号）中针对农民工参保问题作出详细解释：与用人单位建立劳动关系的农民工，应依法参加企业职工基本养老保险，由用人单位和农民工个人共同缴费；农民工在城镇从事个体经营或灵活就业，可以灵活就业人员身份自愿参加企业职工基本养老保险，也可以选择参加城乡居民养老保险。参加职工养老保险制度的农民工，跨省流动就业的，养老保险关系可以转移接续，缴费年限累计计算；农民工达到职工法定退休年龄后，可以按规定办理城镇职工养老保险制度和城乡居民养老保险制度衔接。对于用人单位不依法办理社会保险登记，经行政处罚后仍不改正的，强化联合惩戒，加大对违法行为的震慑力度，依法维护包括农民工在内的各类劳动者的劳动保障权益。

二、分析影响因素，探索福祉提升机制

基于对山东省福祉指标体系数据的分析及相关政策的梳理，本书在健康、劳动、人居环境、文化、社会保障、社会网络参与六大领域分别提出了福祉提升建议。福祉提升建议所遵循的基本思路是：以各福祉指标在人口学特征上的显著差异及不同人口学特征居民的主、客观福祉关系为依据，通过优化各客观生活领域的社会资源供给，协调主、客观福祉共同发展，促成居民各生活领域社会资源享有的积极体验、评价，从而实现福祉状态的全面提升。

（一）健康福祉

1. 相关政策

中共中央、国务院印发的《“健康中国2030”规划纲要》提出，促进全民健康的制度体系的完善，健康领域发展更加协调，健康生活方式得到普及，健康服务质量和健康保障水平不断提高，突出大健康的发展理念，着眼长远与立足当前相结

合，目标明确可操作，确立“以促进健康为中心”的大健康观、大卫生观，并将这一理念融入公共政策制定、实施全过程。《中共中央关于坚持和完善中国特色社会主义制度　推进国家治理体系和治理能力现代化若干重大问题的决定》提出，坚持关注生命全周期、健康全过程，对完善国民健康政策具有重要意义，让广大人民群众享有公平可及、系统连续的健康成为努力目标。聚焦增强人民体质，健全促进全民健身制度性举措。“十四五”规划更是强调全面推进健康中国建设。把保障人民健康放在优先发展的战略位置，坚持预防为主的方针，深入实施健康中国行动，完善国民健康促进政策，织牢国家公共卫生防护网，为人民提供全方位全周期健康服务。改革疾病预防控制体系，强化监测预警、风险评估、流行病学调查、检验检测、应急处置等职能。建立稳定的公共卫生事业投入机制，加强人才队伍建设，改善疾控基础条件，完善公共卫生服务项目，强化基层公共卫生体系。

2. 基于健康指标调查的福祉提升

健康指标作为客观福祉指标中的重要组成部分，在不同人口学特征的影响下，对于部分主观幸福体验均有稳定的预测解释效力。其中，对自我接受的预测解释力最大，能够有效预测解释个体自我接受体验的4.7%的变异量。此外，健康指标还能有效预测解释3.6%的目标价值体验变异量、3%的知足充裕体验变异量、1.4%的心理健康体验变异量、1.4%的人际适应体验变异量、1%的身体健康体验变异量、1%的社会信心体验变异量。

为民众提供全方位、全生命周期的健康服务愈发重要，目前需进一步加强基层医疗卫生服务体系建设，引导个体形成以预防为主的健康文明的生活方式；切实提高健康资源供给，以有效改善城乡居民对保健与疾病治疗两个次级维度资源的获取与享有程度；提升居民的保健意识，养成城乡居民良好的“无病防病”的行为习惯；切实缓解医患紧张，促进医患信息的对称性，提升居民的疾病诊疗需求满足感。以上举措，不仅有利于优化居民在健康维护与干预方面的实际需要和满意度等外指性评价水平，更有利于提升城乡居民的自我接受与认知度、身心健康体验、充裕感与人际交往中的和谐度、自信心以及社会发展期待等内指性主观幸福体验。

基于生命健康周期发展特征，从持续的、系统的健康资源角度出发，在医保支付—康养护理服务—健康信息动态管理这三者的协同作用下，切实为越来越多的亚健康、慢病患者减轻长期的经济压力，向健康程度较好的居民积极宣传健康检查的重要性，将健康信息管理周期尽量延长，让健康信息监测评估覆盖各个疾病发展周期，实现健康服务关口前移，提高预防保健水平（见图 3-37），具体包含以下三点：

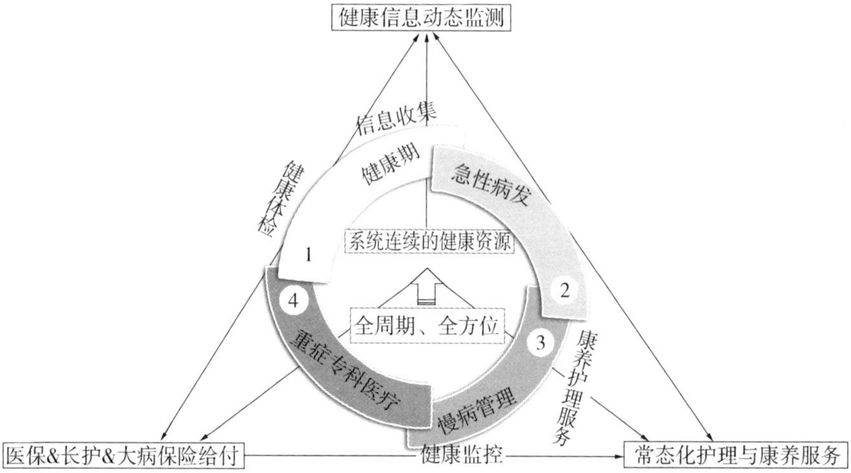

图 3-37　不同健康周期发展阶段的健康资源

（1）以社区为依托，多元主体共建全方位长期护理服务体系

建议以社区为依托，完善慢病久病者的长期护理照顾服务网络。服务人员主要由专业人员（社会服务机构）和非正式照护者（亲属、朋友或者邻居）构成。政府可与照护机构签订外包服务合同，将政府购买的服务委托给各个社区物业服务中心运营，由此形成健康养护服务中心，提升服务的可及性。

服务形式可分为两大系列：一是上门投递式服务，即由服务人员定期上门提供理疗、照看或者帮扶等，积极引进加盟服务企业和机构，逐步完善日常照顾（食宿、洗浴等环节的帮扶）、家政服务（打扫卫生、清洗衣服、家具家电维修、疏通下水道、开门开锁等）、休闲娱乐、法律咨询、精神慰藉、紧急呼救（走失定位追踪、紧急求助等）等综合型健康服务项目。二是提高社区公共配套水平，如在社区中开设专门场地，以供居民餐饮、娱乐、休闲与康疗，并进行健康护理常识的普及宣传、定期体检、常规护理、提供辅具（包括视听、肢体障碍辅助器具，居家障碍设施改造等）支持等项目，保证他们能够继续享有自己喜欢的生活，最大限度地维护久病者独立自主性。

(2) 各级诊疗机构联网构建个人健康信息长效采集与评估机制

本书研究发现，建立起覆盖城乡各行业的健康检查机制以及相应的惠及全民的健康档案管理机制，对落实全生命周期的居民健康管理有重要指导意义。目前，除个人的就医病历外，居民主要通过所在单位组织的健康体检获取自身健康情况信息。将健康检查及健康档案的建立、储存、管理覆盖至务农群体、个体及其他灵活就业群体并提高城乡居民获取个人健康档案的便捷性是当务之急。

在实际调查中，有89%的农村居民在访谈中谈道：身体不适到了影响干活的程度才会去医院看病。"平时没事不会去医院检查。""没有平时查体的习惯。""一般小病小灾的扛过去就好了。"因此，增强农村居民的预防保健意识迫在眉睫。乡镇医院和社区医疗服务站有计划地开展名医下乡巡诊、义诊活动，大力普及健康知识，积极开展健康教育活动，着力提高农村居民预防疾病、加强保健的意识和能力。通过政策倾斜，激活康养融合服务市场。社区也可以依托康复护理社会化的服务体系全面开展保健常识的日常宣传及入户健康评估摸底工作。尤其是"村改居"社区、农村社区，更是要提高居民保健意识。对于慢性病者，则鼓励以养护代替冒进强力的干预手段，通过健全康复养护服务体系来提高亚健康与慢病者的治愈率。同时，重视制度设计中的规范管理和政策引导。

强化服务的稳定与持续性，使农民能够得到水平较高、持续稳定、系统完整的医疗卫生服务，将有病治病模式逐渐转化为促进健康维护的新模式。在提高健康体检频率及覆盖率方面，基层政府可以通过提供体检补贴的方式鼓励城乡居民参与健康体检，以政府补贴与个人出资相结合、普惠体检与有偿服务相结合的方式，扩大居民健康体检覆盖面。以城乡基层卫生机构为主，各级各类健康机构为辅，为城乡居民提供多层次、多样化的健康体检服务包，提高健康体检的覆盖面。建议各级诊疗机构联网构建以个体为评估单位的健康记录大数据平台，以便于医护机构追踪个体的医保情况与健康水平，从而全面提升诊断与治疗的准确性。可借鉴我国台湾地区建立的"云端病历（Pharmacloud）"与"健康银行（My Health Bank）"。"云端病历"主要针对就医病患，将患者的处方信息开放给相关的医药专家、护理人员。这样可以对病患的体质情况有较为全面的认知，便于准确地判断病情，提高治疗方案的准确性与用药安全性。而"健康银行"的受众为民众。民众不仅可以通过这个信息系统方便查阅自己的健康信息，还可以查阅基本的保健知识并根据自身症状对病情作出最为初步的预判，方便后期有针对性地选择不同层次的医疗机构或专科门诊就医。建议多借助健康医疗大数据的推广，充分拓宽风险信息的收集渠道，对民众面临的健康风险进行客观评估，并结合医院就诊记录、社区医疗服务、家庭医生签约制度等方式，形成动态的信息交流机制。未来也可以与智能设备相结合，通过手环等工具实时记录群体健康变化，实时收集风险信息，以有效助推健康风险的识别与监控，实时跟踪病患当前所处的生命周期，分析风险因子，做到依据病患不同疾病、不同病期、不同需求对接不同机构、享受不同服务的精准资源分配格局，并克服“防病”与“治病”相分离的弊病。

社区应加强社区信息系统建设，通过互联网、手机 App（手机软件）等现代化的手段及时掌握居民健康状况与需求，定期围绕居民的身心需要、健康服务要求与服务体验等主题进行咨询访谈，以有效调整机构运营形式、内容与服务重点，实现有效的供需信息对接，提高健康服务的精准度。充分发挥“大数据”“云计算”的效用，做到健康需求的快速获取与健康资源的高效投放。

（3）加强社保支付与健康服务供给的联动机制

本书调查发现，不同自理水平的居民对于医疗保健的需求有所差异，自付医疗费用比例高且在基本可自理水平以下的居民，家庭结余率均显著低于其他群体，结余率低于 0.3 的居民在健康资源享有满意度上显著低于结余率 0.3 以上的居民。要解决这一问题，需要规范基本医疗保险门规病种及报销比例，全面构建覆盖省内城乡居民的大病保险体系，以最大限度地降低非富裕家庭因病致贫的风险。

通过前文分析可发现，慢性病患者与亚健康状态的民众越来越多，而慢性病患者所需的治疗周期较长，存在较强的疾病控制与常态化保健需求，而许多保健疗法、保健食品药品并非在医保报销覆盖范围内，因此慢病者的经济负担不容小觑。建议以医保和健康服务要素联动为思路，如在个人医保账户结余资金“沉淀”的情况下适度拓展其医保对健康服务的支付范围。为进一步提高医保使用率，考虑适度促进医保支付场景的多元化发展，将医保支付覆盖延伸至家庭医生、康复医院、护理院、临终关怀医院等。同时，为严重的慢病者家庭积极推广家庭医保账户共济制，以减轻慢病管理给家庭带来的持续的经济压力。

在长期久病甚至难以自理的病患照料上，可将各地已经在开展的长期护理险试点办法进一步优化，在实践中将半失能、失能者的保险给付与居家医疗护理、机构康复理疗、双向转介、健康风险评估服务等环节相融合。适度引进商业保险模式来优化长期护理险补偿机制。依托医保、长护险、大病保险等，针对有特殊困难的中、重度慢性病或疑难杂症患者制定个性化、定制式的家庭签约医生计划，提供生活护理服务（包括助餐、助浴、助洁、洗涤、助行、自理训练、肢体功能锻炼等）及医疗护理服务（包括生命体征检测、一般医疗护理、专项医疗护理、保护护理、保健理疗、居家复健等），在提高保健水平的同时，方便护理师及时追踪病患动态以及时提供转介，降低疾病突然恶化所带来的生命与经济风险。

（二）劳动福祉

1. 相关政策

国家“十三五”期间进一步满足了民众就业创业需求，逐步推行终身职业技能教育培训机制；对去产能任务重、待岗职工多、失业风险大的地区，开展了就业援助专项行动；进一步提高了公共就业创业服务信息化水平，推进各类就业信息共享开放；贯彻劳动者自主就业、市场调节就业、政府促进就业和鼓励创业的方针；健全了劳动关系协调机制、构建就业形势综合监测机制，实现了比较充分和更高质量的就业，为全面建成小康社会提供了强大支撑。“十四五”规划中主要强调对就业困难者等重点群体进行就业、创业的政策帮扶，引导劳动者转变就业观念，鼓励多渠道多形式就业，继续加强就业观念引导和劳动精神、职业精神培训。完善创业带动就业、多渠道灵活就业的保障制度，支持和规范发展新就业形态，培育适应新技术革命要求的人力资本体系。

2. 基于劳动指标调查的福祉提升

在不同人口学特征的影响下，劳动指标主要对于城乡居民的目标价值体验有着稳定的、较大的预测解释力，能够有效预测解释1.4%的目标价值体验变异量。

政府部门有必要遵循就业优先战略和积极就业路线，力争实现更高质量和更充分的就业，克服就业市场的结构性矛盾，提供全方位、可持续的公共就业服务，促进民众多渠道就业。切实提高劳动领域中有薪劳动、无薪劳动两个次级维度资源的有效供给，优化带薪劳动者在劳动力市场中的权益保障；有效对接劳资双方劳动供需信息渠道，搭建包容、开放的劳动者技能培训平台，为无薪酬劳动者与潜力型创业者提供更广阔的发展空间。提升居民对劳动生活的需求满足感、改善感与满意度，有利于提升城乡居民对自我价值与能力的积极评价，可以更好地帮助城乡居民树立生活目标，从而提升其主观幸福体验。

现结合本书在劳动指标上的调查结论，对福祉提升提出以下建议：

（1）政府牵头推进公共就业服务信息化、市场化运作

“劳动就业信息获取便捷度”与劳动资源享有的满意度、改善感、需求满足感有着最为显著的相关关系。居民越能够便捷地获取劳动就业信息，其劳动资源享有的满意度、改善感、需求满足感水平越高。当前劳动力市场不同于计划经济时代。过去的计划经济时代中劳动者的生老病死、劳动权利，甚至衣食住行等均由单位“代言”，劳动者是典型的“单位人”。随着市场要素的深入渗透，“单位人”逐渐变成了彼此相互独立、有着自主选择权的自由择业的“社会人”。“社会人”的求职、择业、离职、换岗等一系列行为受到劳动力市场信息流动、交换的制约，因此劳动供需信息整合与获取就成为民生保障工作的基础和重要保证。

在本次调查研究中，在“劳务就业信息的获取便利度”这一指标上，7.0％的人选择“非常便捷”，4.7％的人选择“便捷”，12.1％的人选择“比较便捷”，31.3％的人选择“不太便捷”，32.8％的人选择“不便捷”，10.9％的人选择“查不到”；即有75％的居民反映获取就业劳务信息的难度大、渠道少。只有1.73％的访谈对象说在需要招聘信息时可以从社区居委会或村委会处查到，绝大多数居民表示需要从亲戚朋友处或互联网上获知招工信息。通过走访不同单位的人力资源管理部门及各地市的人社局发现，各用人单位在招聘时通常会按照实际工作需求和用人缺口发布劳务信息，而对于当下劳动力市场的人才结构并不了解，甚至会一味地盲目提高或者降低用人标准。机关事业单位与国企的员工普遍反映，其单位会有规律地定期进行人才招聘宣讲等活动，而其他类单位则无特定招聘规律。这种体制性分割造成了信息资源的区隔。劳动信息难以在一个较为宽广、透明、开放的平台上得以资源共享。劳动力市场供求缺口拉大，供需无法切实对接，其中主要的因素之一就是劳动力市场中雇主的用人需求信息与雇员的个人资

质、求职需求信息的不对称。劳动力供求信息难以对接，久而久之会产生劳动力市场的逆向选择现象，即真正适合某行业岗位的高级人才流失，而行业与岗位实际雇用员工的能力难以匹配岗位要求。这会导致用人单位在人资培训上额外投入更多的成本，而且有可能导致在某方面的业务发展迟滞。长此以往，会造成整个社会人力资源配置及劳动力市场价格的混乱，甚至会造成高等人才教育资源配置的不均。

建议政府适度增加对劳动力信息市场的资金投入，以进一步优化劳动力信息市场基础设施建设，实现对信息管理系统的高效维护。此外，可通过政府购买服务，或者由各地政府牵头引导劳务信息服务企业的合法运营，进行市场化运作，以促进劳动信息服务效率的提升。在各地市建立涵盖政府—社会组织—商业性就业与创业咨询、培训机构的、适合于各种学历层次的城乡求职者的多水平就业、创业服务体系。建议政府通过购买服务，以街道（乡镇）、县区、市分阶段进行全链条、专业化、标准化的招聘—求职—创业—人力资源培训等信息的整合，按时筛选有效信息。完善劳动就业信息服务种类，劳动就业信息不仅涉及劳动薪酬、劳动合同管理等劳动者权益保护方面的内容，还包括最新的劳动就业保障政策与法规等内容。同时，为劳务信息从业者搭建专业领域内的信息交流平台，如开发人才评价平台、人才资质报价系统等，并提供信息收录、信息分类、信息统计、信息中介、信息发布、信息纠错多个端口，以确保就业劳务信息的科学性和时效性。建立针对雇主与雇员的双向评价系统，避免虚假、陈旧劳务信息的渗入。劳务信息应由不同地市进行汇总、交流，打通地市、城乡间的劳务信息区隔。在政府部门的监督与参与下，社会组织及商业机构积极配合，提供覆盖城乡的公共就业信息服务，借助纸媒、广播电视、互联网云端、手机 App、公众号、社交平台等搭建媒体合成渠道，及时完成就业市场信息的收集和推送服务。积极为自主创业者提供项目开发、实践指导、融资服务、跟踪支持等服务项目，引导劳动者改变观念，扫除盲区，激发公众的劳动潜力。

（2）开辟终身职业教育路径，打造产教融合平台

《中共中央关于坚持和完善中国特色社会主义制度　推进国家治理体系和治理能力现代化若干重大问题的决定》中提出：健全公共就业服务和终身职业技能培训制度，完善重点群体就业支持体系。建立促进创业带动就业、多渠道灵活就

业机制，对就业困难人员实行托底帮扶。坚决防止和纠正就业歧视，营造公平就业制度环境。健全劳动关系协调机制，构建和谐劳动关系，促进广大劳动者实现体面劳动、全面发展。完善职业教育与职业技能培训体系，深化产教融合、促进校企合作。为达成这一目标，需要首先打破劳动技术培训在行业、就业单位间的区隔现象。各行业都要确立规范的职业操守与技术技能进修培训体系。而对于待就业、失业群体，地方政府、人社部门有责任定期组织调研，结合待就业群体实际需求与当地人才市场的供求缺口，及时为待就业居民提供劳务信息服务与有针对性的劳动技能培训。政府需要加强职业技能培训的资金补贴以及专门的师资投入，加速推进有关劳动、就业法律法规的通识教育；要进一步完善就业培训、职业资格培训、技能进修、转岗前的实习培训等专项培训体系建设。对于失业人员，可以结合学员表现，选拔优秀学员，以劳务定向输出的形式对其进行有针对性的激励。通过推进职业资格培训与认证，帮助劳动者树立职业发展目标，完善对普通劳动者的评价和激励机制，打通技能人才职业上升通道。

（三）人居环境福祉

1. 相关政策

“十三五”期间我国生态环境质量总体改善；生产方式和生活方式绿色、低碳水平上升；能源资源开发利用效率大幅提高，能源和水资源消耗、建设用地、碳排放总量得到有效控制，主要污染物排放总量大幅减少；主体功能区布局和生态安全屏障基本形成。2011 年，国务院办公厅印发《社区服务体系建设规划（2011—2015 年）》（以下称《规划》），面对城市棚户区改造、城乡接合部改造等难度逐年加大的现实，以合理配置社区服务设施、优化社区服务内容、壮大社区服务队伍和完善社区服务体制机制等为建设目标，指导社区服务体系建设，为提升居民居住质量提供重要保障。《规划》明确提出：所有以社区为对象的公共服务、便民服务、志愿服务均在社区综合服务设施中提供，强调资源整合、避免重复建设。这一要求强调了集中资源、共享互助的理念。同时，完善社区综合服务设施，逐步推动“开放式小区”建设，开源与节流并举，提高了资源使用效益及保障服务水平。

“十四五”规划中涉及住房保障与人居环境的内容包含：加强保障性住房建

设，大力发展住房租赁市场，完善长租房政策。深化户籍制度改革，实现农业转移人口按意愿在城市便捷落户。完善财政转移支付和城镇新增建设用地规模与农业转移人口市民化挂钩政策，强化基本公共服务保障，加快农业转移人口市民化。健全财政转移支付同农业转移人口市民化挂钩机制，建立城镇建设用地增加规模同吸纳农业转移人口落户数量挂钩机制。有序推进外来务工人员市民化，“城中村”和“城边村”原有居民市民化，以及其他农村地区人口就近就地转移就业后的市民化。健全城市公共服务体系，建设和完善立体交通网络，地下综合管廊，防洪防涝、市政公用设施，建设生态城市、海绵城市。深化住房制度改革，加强保障性安居工程和配套设施建设，加大棚户区、老旧小区和城乡危房、“城中村”改造力度。

2. 基于人居环境指标调查的福祉提升

人居环境指标作为客观福祉指标中的重要组成部分，在不同人口学特征的影响下，对于各项主观幸福体验均有稳定的预测解释效力。尤其对成长进步体验的预测解释力最大，能够有效预测解释个体成长进步体验的 11.7%的变异量。此外，人居环境指标能有效预测解释 9.9%的知足充裕体验变异量、7.5%的心理健康体验变异量、7.4%的身体健康体验变异量、7.2%的心态平衡体验变异量、5.8%的社会信心体验变异量、4.7%的自我接受体验变异量、3.6%的人际适应体验变异量、1%的目标价值体验变异量、1%的家庭氛围体验变异量。

公共空间配套的完备性、住房的灾害事故防范与治安是与人居环境资源享有的满意度与改善感关系最为密切的两大因素。政府部门应切实提高人居环境领域住房与社区公共设施两个次级维度资源的有效供给，打造整洁安全、有保障的居住空间，构建功能齐全、便利可及的社区公共设施与服务，以有效改善城乡居民对人居环境资源的获取与享有程度。这不仅有利于优化居民在居住领域的需求满足感和满意度等外指性评价水平，更有利于提升城乡居民的内指性主观幸福体验。现结合本书在人居环境指标上的调查结论，对福祉提升提出建议：

（1）居住安全风险及时评估机制

通过前文分析发现，居住环境的安全直接影响居民对人居环境的享有指标。

建议重点关注河渠、山坡、软基、采空区等危险地段的房屋建筑、房屋建筑的悬挑阳台、外窗、玻璃幕墙、外墙贴面砖等部位，严格按要求进行房屋安全评估，对于农村自建房更需加强检查监督。安全评估鉴定内容还包括公共部分的燃气、供电、给排水、供热等。

(2) 构建政企—府际协作共生的环保体系，提高居所周围环境卫生质量

前文分析发现，所有的人居环境基础指标中“住房周边环境卫生”与人居环境资源享有满意度、改善感、需求满足感的相关性最高。地方政府不仅要关注当地经济发展方向，还要把握区域生态环境治理，满足经济可持续发展与环境治理的二元需要，调动企业、社区、民众、社会组织共同协作、治理环境。确立共生者环境优化战略府际合作模式，强化政府与社会各界在环境保护上的协作分工，最大限度地调动全社会在法律规范框架内积极地、有序地参与环境保护活动。

(四) 文化福祉

1. 相关政策

“十三五”期间，我国继续面向城乡推行普惠性的基本公共教育制度，加快了义务教育均衡发展。同时继续加强基础公共文化设施建设方面的要求，进一步加大了对农村地区文化建设的帮扶。政府继续以群众需求为导向，进一步深化对公益性文化事业单位改革的推进，可采用购买服务方式，继续加强和完善公共文化场馆建设，创新公益性文化活动平台建设，推行个性定制化公共文化设施与服务。“十四五”规划中强调加快发展文化、旅游等服务业。推动文旅体育等消费提质扩容，加快线上线下融合发展。推动购物消费、居家生活、旅游休闲、交通出行等各类场景数字化，打造智慧共享、和睦共治的新型数字生活。优化城乡文化资源配置，推进城乡公共文化服务体系一体建设。创新实施文化惠民工程，提升基层综合性文化服务中心功能，广泛开展群众性文化活动。

2. 基于文化指标调查的福祉提升

在不同人口学特征的影响下，文化指标不仅对于城乡居民适应社会人际交往、产生充裕感、获得较积极的社会期待与自我评价有着稳定的预测力，还对身体健康体验有着稳定的显著预测解释力，能够有效预测解释 1.3%的身体健康体验变异量。

在公共信息传播效率与科学性提升、职业教育与劳动技能培训体系建设、公共文化产品种类扩容等方面，公共文化服务有待进一步完善。加强城乡居民的教育、

休闲两个次级维度资源的有效供给，不仅有利于丰富居民的精神世界，促使居民获取愉悦的身心体验，还有利于提升居民对文化资源的需求满足感、满意度、改善感等外指性评价水平，更有利于居民形成积极的社会期待与正面的自我认知。

现结合本书在文化指标上的调查结论，对福祉提升提出三点建议：

（1）通过“内容＋平台＋终端”信息传播体系应对学历教育资源时空分布不均

根据前文数据分析可知，城乡居民文化指标的最大差异来源即学历教育年限，农村居民在接受学历教育年限上显著低于城市居民。因此，政府应该加大对学历教育与其保障机制的资金、人力投入，尤其是欠发达地区的农村学历教育，以保证学历教育水平达到区域间的均衡。根据不同地区经济发展和教育发展的现状，提供水平均衡的硬件设施和师资队伍，促进义务教育资源的均等化。在居民学历教育的支出上，提高中央—地方的纵向财政转移与各区县间的横向财政转移支付能力，并规范转移支付标准与准入审核机制。政府应该更多地补贴社会弱势群体和贫困人口，尤其加大对贫困家庭子女和农民工家庭子女在基础教育阶段的补贴力度。应该着力落实义务教育专项扶持资金的及时到位，同时应完善教育经费使用状况的追踪监督与反馈机制，厘清省、市、县（区）在教育经费的审批、审计过程中的权责分工。

为了改善基础教育资源在时间、空间分布及配置上的不均衡现象，进一步促进基本公共教育资源与服务水平的提升，由各级政府牵头的“府际科技合作”模式可以通过创建数字化校园、教学共享平台、大数据联网系统等，及时完成教育资讯的集合、交流、反馈与管理，发挥网络电视、计算机互联网等传播媒介的优势，解决信息传播过程中的时空限制。这既有利于解决基础公共教育的普及问题，推动城乡一体化建设，又可以推动基本公共教育服务水平的均等化建设。

（2）多元主体合作以社区为单位打造微型文化圈，提高公共文化服务的包容性

研究发现，文化类基础指标中“文体活动频率”与文化资源享有的满意度、改善感、需求满足感有着最为显著的正相关关系。通过对从未观看过表演或者展览的居民进行访谈发现，有5%的居民表达没有兴趣去参观。将近95%的居民主诉：“博物馆啊、文化馆啊太远，或者都集中在省城，交通也不便，不愿太费周折地去。”面对这一现状，需通过府际合作整合各种文娱资源，在完善基层文化设施建设的基础上，对无序的、分散的、潜在的娱乐产品与服务进行整合和开

发。按照政府资助建设、鼓励社会捐助、居民自我管理的原则，推动社区文化设施建设，完善街道社区的文娱设施，积极引导并推广群众性广场文娱活动。完善影剧院、文化宫、社区康乐中心等文娱设施建设，形成“15 分钟文化圈”。在现有的公共设施和公共服务资源基础上，为困难群体（包括老年人、残障人士）提供日常出行、公园游览、参加文体娱乐活动方面的便利，提高大众文娱活动的包容性与文娱场所的承载力。

政府积极引导和鼓励社会力量通过兴办实体、提供资助等方式参与公共文化设施的全面打造与服务的切实提升。将社会力量有效引入公益性文化设施管理环节中，着力推动大型公共文化后勤服务的社会化进程。全面推进公共文化服务体系示范区的创建与维护、发展工作，引导支持社会力量参与到公共文化设施的建设中来，动员全社会力量共同推动文化事业繁荣发展。进一步完善县区、街道、居民区三级公共文化网络，探索建立公共文化数字化配送服务新机制。在图书馆、展览馆、博物馆等公共文化场所打造无障碍参观及互动模式，配备必要的便民设施（诸如放大镜、助听器、音频输入设备、有声阅读设备、语音转换设备等），建设全民性的无障碍文化场馆，提高公共文化服务的包容性。

（五）社会保障福祉

1. 相关政策

“十三五”期间，我国在社会保险制度方面覆盖面持续扩大，社保基金筹集、统筹共济水平显著提升，医保金结算便捷度大幅提高，三级医疗卫生体系与贫困患者分类核查救治体系建成；社保信息化管理服务方面，搭建省级统一健康保障服务平台，提升了社保行政审批效率。同时亦面临社保金筹资渠道少、基金利用率不高、支付方式与水平受限、灵活就业者参保率低、社保线上管理服务缺乏适老设计等现实挑战。“十四五”规划中强调多渠道活化社保基金筹支，提高社保制度衔接性、融合性与包容度，激发低收入人口内生发展动力，加快社保领域“放管服”质量变革。保障对象将逐步做到应保尽保，进一步扩大参保覆盖范围，重点是自媒体等新就业形态人员、未参保居民等群体。

2. 基于社会保障指标调查的福祉提升

在不同人口学特征的影响下，社会保障指标对城乡居民的成长进步体验有着稳定的、较大的预测解释力，能够有效预测解释 1.4%的成长进步体验变异量。

政府按照兜底线、织密网、建机制的要求，全面建成覆盖全民、城乡统筹、权责清晰、保障适度、可持续的多层次社会保障体系。切实保障全民参与社会保险，不仅有利于满足居民在社会保障体系中有效获取需求，提升居民对社会保险体系的认知度与满意度，更有利于提升城乡居民对生活及自我积极评价，促使居民产生较强的生活改善感与进步体验，从而提升主观幸福体验。

现结合本书在社会保障指标上的调查结论，对福祉提升提出三点建议：

（1）推进职工职业年金制构建，缩小不同行业职工间社保待遇差距

2017 年，山东省内机关事业单位养老保险制度改革如期实施，城镇居民和农村居民养老保险与医疗保险制度合并运行已达 4 年。目前我国的社会保险制度的改革目标是进一步消除基本社会保险的城乡区隔、地区分割和所有制差别；建立标准统一、全国联网的社会保障管理信息系统，方便参保职工、失业和退休人员异地择业、生活，强化保险的跨地域转续的便利性。

目前，我国的基本职工社会保险与其他基本社会保险险种参保人群在需求满足感与改善感等外指指标水平上存在显著差异。本书的数据分析表明：加入城镇职工医疗保险的群体在社会保障领域的改善感与需求满足感显著低于加入其他基本社会医疗保险险种的群体，加入城镇职工基本养老保险的群体在社会保障领域的改善感显著低于加入其他基本社会养老保险险种的群体。

山东省存在三种养老保险制度：机关事业单位养老保险、职工养老保险、城乡居民养老保险，其中前两个险种属于单位就业人员社会保险体系。碎片化的社会养老保险制度不仅加大了管理者的成本，还不利于民众对社会保障政策形成完整的认知评价与积极的参保行为，也不利于劳动力的自由流动和公平的市场竞争环境的形成。机关事业单位工资收入分配制度方案、机关事业单位养老保险制度则由国家部署、省人社部门推进建立实行。参与机关事业单位养老保险的居民收入较为稳定，基本工资标准、退休时间、养老保险的缴费年限等要素有着极强的确定性，大大增加了公共部门就业者对于退休后生活的安全感及社会养老保险政策的满意度。而城镇职工对社会养老保险政策满意度却偏低，其中一些原因可能要归结于城镇职工的构成和保险缴费的特点上。我国施行的是企业职工与雇用单位共同缴纳养老金，而机关事业单位职工在 2015 年之前是由国家支付公职人员

养老保障金的。这种不同性质单位职工养老金来源渠道的差异与体制间的隔阂直接导致不同性质单位的离退休职工老年生活保障的显著差异。这不仅不利于社会公平正义的维护，反而还容易引起不同就业单位劳动者的失衡心态，激化社会矛盾。

当前的社会保险体系发展需要以打通城乡职工与机关事业单位职工间的基本社会养老保险水平区隔为阶段性目标。我国的企事业单位的职工年金机制处在建立初期，存在区域、行业发展差异过大，供需不平衡的情况。建议建立职业年金制度。职业年金制度有助于企、事业单位吸纳优秀的人才，在保障基本养老保险制度全面落实的同时，鼓励年金制度的持续发展，且逐渐将机关事业单位与企业职工的养老保险水平衔接、合并。这更有利于缩小企业与机关事业单位员工间退休待遇的差距，促进社会公平正义。同时，合理的职业年金制度可以有效地制约劳动者的频繁流动。在缴费模式上，建议实施缴费确定性给付模式。该模式具有较大的灵活性，员工可以根据当前工作年限、实际收入，合理确定缴费比例与层次。对符合建立职业年金计划要求的单位或个人减免税负或给予延税的待遇，以提高企事业单位建立职业年金的承受能力。对于学校、医院、科研院所等各类公益事业单位，可以优先考虑实行差异化的职业年金出缴比例，以点带面地逐步积累职业年金制度实施的经验。将资金运用效率更大化，并尽可能减轻企事业单位负担，能够有效缓解社会养老保障金的供求不平衡现象，减轻政府负担的同时完善社会养老保障体系，并进一步消除不同性质单位员工间的养老保障水平的差异。

（2）逐步提升城乡居民社保统筹水平，继续提高“居民险”的包容性

目前，基本社会保险制度框架在全国范围内都逐步形成面向工资收入稳定的社会职工保险，以及更具普适性、不受劳资关系局限的城乡居民保险两大平行轨道。其中城乡居民保险参保门槛较低、包容度较高。研究发现，与城镇地区相比，农村地区的基本社会养老保险体系建设落实进度比较缓慢，出现了严重的“城乡二元化”现象。城镇与农村中未参与社会基本养老与医疗保险的居民数量比例差异显著。本书所抽取的样本中，城镇非单位就业人员有82.61%参加了城乡基本医疗保险，农村非单位就业人员有67.26%参加了城乡基本养老保险。根据人力资源和社会保障部的最新统计，在18—69岁城镇户籍人口中，有53%的

人参加了城镇养老保险，而农村户籍人口参加养老保险的比例仅为 5.6%。2004—2017 年，国家对农村部分计划生育家庭施行参保奖励扶助制度，明显提升了农村户籍人口参与基本社会养老与医疗保险的比例，但参保奖励扶助制度的覆盖面依然有限。

从经济状况来看，农民群体收入不够稳定，个人缴费不足以支撑庞大的社保资金系统，所以鼓励村民集体经济组织和社会力量对城乡居民的社会保险给予适应的补助，以提高居民的改善感和满意度。

此外，应及时进行典型宣传、榜样带动。具体做法上，财政拨付为农村社保建设和运行的主要支撑力量，建立城乡统筹型社会保障财政资金供给机制，是城市反哺农村、新型服务业与文化产业反哺传统农业的重要途径，有利于农村社会保障金账户的扩充。地方人社部门要严格贯彻“个人缴费为主、集体补助为辅、政府给予政策扶持”的原则，完善个人账户的长效积累机制。以老少边穷地区为切入点，逐步补充个人账户积累式养老金储量；发展完善农村低保制度，使其走向规范化。建议针对农村居民，尤其是基本养老保险与医疗保险覆盖严重不足的地区，增设多层次缴费档次，把农民工、个体私营企业员工及灵活就业人员、小微企业职工、非公有制单位职工、“三资”企业职工尽快纳入城镇社会保障体系的目标群体中，将养老保险缴费年限设定多个档期，以便缓解农民工、小微企业职工、个体户和灵活就业人员的参保压力。

政府在号召民众参与社会保险的过程中，需由笼统式宣传转为分阶段的精准式引导，提高农村居民对社会基本养老与医疗保险的认知程度。政府需适度提供参保缴费补贴，重点鼓励符合参保条件、存在一定程度缴费困难的城镇居民优先参与较低缴费档次的基本社会医疗与养老保险。基层政府对居民适度给予参保缴费补贴，缓解居民参保缴费的困难感，能够有效促进居民对社会养老保险产生积极评价，促进居民积极参与社会养老保险和社保金的有序征缴。

(3) 优化社保办理智能化服务，推动线上线下服务深度融合

党的十九大报告作出“建立全国统一的社会保险公共服务平台”部署。截至 2020 年 9 月底，国家社会保险公共服务平台可提供个人权益记录查询、社保待遇资格认证、社保关系转移接续、养老保险待遇测算、失业保险金申领等 9 类 27 项服务功能。平台开通了门户网站、“掌上 12333”手机 App 等服务渠道，并通

过电子社保卡集成，借助第三方可信渠道提供服务。上线以来，平台功能不断优化完善，总访问量累计超过5亿次，包括农民工在内的各类参保群体可以更加便捷地享受到跨地区、全国性的社会保险公共服务。

按照《人力资源和社会保障部关于建立全国统一的社会保险公共服务平台的指导意见》要求，通过建立健全组织架构体系、技术支撑体系、标准规范体系、协同管理体系、风险防控体系和全面推进社会保障卡发行应用，整合资源，创新服务模式，优化业务流程，推动线上线下服务深度融合，不断增强广大参保群众获得感和幸福感。加快实现养老保险关系转移接续的网上办理和顺畅衔接。继续完善全国转移平台建设和应用，推动养老保险关系转移业务全面通过系统办理，进一步提升转移网上申请审核率。优化转移接续经办流程，压缩业务办理时间，精简有关证明材料和表单，减轻参保群众的办事负担。开展养老保险关系转移接续系列宣传，引导参保群众了解相关政策和办事流程，推广转移网上申请等便民新举措。深化“放管服”改革，优化社保缴费业务流程，扩大“非接触式”服务范围，全面实现企业缴社保费基本能网上办理，督促个人缴费“掌上通办”的全面落实。减少居民办理社保转移接续的时间、人力成本，充分保障老年人、重度残疾人等特殊人群缴费顺畅便捷。加强社保费征收情况监测分析，发现问题及时处理。强化监督检查，对违规行为依规依纪严肃问责。

（六）社会网络参与福祉

1. 相关政策

国家“十三五”期间继续完善基层民主制度，畅通民主渠道，健全基层选举、议事、述职、问责等机制。开展了形式多样的基层民主协商，推进基层协商制度化。强调持续着力发展社会组织的建构与督导，深化社会组织登记管理制度改革，落实税收优惠政策。采取降低申请准入门槛、加强社会组织分类分层业务指导等办法，大力培育发展基层的社区社会组织，支持其承接基层基本公共服务和政府委托事项。“十四五”期间，强调继续健全和完善基层社会治理体系，推进社会治理机制创新。深入推进物业管理与社区治理融合发展，创新完善基层民主自治机制，健全完善党支部、居委会、业委会、物业服务企业、楼门长、综合服务站“六位一体”的城市社区组织体系和党支部、村委会、监委会、服务站、合作社“五位一体”的农村社区组织体系，到2025年社区居民委员会下设物业管理委员会实现全覆盖。完善基层民主协商制度，深入推进基层减负增效，规范社区（村）准入事项。

2. 基于社会网络参与指标调查的福祉提升

在实地调研过程中，对未加入公益性组织或者最近一年未参加社会福利活动的部分调查对象进行了典型个案访谈，发现规范的社会公益组织数量还较少，很多居民反映不知道本地有哪些公益组织或者不知道去哪里查看这些组织的加入方式。一些小区内自发形成的“类社会组织”无法及时获得合法性的身份。在潍坊、临沂和烟台的样本区县中，社会组织呈现整体数量少、规模小、活动内容比较单一（在典型个案访谈中发现样本区县中社会组织集中于老年人互助生活团体、残疾人帮扶救助组织两大类别）的特点。

研究发现，密度高（成员联系密切）、同质性高（成员社会阶层与个性等趋同）的网络更有利于居民保持精神与生理健康。[①] 本书在山东省城乡居民这个调查范畴中再次印证了个体参与社会网络的质量与其身心健康水平呈正相关。

在不同人口学特征的影响下，社会网络参与作为客观福祉指标中的重要组成部分，对于部分主观幸福体验均有稳定的预测解释效力。其中，对社会信心体验的预测解释力最大，能够有效预测解释个体社会信心体验的2.3%的变异量。此外，社会网络参与还能有效预测解释2.1%的心态平衡体验变异量，2.1%的成长进步体验变异量，1.3%的知足充裕体验变异量，1.1%的自我接受体验变异量。

政府应牵头推动社会治理重心下移，强化社会组织的能动性，积极促进政府、社会、居民间持续的、良性的互动。切实扩大社会网络方面的民主政治决策参与与人际交往两个次级维度的资源供给，以有效打通、扩展城乡居民参与民主政治决策的渠道，构建具有活力的社会人际交往网络平台。这不仅有利于优化居民在社会网络参与方面的需求满足感和满意度等外指性评价，更有利于提升城乡居民对社会发展的期待，促使城乡居民在社会交往活动中获得心理平衡感、自我提升与改善感，优化自我接受与认知度等内指性主观幸福体验。

---

① 边燕杰. 关系社会学理论与研究［M］. 北京：社会科学文献出版社，2011：390-400.

结合本书在社会网络参与指标上的调查结论，对福祉提升提出四点建议：

（1）政府完善“互联网+”的治理体系，切实保障民众对政策制度与行政环节的知情权，为民众完善利益诉求表达机制

研究发现，基础指标中“话语权的行使”与社会网络资源享有的满意度、改善感、需求满足感有着最为显著的正相关关系。居民越能够自由行使自己的话语权，其社会网络资源享有的满意度、改善感、需求满足感水平就越高。

充分发挥“互联网+”综合治理体系在基本公共服务中的优势作用，切实保障民众对政策制度与行政环节的知情权，借助新媒体，进一步完善政府信息公开与信访制度，建立畅通的利益诉求表达渠道，全面激发城乡居民的基层民主政治参与的积极性。完善民主监督制度，不断拓展民众的监督渠道，搭建广阔的公民参政议政的平台。只有从制度上保障公众的政治参与权、知情权和监督权，才能保障不同利益群体在不同方面的诉求得到充分表达。

（2）各级公共管理部门应在治理各环节中集思广益，利用网络问政等互动平台，调动青年群体积极参与基层民主决策

居民的政治参与可以提升公共决策的科学性，同时可以健全社会民主法治建设，构造健康和谐的社会关系网络，对社会政治文明水平的提高有着重要作用。调查发现，39岁以下的群体中，参与基层民主决策的居民比例显著低于其他年龄段的居民。

为引导中青年群体积极、广泛地参与到民主政治决策中来，各级公共管理部门应在治理各环节集思广益，利用网络问政互动平台、微博、微信公众号等新兴媒介，积极调动、引导中青年城乡居民合法参与民主决策。政府需通过网络平台建立民众参与的预告机制和动议机制，在决策试行与政策方案实施过程中借助新媒介及时收集反馈的舆情信息，以提高决策部门对决策效果判断的准确性，从而最大限度地营造社会民主政治文化氛围，增强居民的政治认同感、社会归属感和社会凝聚力，进而保障民主政治参与有序、平稳地发展，形成良性循环。

（3）民政部门加大力度建设农村社区组织，为社会组织的建立营造健康规范、自由宽松的环境

研究发现，社会组织参与这一指标得分越高，社会网络资源享有的满意度、改善感、需求满足感水平越高。培育多元化发展、主题多样的社区组织，对加强

社区治理体系建设，推动社会治理重心向基层下移，打造共建、共治、共享的社会治理格局具有重要作用。笔者发现：城镇居民在非政府组织参与度上显著高于农村居民。2018 年，《民政部关于大力培育发展社区社会组织的意见》提出，到 2020 年要实现城市社区平均拥有不少于 10 个社区社会组织，农村社区平均拥有不少于 5 个社区社会组织的目标。面对迫切的现实需求与明确的政策导向，建议相关部门简化社会组织的审批手续，逐步完善社会组织的直接登记与备案的机制，并在税收、用地、融资等方面给予其一定的优惠，为社会组织的建立积极营造健康、宽松的环境。

通过政府购买服务、民政部门彩票公益金、建立社区社会组织综合服务平台、探索设立孵化培育资金、建设孵化基地等多种举措，着力解决农村社区社会组织在活动资金、组织协调、活动场地等方面的实际需求和困难。政府可引导建立公益创投项目，以确保社会组织的资金支持。严格落实公益性社会组织与社会福利活动的公示制度，完善服务网络，规范社会捐助活动的登记与物资去向追踪，并将相关信息及时公示。

政府应该为社会组织的发展提供合理的引导，完善社会公益服务的有效供给机制。建议以区、县为单位设立社会组织联合会。在街区制基层管理体制下，政府牵头，以社会组织为载体，采取合作策略，嵌入到现有体制内，以社区为本，集中引导、监督社会组织开展规范化的服务。应明确基层社会组织间的合理分工，赋予基层社会组织以适度的话语权，并由区、县社会组织联合会充当枢纽关节，实现社会组织服务的分级、分区管理。

（4）民政部门与人社部门多措并举，着力完善以民生服务为内容的社会组织规范化建设

通过对社会组织参与者的个案访谈发现，山东省内现有的社会组织存在数量少、规模小、活动内容单一的特点。针对这个困境，民政部门在对社会组织的审批管理过程中应进一步扩展社会组织的服务对象，丰富社会组织的工作内容，加快发展生活服务类、公益救助慈善类和居民互助类社区社会组织。除了继续加强培育服务对象为老年人、妇女、儿童、残疾人、失业人员、以日常生活帮扶为主要内容的社区社会组织外，还需要重点培育针对农村留守居民、农民工的社会组织，而且这类社会组织要广泛提供劳动就业、创业、城市生活融入等相关咨询、

培训服务。鼓励其在城镇化进程中发挥社会组织的作用，提高农村居民参与社会组织的积极性。

街区制基层管理单位有必要通过电话热线、网络监督、信箱等多种渠道整合日常管理信息资源，通过打通民众信息互通渠道，提高社会组织对民众的聚合吸引力。人社部门有必要规范社会工作人才的培养方式，推动专业社会工作者与社区社会组织联动协作机制建设，强化社区社会组织项目开发能力，进一步促进社区社会组织品牌建设与组织能力提升。建立健全社会组织职业规范和从业标准，完善社会工作者的选拔、聘用、激励机制，形成专业的社会工作者的“传帮带”模式，拉开人才梯队，为社会组织的有效运营和可持续发展提供强大的人力资源保障。这有利于激发社会组织的活力，促进民众积极参与社会组织活动。

综上，在推进居住、文化、就业、社会保障、健康、安全与社会治理等领域的民生事业健康发展的过程中，只有及时掌握民众对社会资源实际享有状况及评价、重视社会成员主体诉求，才能抓住最直接、最现实、民众最关心的问题，才能实现全民共享共建社会的长足发展。主、客观福祉评价体系设计有着坚实的政策根基，且对调整民生政策有着重要价值。建议以居民福祉评价为导向，有针对性地向福祉薄弱环节增强社会资源配置；以城乡居民主、客观福祉评价结果为依据，调控资源配置，有针对性地弥补福祉短板。

附　录

附录 1

调查问卷（部分举例）[①]

城乡居民生活状况问卷项目举例

（指标体系实证构建阶段）

一、健康

2. 用最快捷的方式从您常住居所到最近健身场所的时间是________分钟。

（说明："最快捷的方式"指您平常使用交通工具中最快捷的方式，不是所有可能的交通工具中的最快捷方式；如没有汽车，就不能以汽车的速度和道路交通状况来计算到达的时间）

3. 用最快捷的方式从您常住居所到最近医疗点的时间是________分钟。

（说明："最快捷的方式"指您日常使用交通工具中的最快捷方式，不是所有可能的交通工具中的最快捷方式；如常住居所没有汽车，就不能以汽车的速度和道路交通状况来计算到达的时间。"医疗点"是指有医疗卫生人员和一定医疗设施的全科医疗卫生场所，如综合医院、乡镇卫生院、社区医院、村卫生室、私人诊所，但不包括牙科诊所之类的专科医院及在药店里附带开设的医疗点）

二、劳动

18. 目前您平均每日劳动时长________小时。

（有职业者填写您在非休息日中的平均日工作时长，无职业者填写平均每日的劳动时长）

---

① 如需问卷完整版，可联系笔者进行交流。牛千，niuqian121@sina.com。

20. 用最快捷的方式从您常住居所到劳动地点的时间是________分钟。

（说明："最快捷的方式"指您日常使用交通工具中的最快捷方式，不是所有可能的交通工具中的最快捷方式；如常住居所没有汽车，就不能以汽车的速度和道路交通状况来计算到达的时间）

三、文化

51. 您闲暇时间常关注的信息有（可多选）：

A. 科普类　B. 历史类　C. 时政类　D. 文艺类　E. 民生服务类

F. 其他________________

当前城乡居民生活状况正式调查问卷（部分）

朋友，您好！

为了解当前城乡居民生活状况、促进各级政府有效开展为民服务工作，现组织问卷调查。您的回答对决策层有重要意义，请根据个人想法与实际生活逐题作答，在符合您情况的选项处打"√"，答案无对错之分。您个人信息不会被泄露。为给您带来不便致歉，感谢配合！

一、基本情况

1. 居住地：A. 农村　B. 城镇

2. 出生年份（请填答）：________年

二、健康

1. 您每天专门用于健身的时间大约是________分钟。

5. 您获取健康知识或医疗常识时感到：

A. 非常便捷　B. 便捷　C. 比较便捷　D. 不太便捷　E. 不便捷

F. 查不到

13. 您对个人的健康状况：

A. 非常满意　B. 满意　C. 比较满意　D. 比较不满意　E. 不满意

F. 非常不满意

三、劳动

18. 您近一月收入大约________元（包括工资及除工资外的其他收入）。

21. 您劳动场所是否配备以下资源：

（1）自来水　　A. 是　　B. 否

（2）温度调节装置（如暖气、风扇、空调等）　　A. 是　　B. 否

（3）卫生厕所　　A. 是　　B. 否

（4）通信网络　　A. 是　　B. 否

四、人居环境

31. 您住房的建筑面积________（平方米）。

（“建筑面积”指的是房屋的外围水平面积，含阳台、走廊、室外楼梯等）

44. 您的住房近一月中停电________次。

五、文化

50. 您观看或参与文体活动（如参观文化馆、博物馆、展览，观看电影、运动会、文艺表演，听讲座）的频率（　）

A. 完全不观看、不参与　　B. 几年 1 次　　C. 1 年 1 次　　D. 1 年几次

E. 约每月 1 次　　F. 每周 1 次及以上

51. 您近一月每天除吃饭、睡觉等必要起居活动与劳动时间外，休闲时间约为________时/天。

六、社会保障

63. 您是否参与了医疗保险

（1）城乡居民基本医疗保险：A. 是　　B. 否

（2）城镇职工基本医疗保险：A. 是　　B. 否

（3）公费医疗：A. 是　　B. 否

（4）商业性医疗保险　　A. 是　　B. 否

69. 您最近一年内医疗费用总开销________元，其中自付医疗费用为________元。

七、社会网络参与

73. 最近一年内您是否行使话语权，如参与听证会、向有关部门申诉、向媒体反映或信访等？

A. 是　　B. 否

74. 您是否加入过非政府组织，如志愿性公益组织等？

A. 是　　B. 否

八、生活感受

以下问题涉及您在生活中所遇到的一些情况、您的一些做法或看法。请仔细阅读每道题项，并根据自己的第一感觉尽快作出回答。每道题项都有从“很不同意”到“非常同意”六个等级的答案，请在最符合您情况的选项下打“√”。

1. 社会给居民提供的出路会越来越多。

①很不同意　②不同意　③有点不同意　④有点同意　⑤同意　⑥非常同意

2. 随着年龄增长，我从生活中悟出了许多道理，这使我变得更坚强、更有能力。

①很不同意　②不同意　③有点不同意　④有点同意　⑤同意　⑥非常同意

附录 2

指标体系实证构建中的变量说明

A：健康

比如：A1 健身时间、A2 到健身地时间、A3 到医疗点时间、A4 体检频率、A5 查阅健康记录方便、A6 查阅健康知识方便度、A7 吸烟量、A8 饮酒量、A9 三餐营养均衡、A10 作息规律、A11 自付医药费、A12 生活自理能力、A13 服药频率、A14 健康资源享有的满意度、A15 感受到医疗改革、A16 健康需求得到满足。

B：劳动

比如：B17 月均收入、B18 工作日平均劳动时间、B19 休息时间、B20 到劳动场所交通时间、B21a 劳动自来水、B21b 劳动用电、B21c 劳动温度调节装置（如暖气、风扇、空调等）、B21d 劳动卫生厕所、B21e 劳动通信网络、B21f 劳动采光、B21g 劳动消防设施、B21h 劳动通风、B25 劳动就业信息数量、B26 培训时长、B27 日常从事家务、B28 劳动资源享有的满意度、B29 劳动资源改善、B30 劳动需求满足。

C：人居环境

比如：C31 住房面积、C32a 住房自来水、C32b 住房用电、C32c 温度调节装置（如暖气、风扇、空调等）、C32d 住房煤气天然气、C32e 住房卫生厕所、C32f 住房通信网络、C32g 住房通风、C32h 住房采光、C32i 住房消防设施、C36 周围自然环境、C37 空气污染、C38 噪声污染、C39 生活用水清洁、C40 工业垃圾、C41 生活垃圾、C42 绿地充足、C43 灾害事故、C44 居住环境资源享有的满意度、C45 居住环境得到了改善、C46 环境需求得到满足。

D：文化

比如：D47 受教育年限、D48 教育年支出、D49 经常参加文体活动、D50 每天自由可支配时间、D51a 科普片、D51b 历史片、D51c 时政类、D51d 文艺类、D51e 民生服务类、D52 去年外出旅游时间、D53 文化休闲资源享有的满意度、D54 文化休闲资源不断改善、D55 文化休闲需求得到满足。

E：社会保障

比如：E56a 城乡居民基本医疗保险、E56b 城镇职工基本医疗保险、E56c 公费医疗、E56d 城乡居民养老保险、E56e 城镇职工基本养老保险、E56f 机关事业单位或企业的职业年金、E56g 失业保险、E56h 职业年金、E56I 生育保险、E56j 住房公积金、E62 社会保障资源享有的满意度、E63 社会保障改革带来了好处、E64 社会保障需求得到满足。

F：社会网络参与

比如：F65 是否行使话语权、F66 是否加入非政府组织、F67 是否参加投票、F68 家人互动频率、F69 邻里互动频率、F70 朋友互动频率、F71 参与社会福利活动次数、F72 社会网络资源享有的满意度、F73 社会网络得到了改善、F74 社会网络需求满足。

附录3

指标体系正式应用中的变量说明

一、人口学特征

分类	内容
人口学特征 1	地市
人口学特征 2	居住地
人口学特征 3	年龄
人口学特征 4	性别
人口学特征 5	就业情况
人口学特征 6	婚姻状况
人口学特征 7	子女数
人口学特征 8	受教育程度
人口学特征 9	住宅地类型
人口学特征 10	住宅地、其他（调查对象自填）
人口学特征 11	近一月个人生活开支
人口学特征 12	月收入
人口学特征 13	家庭人口数量

二、基础指标

指标	内容	指标	内容
A	健康	D	文化
B	劳动	E	社会保障
C	人居环境	F	社会网络参与

续表

指标	内容	指标	内容
A1	健身时间	B22	劳动采光
A2	到健身地时间	B23	劳动消防设施
A3	体检频率	B24	劳动空气流通
A4	查阅健康记录方便	B25	劳动就业信息数量
A5	查阅健康知识方便度	B26	劳动培训次数
A6	吸烟量	B27	劳动场所停电次数
A7	三餐营养均衡	B28	劳动资源享有的满意度
A8	作息规律	B29	劳动状况改善
A9	自付医药费	B30	劳动需求满足
A10	生活自理能力	C31	住房面积
A11	服药频率	C32a	住房自来水
A12	连续卧床天数	C32b	温度调节装置（如暖气、风扇、空调等）
A13	因病耽误劳动的天数	C32c	住房煤气天然气
A14	入睡情况	C32d	住房卫生厕所
A15	健康资源享有的满意度	C32e	住房通信网络
A16	感受到医疗改革	C33	住房空气流通
A17	健康得到满足	C34	住房采光
B18	月均收入	C35	住房消防设施
B19	休假数量	C36	住房周边环境卫生
B20	到劳动场所交通便捷度	C37	住房空气污染
B21a	劳动自来水	C38	住房噪声污染
B21b	劳动温度调节装置（如暖气、风扇、空调等）	C39	住房生活用水清洁
B21c	劳动卫生厕所	C40	工业垃圾
B21d	劳动通信网络	C41	生活垃圾

续表

指标	内容	指标	内容
C42	绿地充足	D57	住房接收电视信号
C43	灾害事故	D58	住房接收广播信号
C44	住房停电次数	D59	阅读报刊手机媒体读物时间
C45	居住环境资源享有的满意度	D60	文化资源享有满意度
C46	居住环境得到了改善	D61	文化休闲资源改善
C47	居住环境需求得到满足	D62	文化休闲需求得到满足
D48	受教育年限	E63a	城乡居民基本医疗保险
D49	文化类产品支出	E63b	城镇职工基本医疗保险
D50	经常参加文体活动	E63c	公费医疗
D51	休闲时间	E63d	商业性医疗保险
D52a	新闻类	E64a	城乡居民基本养老保险
D52b	财经类	E64b	城镇职工基本养老保险
D52c	综艺类	E64c	机关事业单位或企业职业年金
D52d	体育类	E64d	商业性养老保险
D52e	影视类	E65	失业保险
D52f	军事类	E66	工伤保险
D52g	农业类	E67	生育保险
D52h	科学与教育类	E68	住房公积金
D52i	社会与法制类	E69a	医疗费用总开销
D52j	音乐与戏曲类	E69b	自付医疗费用
D52k	服务类	E70	社会保障资源享有的满意度
D53	省内短途游次数	E71	社会保障改善
D54	出省游次数	E72	社会保障需求得到满足
D55	出境游次数	F73	是否行使话语权
D56	旅游消费	F74	是否加入非政府组织

续表

指标	内容	指标	内容
F75	是否参加投票	G3	生活目标给我鼓励
F76	家人互动频率	G4	我只是在混日子
F77	邻里互动频率	G5	不清楚自己一生的意义
F78	朋友互动频率	G6	身体某些部位特别不舒服
F79	参与社会福利活动次数	G7	与周围人相比我很知足
F80	社会网络参与资源享有的满意度	G8	对家庭收入满意
F81	社会网络参与得到改善	G9	常因小事而烦恼
F82	社会网络需求满足	G10	常为健康而苦恼
B21	加总后的劳动基本配套种类数量	G11	很难与他人建立友谊
C31	计算后的人均住房面积	G12	我比较喜欢自己的个性
C32	加总后的基本住房配套种类数量	G13	我感到似乎大多数人都比我朋友多
D49	计算后的文化类产品支出占月支出比例	G14	和家人在一起我感到特别愉快
E63	加总后的医疗保险种数	G15	我运气比别人差
E64	加总后的养老保险种数	G16	我对社会发展感到很有信心
D52	加总后的信息广泛度指标	G17	与周围人相比我感到自己挺吃亏
E69	计算后的自付医药费占总医药开销比例	G18	碰到不开心的事情时很长时间我都打不起精神
G1	社会给居民提供的出路越来越多	G19	这些年自己的看法越来越成熟
G2	道理使我坚强、有能力	G20	很难与家人沟通

附录 4

指标体系正式应用中的多阶分层抽样过程

一、样本总量预估

由于调查的结果主要是估计各种比例数据以及比例数据之间的比较，所以在设定样本总量时，需考虑验证性因子分析、计算因子载荷与拟合度等参数，并在调查样本量的确定上以估计简单随机抽样的总体比例 P 时的样本量为基础。在 95％的置信度下按抽样绝对误差不超过 3％的要求进行计算，需要计划抽取样本量：

$$n_0 = \frac{u_\alpha^2 p(1-p)}{d^2} = 1067$$

这里 d 为抽样绝对误差，取 0.03，u_α 在置信度为 0.95 时为 1.96，p（1－p）最大取 0.25。由于采用多阶段的复杂抽样，设计效应 $deff$ 一般会在 2 和 2.5 之间，把 $deff$ 定为 2，这样需要的有效样本量至少达到 2000 以上。

二、第一阶段：以地市为抽样单位

按分层抽样（类型抽样）原则，基于调研前能够查到的最新统计数据，以山东省地级市以上城市（17 地市，莱芜后并入济南）为第一阶段抽样单位。根据国家统计局 2016 年公布的山东省城市人均 GDP、《山东统计年鉴》（2015 年）中公布的 17 地市人均 GDP、2016 年山东省内 17 地市城镇化率、全国第 6 次人口普查数据、山东省住建厅《山东省城镇体系规划（2011—2030 年）》（具体参见表 1 至表 5），计划在第一阶段抽取济南（经济发达、副省级、强省省会、Ⅰ型大城市，于 2016 年 12 月被国务院列为第三批国家新型城镇化综合试点地区、山东半岛城市群核心城市），青岛（计划单列市、Ⅰ型大城市、副省级城市、国务院批复的国家沿海重要的中心城市），东营（2020 年山东省城镇体系Ⅱ型城镇规模大城市），烟台（2020 年山东省城镇体系Ⅱ型城镇规模大城市），潍坊（2020 年山东省城镇体系Ⅱ型城镇规模大城市），聊城（2020年山东省城镇体系Ⅱ型城镇规模大城市），枣庄（2020年山东省城镇体系Ⅱ型城镇规模大城市），临沂（2020年山东省城镇体系Ⅱ型城镇规模大城市）8个地市。

表1　山东省2015年人均GDP排名

	地区GDP（亿元）	排名	2015年年末常住人口（万人）	人均GDP（元）	排名
全省	63002.33	—	9821.73	64145.86	—
东营市	3450.64	8	190.62	181022.17	1
青岛市	9300.07	1	783.09	118761.22	2
威海市	3001.57	10	254.75	117824.14	3
烟台市	6446.08	2	653.28	98672.54	4
济南市	6100.23	3	625.73	97489.84	5
淄博市	4130.24	5	429.60	96141.53	6
滨州市	2355.33	14	389.07	60537.43	7
潍坊市	5170.53	4	893.71	57854.67	8
日照市	1670.80	16	295.95	56455.48	9
泰安市	3158.39	9	565.71	55830.55	10
莱芜市	665.83	17	128.32	51888.25	11
枣庄市	2031.00	15	407.77	49807.56	12
德州市	2750.94	11	587.27	46842.85	13
济宁市	4013.12	6	867.44	46264.00	14
聊城市	2663.62	12	622.34	42800.10	15
临沂市	3763.17	7	1124.04	33478.97	16
菏泽市	2400.96	13	1003.06	23936.35	17

数据来源：《山东统计年鉴（2016）》，莱芜后并入济南，下同。

表 2 山东省 2019 年人均 GDP 排名

	地区 GDP（亿元）	排名	2019 年年末常住人口（万人）	人均 GDP（元）	排名
全省	71067.53	—	10147.72	70653	—
东营市	2916.19	11	197.65	134022	1
青岛市	11741.31	1	829.94	124282	2
烟台市	7653.45	3	653.45	107343	3
济南市	9443.37	2	796.74	106416	4
威海市	2963.73	10	257.01	104615	5
淄博市	3642.42	7	434.55	77510	6
日照市	1949.38	15	308.45	66313	7
滨州市	2457.19	13	397.97	62639	8
潍坊市	5688.50	4	918.11	60760	9
济宁市	4370.17	6	893.66	52331	10
德州市	3022.27	9	598.61	52295	11
泰安市	2663.59	12	573.33	47248	12
临沂市	4600.25	5	1190.05	43213	13
枣庄市	1693.91	16	424.64	43100	14
菏泽市	3409.98	8	1026.53	38867	15
聊城市	2259.82	14	647.03	37129	16

数据来源：《山东统计年鉴（2020）》。

表 3 山东省 17 地市城镇化率排名（2015 年）

	城镇人口（万人）	农村人口（万人）	城镇化率	排序
全省	5613.87	4233.29	57.01%	—
青岛市	636.66	273.04	69.99%	1
济南市	484.69	228.51	67.96%	2
淄博市	312.22	151.98	67.26%	3
东营市	138.29	72.77	65.52%	4
威海市	177.20	103.33	63.16%	5
烟台市	423.31	278.10	60.35%	6

续表

	城镇人口（万人）	农村人口（万人）	城镇化率	排序
莱芜市	79.53	55.63	58.84%	7
泰安市	319.47	240.61	57.04%	8
潍坊市	517.63	410.09	55.80%	9
日照市	157.85	130.15	54.81%	10
滨州市	210.79	175.11	54.62%	11
临沂市	554.97	476.19	53.82%	12
枣庄市	207.33	180.47	53.46%	13
济宁市	437.82	392.10	52.75%	14
德州市	297.04	277.19	51.73%	15
聊城市	275.54	321.52	46.15%	16
菏泽市	383.58	466.45	45.13%	17

数据来源：《山东统计年鉴（2016）》。

表 4　山东省城镇化率排名（2019 年）

	城镇人口（万人）	农村人口（万人）	城镇化率	排名
全省	6194.19	3876.02	61.51%	—
青岛市	704.13	245.85	74.12%	1
淄博市	338.36	131.32	72.04%	2
济南市	634.39	256.48	71.21%	3
东营市	150.93	67.04	69.24%	4
威海市	194.89	88.71	68.72%	5
烟台市	466.97	246.83	65.42%	6
潍坊市	581.48	353.67	62.18%	7
泰安市	349.44	214.06	62.01%	8
日照市	179.89	115.01	61.00%	9
济宁市	498.78	336.82	59.69%	10
枣庄市	232.83	160.47	59.20%	11
滨州市	228.45	163.85	58.23%	12

续表

	城镇人口（万人）	农村人口（万人）	城镇化率	排名
德州市	304.84	270.01	53.03%	13
临沂市	562.69	504.02	52.75%	14
聊城市	321.50	288.33	52.72%	15
菏泽市	444.62	433.55	50.63%	16

表 5　山东省各地区农业户口、非农业户口人口数

	农业户口人口（人）	非农业户口人口（人）	非农业户口人口占总人口比重（%）	排序
总计	72727850	22250274	23.43	—
济南市	4131264	2655018	39.12	1
东营市	1240623	779744	38.59	2
青岛市	5597181	3083834	35.52	3
威海市	1828741	970852	34.68	4
淄博市	2948731	1561820	34.63	5
莱芜市	889244	405686	31.33	6
烟台市	5065880	1884621	27.11	7
枣庄市	2707791	945865	25.89	8
泰安市	4120496	1353946	24.73	9
潍坊市	7199296	1811924	20.11	10
济宁市	6379382	1582756	19.88	11
聊城市	4678408	1019082	17.89	12
日照市	2269006	492754	17.84	13
德州市	4547772	982000	17.76	14
滨州市	3139125	585447	15.72	15
临沂市	8681073	1233392	12.44	16
菏泽市	7303837	901533	10.99	17

三、第二阶段：以区县为抽样单位

依据分层抽样（类型抽样）的原则，根据2010年第6次人口普查与2015年度山东省人口统计中各区县的人口规模分布，山东省住建厅《山东省城镇体系规划（2011—2030）》、山东省发展委员会2017年3月公布的山东省各区县人均GDP规模以及各地市、区县政府网中的区县经济发展、人文环境与规划建设概况及定位，计划抽取济南市的历下区①以及青岛的市南区②，并在每个地级市中另选取典型辖区与县（或县级市）各1个，即潍坊的高密、寿光，烟台的牟平、莱州，济南的商河、章丘，青岛的莱西、黄岛，枣庄的市中区、滕州，聊城的东昌府区、东阿，东营的河口、广饶，临沂的开发区、蒙阴，以保证样本覆盖城市辖区及县城（含建制市）、镇、村中的居民。为拉开区县间的梯度，所抽取的辖区包含老城区、新区、省级及国家级开发区、县改区、城镇化规模不同的大、中、小辖区等不同类别；而县则包含省级贫困县、县级市，城镇化规模、人口规模不同的大、中、小县等不同类别。

分层抽样的一个原则就是根据总体中各类型水平的分布，按比例抽样以更好地代表总体（本书中为山东省），按照不同人口规模的县区在山东省内人口数量上的占比进一步进行样本量的配额，抽样比例的主要依据是人口规模。将人口规模进行水平划分发现，20万—40万人口的区县的人口占省人口总量约8.45%。开展问卷调查时，山东省样本在20万—40万人口数量级的县区有2个，分别是河口区（省级开发区、胜利油田工作区）和东阿县（2020年山东省城镇体系Ⅱ型城镇规模），计划2区县有效样本需达120以上。41万—60万人口的区县人口占省人口总量约22.77%。样本在41万—60万人口数量级的县区有7个，分别是蒙阴县（省财政贫困县、2020年山东省城镇体系Ⅰ型城镇规模），牟平区（1994年撤县划区，牟平经济开发区是省政府1992年批准的省级开发区），广饶

① 济南历下区：财政收入全省位居第三，城镇化率为济南市第一，人均GDP在15万元以上，省内位居前列，定位为全市区域性乃至全省的金融中心、经济中心，既包含老城区又含新区，包含中央商务区（CBD）、泉城文化印象区（RBD）、山大路信息科技商务区（CID）、济南文化创意产业区、长岭山科技研发集聚区。

② 青岛市南区：财政收入全省第六、城镇化率为青岛市第一，人均GDP达17万元以上，省内位居第三，是青岛市政治、旅游、文化、商贸、金融、科技中心。

县（2020 年山东省城镇体系Ⅰ型城镇规模），商河县（2020 年山东省城镇体系Ⅱ型城镇规模），原黄岛区（2012 年与胶南市合并为黄岛区，黄岛区是第 9 个国家级新区），枣庄市中区（老城区），青岛市南区。7 区县计划有效样本需达 456 个以上。61 万—80 万人口的区县人口占省人口总量约 27.64%，样本在 61 万—80 万人口数量级的县区有 3 个，分别是莱西市（县级市、2020 年山东省城镇体系Ⅰ型城镇规模小城市）、临沂经济技术开发区（2003 年原河东区与临沭县占地现批注为临沂国家级经济技术开发区）、济南历下区。3 区县有效样本需达 553 个以上。81 万—100 万人口的区县人口占省人口总量约 22.76%。样本在 81 万—100 万人口数量级的县区有 3 个，分别是胶南市（胶南市与原黄岛区合并为黄岛区），莱州市（县级市、2020 年山东省城镇体系中等城市），高密县（国务院批准的山东半岛沿海开放重点县市之一，全国科技创新示范县，辖 1 个开发区、1 个高新区、3 个街道、1 个工业区、7 个镇、一个物流园区，2020 年山东省城镇体系中等城市规模水平）。3 区县计划有效样本达 456 个以上。101 万—120 万人口的区县人口占省人口总量约 11.60% ，样本在 101 万—120 万人口数量级的县区有 2 个，是章丘区（济南新增辖区，2016 年年底撤县级市划区，2020 年山东省城镇体系中等城镇规模），潍坊的寿光（县级市，2020 年山东省城镇体系中等城市规模水平）。2 区县计划有效样本达 232 个以上。121 万以上人口的区县人口占省人口总量约 9.50%，样本在 121 万以上人口数量级的县区有 2 个，分别是东昌府区（老城区）与滕州市（县级市、2020 年山东省城镇体系中等城镇规模水平）。2 区县计划有效样本达 190 个以上。抽样地、市、区、县的有效样本分布比例表与抽样地市相应废卷率如表 6 和表 7 所示。

表 6　抽样地市、区县的有效样本分布比例表

地级市	县（或县级市）	区
济南	商河县（15.10%）	章丘（15.10%）、历下区（30.13%）
临沂	蒙阴县（19.37%）	开发区（80.63%）
烟台	莱州市（76.47%）	牟平（23.53%）
青岛	莱西市（25.27%）	黄岛新区（46.84%）、市南区（27.89%）

续表

地级市	县（或县级市）	区
潍坊	高密（49.39%）	寿光（50.61%）
聊城	东阿县（49.22%）	东昌府区（50.78%）
枣庄	滕州市（59.41%）	市中区（40.59%）
东营	广饶县（55.04%）	河口区（44.96%）

表7　抽样地市相应废卷率

	有效数	废卷率	实发问卷量
济南	402	6.51%	430
青岛	554	6.89%	595
东营	127	0.78%	128
潍坊	233	10.73%	261
枣庄	168	9.19%	185
临沂	381	15.14%	449
聊城	166	0.59%	167
烟台	285	3.72%	296
合计	2316	7.77%	2511

四、第三阶段：以街道为抽样单位

考虑到街道（乡镇）所辖社区（村）的数量、单位类别及人口规模，在所选区县抽取街道如下。

历下区：千佛山街道、趵突泉街道、泉城路街道、东关街道、舜华街道、山大路街道、姚家街道。

临沂开发区：芝麻墩街道、朝阳街道、梅家埠街道。

蒙阴：蒙阴街道、高都镇。

莱西：开发区、河头店镇。

黄岛新区：黄岛街道、胶南街道、滨海街道、珠海街道、珠山街道。

商河：孙集镇。

高密：醴泉街道、密水街道。

寿光：古城、洛城街道。

滕州：北辛街道、荆河街道、龙泉街道。

枣庄市中区：光明路街道、文化路街道、齐村镇、各塔埠街道、兴城街道。

章丘：双山街道、曹范镇、官庄镇。

牟平：宁海街道、大窑街道。

莱州：金仓街道、永安路街道、城港路街道、驿道镇、程郭镇、柴朋镇。

市南区：中山路街道、香港中路街道、江苏路街道、湛山街道。

广饶：广饶街道、开发区、李鹊镇。

河口：河口街道。

东昌府区：闫寺街道、柳园街道、堂邑镇、郑家镇。

东阿：大桥镇、新城街道、铜城街道。

五、第四阶段：整体平衡样本分布

按照山东省及各区县所辖街道的社区（村）、企业等不同类型单位的人口分布特征，平衡样本在人口学特征上的分布比例，使样本更具代表性。

六、样本有效性检验

参考2018—2020年《山东人口统计年鉴》、2010年全国第6次人口普查数据等的典型人口学特征，将山东省人口分布现状与实际抽样比例进行统计（见表8）。

表8　山东省人口分布与实际抽样比例

人口特征		山东省人口分布现状（%）	实收有效样本比例（%）
居住地	市镇人口［对应问卷中的镇/县（市）居住地之和］	48.08	50.79
	农业人口（对应问卷中的农村居住地）	51.92	49.21
年龄	29岁以下	21.69	22.21
	30—39岁	18.80	22.34
	40—49岁	23.01	21.25

续表

人口特征		山东省人口分布现状（%）	实收有效样本比例（%）
年龄	50—59岁	16.51	17.04
	60—69岁	11.82	10.44
	70—79岁	5.76	5.18
	80—89岁	2.16	1.38
	90岁以上	0.24	0.17
性别	男	50.98	52.84
	女	49.02	47.16
行业	务农（包含专职与不定期从事其他劳动的兼职务农者）	57.93	39.61
	个体	5.08	8.39
	私营企业	8.13	11.60
	国有企业	5.61	9.97
	非就业人口（包含学生、失业人口、待就业人员等）	0.06	0.96
	机关、事业单位与社会非营利组织	9.63	12.27
	其他单位共计（股份合作单位、联营单位、有限责任公司、股份有限公司、港澳台商投资单位、外商投资单位、村办企业、现役军人）	7.27	9.57
	离退休人员	6.29	7.68
受教育程度	小学以下	2.14	2.25
	小学	15.10	10.10
	初中	26.50	24.08
	高中	30.06	23.58
	大学专科	12.81	16.19
	本科	12.42	20.28
	研究生	0.87	3.51

注：常住人口包括居住在本乡镇街道、户口在本乡镇街道或户口待定的人；居住在本乡镇街道、离开户口所在的乡镇街道半年以上的人；户口在本乡镇街道、外出不满半年或在境外工作学习的人。

将典型人口学特征下的山东省人口分布现状与有效样本分布进行对比，采用配对样本 t 检验。所有变量组别下的 P 值都大于0.05，各人口学特征下的目标抽样比例和实际抽样比例都不存在显著性差异；经检验，抽样有效（见表9）。

表9 抽样总量各变量比例与目标总量各变量比例的卡方检验

人口特征	居住地	年龄	性别	行业	受教育程度
P Sig.(2—tailed)	0.157	0.229	0.157	0.229	0.227

主要参考文献

一、中文著作

[1] 白贵，徐博. 财政学 [M]. 北京：中国财政经济出版社，2013.

[2] 边燕杰. 关系社会学理论与研究 [M]. 北京：社会科学文献出版社，2011.

[3] 蔡志东. 现代科技概览 [M]. 南京：东南大学出版社，2010.

[4] 曹凤云，江力方. 农村社会学 [M]. 上海：上海三联书店，2005.

[5] 陈淑君，李秉坤，陈建梅. 社会保障理论与政策研究 [M]. 北京：中国财富出版社，2016.

[6] 陈淑君. 社会保障研究 [M]. 北京：中国物资出版社，2010.

[7] 陈银娥，潘胜文. 社会福利 [M]. 北京：中国人民大学出版社，2009.

[8] 褚福灵，宋连辉. 劳动和社会保障概论 [M]. 北京：中国劳动社会保障出版社，2005.

[9] 崔亚伟，梁启斌，赵由才. 可持续发展低碳之路 [M]. 北京：冶金工业出版社，2012.

[10] 杜金富. 政府财政统计学 [M]. 北京：中国金融出版社，2008.

[11] 方然. "社会资本"的中国本土化定量测量与评价研究 [M]. 北京：社会科学文献出版社，2014.

[12] 高雪莲，周波. 政策评价 [M]. 北京：中国标准出版社，2009.

[13] 郭爱妹，张戌凡. 多学科视野下的农村社会保障研究 [M]. 广州：中山大学出版社，2011.

[14] 郭崇德. 社会保障学概论 [M]. 北京：北京大学出版社，1992.

[15] 郭小东. 社会保障理论与实践 [M]. 广州：广东经济出版社，2014.

[16] 国家统计局人口和就业统计司，人力资源和社会保障部规划财务司. 中国劳动统计年鉴 [M]. 北京：中国统计出版社，2015.

[17] 国家卫生计生委统计信息中心. 2013 第五次国家卫生服务调查分析报告 [M]. 北京：中国协和医科大学出版社，2015.

[18] 国务院办公厅政府信息与政务公开办公室. 国务院大众创业 万众创新政策选编 [M]. 北京：人民出版社，2015.

[19] 国务院法制办公室. 中华人民共和国新法规汇编 [M]. 北京：中国法制出版社，2015.

[20] 海曼. 财政学理论在当代美国和中国的实践应用 [M]. 北京：北京大学出版社，2011.

[21] 郝书辰，董西明. 新时期农村社会保障制度研究 [M]. 北京：经济科学出版社，2008.

[22] 侯文若. 现代社会保障学 [M]. 北京：红旗出版社，1993.

[23] 黄君录. 形势与政策 [M]. 苏州：苏州大学出版社，2007.

[24] 金海和. 社会保障制度中的政府责任研究：基于理论与中国实践的思考 [M]. 呼和浩特：内蒙古大学出版社，2009.

[25] 靳小怡，任义科，杜海峰. 农民工社会网络与观念行为变迁 [M]. 北京：社会科学文献出版社，2014.

[26] 匡莉. 公立医院规模持续扩张机制与调控策略理论模型与实证研究 [M]. 广州：中山大学出版社，2011.

[27] 李惠斌，杨雪冬. 社会资本与社会发展 [M]. 北京：社会科学文献出版社，2000.

[28] 李培林. 社会体制改革理论与实践 [M]. 北京：社会科学文献出版社，2013.

[29] 林雪贞. 劳动法与社会保障法理论、图表与案例 [M]. 北京：法律出版社，2015.

[30] 刘保恩，周绿林. 社区卫生管理学 [M]. 南京：东南大学出版社，2003.

[31] 柳平生. 当代马克思主义经济正义理论及其实践价值 [M]. 北京：社

会科学文献出版社，2015.

[32] 龙兴海. 农村公共服务研究 [M]. 长沙：湖南人民出版社，2009.

[33] 陆杨，王毅. 文化研究导论 [M]. 上海：复旦大学出版社，2015.

[34] 罗艳菊. 休闲学概论 [M]. 哈尔滨：哈尔滨工程大学出版社，2012.

[35] 宁薛平，周新辉. 中国住房消费信贷与居民幸福指数 [M]. 北京：社会科学文献出版社，2011.

[36] 潘允康. 中国民生问题中的结构性矛盾研究 [M]. 北京：北京大学出版社，2015.

[37] 彭华民. 社会福利与需要满足 [M]. 北京：社会科学文献出版社，2008.

[38] 秦启文. 公共关系心理学 [M]. 上海：华东师范大学出版社，2002.

[39] 全国干部培训教材编审指导委员会. 社会保障制度建设 [M]. 北京：人民出版社，2006.

[40] 杨燕绥. 劳动和社会保障法 [M]. 北京：中国劳动社会保障出版社，2005.

[41] 沈颢，卡玛·尤拉. 国民幸福：一个国家发展的指标体系 [M]. 北京：北京大学出版社，2011.

[42] 石玉亭，周克全. 政府经济管理理论与实践 [M]. 北京：国家行政学院出版社，2007.

[43] 宋贤卓. 中国经济发展软环境理论研究 [M]. 北京：中国社会科学出版社，2006.

[44] 孙健敏. 幸福社会：提升幸福感的多元视角 [M]. 北京：中国人民大学出版社，2014.

[45] 陶德胜，李世明，张正炎. 大学生职业规划与就业创业指导 [M]. 苏州：苏州大学出版社，2015.

[46] 李惠斌，杨雪冬，社会资本与社会发展 [M]. 北京：社会科学文献出版社. 2000.

[47] 王曼，白玉苓. 消费者行为学 [M]. 北京：机械工业出版社，2014.

[48] 王五一. 中国区域环境健康与发展综合分析 [M]. 北京：中国环境出版社，2014.

[49] 伍第政. 科学发展观基本知识手册［M］. 南昌：江西人民出版社，2009.

[50] 邢占军. 公共政策导向的生活质量评价研究［M］. 济南：山东大学出版社，2011.

[51] 邢占军. 中国幸福指数报告（2011—2015）［M］. 北京：社会科学文献出版社，2018.

[52] 邢占军. 测量幸福［M］. 北京：人民出版社，2005.

[53] 杨雄，李煜. 社会学理论前沿［M］. 上海：上海社会科学院出版社，2016.

[54] 张冠梓，季为民. 国情调研（2010—2011）（上）［M］. 济南：山东人民出版社，2012.

[55] 张金良，郭新彪. 居住环境与健康［M］. 北京：化学工业出版社，2004.

[56] 张连城，张平，杨春学. 中国城市生活质量报告［M］. 北京：社会科学文献出版社，2015.

[57] 张宇，卢荻. 当代中国经济［M］. 北京：中国人民大学出版社，2007.

[58] 赵昌军. 经济观察与思考［M］. 北京：中国经济出版社，2016.

[59] 赵亮员. 幸福社会建设［M］. 北京：国家行政学院出版社，2014.

[60] 郑功成. 社会保障学——理念、制度、实践与思辨［M］. 北京：商务印书馆，2008.

[61] 郑杭生. "大民政"的理论和实践与"中国经验"的成长：夯实中国特色世界城市基础的"北京经验"［M］. 北京：中国社会出版社，2011.

[62] 中共中央国务院. "健康中国 2030"规划纲要［M］. 北京：人民出版社，2016.

[63] 中国经济实验研究院. 中国城市生活质量报告（2014）［M］. 北京：社会科学文献出版社，2014.

[64] 中华人民共和国年鉴编辑部. 中华人民共和国年鉴［M］. 北京：中华人民共和国年鉴社，2005.

[65] 周晓虹. 现代西方社会心理学流派［M］. 南京：南京大学出版社，1990.

［66］周长城，柯燕. 客观生活质量：现状与评价——以澳门特区为例［M］. 北京：社会科学文献出版社，2008.

［67］朱敖荣. 卫生管理学基础［M］. 长春：吉林科学技术出版社，1985.

［68］朱光辉. 和田绿洲城市的崛起［M］. 济南：山东人民出版社，2014.

二、外文译著

［1］阿玛蒂亚·森，玛莎·努斯鲍姆. 生活质量［M］. 龚群，译. 北京：社会科学文献出版社，2008.

［2］安德列耶娃. 西方现代社会心理学［M］. 李翼鹏，译. 北京：人民教育出版社，1987.

［3］查理·芒格. 穷查理宝典［M］. 李继宏，译. 上海：上海人民出版社，2010.

［4］丹尼斯·米都斯. 增长的极限：罗马俱乐部关于人类困境的报告［M］. 李宝恒，译. 吉林：吉林人民出版社，1997.

［5］阿兰·图海纳. 行动社会学：论工业社会［M］. 卞晓平，狄玉明，译. 北京：社会科学文献出版社，2012.

［6］埃米尔·涂尔干. 社会分工论［M］. 渠东，译. 北京：生活·读书·新知三联书店，2000.

［7］安东尼·吉登斯. 第三条道路：社会民主主义的复兴［M］. 郑弋，译. 北京：北京大学出版社，2000.

［8］庇古. 福利经济学［M］. 金镝，译. 北京：华夏出版社，2007.

［9］弗雷德·鲍威尔. 国家、福利与公民社会［M］. 陈家刚，译. 上海：上海三联书店，2003.

［10］格德门德尔·阿尔弗雷德松. 世界人权宣言［M］. 中国人权研究会，译. 成都：四川人民出版社，1999.

［11］卡尔·马克思. 资本论（第 1 卷）［M］. 中共中央马恩列斯著作编译局，译. 北京：人民出版社，2004.

［12］皮埃尔. 布迪厄，华康德. 实践与反思：反思社会学导引［M］. 李猛，李康，译. 北京：中央编译出版社，1998.

［13］乔纳森·弗里德曼．文化认同与全球性过程［M］．郭建如，译．北京：商务印书馆，2003.

［14］上野千鹤子．近代家庭的形成和终结［M］．吴咏梅，译．北京：商务印书馆，2004.

［15］世界环境与发展委员会．我们共同的未来［M］．国家环保局外事办公室，译．北京：世界知识出版社，1980.

［16］沃尔夫冈·查普夫．现代化与社会转型［M］．陆宏成，陈黎，译．北京：社会科学文献出版社，1998.

［17］亚当·斯密．国富论［M］．谢宗林，李华夏，译．北京：中央编译出版社，2011.

［18］约翰·洛夫兰德，等．分析社会情境：质性观察与分析方法［M］．林小英，译．重庆：重庆大学出版社，2009.

三、期刊、学位论文

［1］白宇．中国人口生活质量现状：基于五普数据及 PQLI 指标［J］．江苏社会科学，2007（s1）：76-78.

［2］包一玫．生活质量：主观指标与客观指标耦合［J］．内蒙古统计，2007（5）：20-22.

［3］贲远．关于我国机关事业单位职业年金的探究［J］．品牌，2015（12）：293-294.

［4］陈建文，王滔．社会适应与心理健康［J］．西南师范大学学报（人文社会科学版），2004（3）：34-39.

［5］陈那波，卢亚伟．中国事业单位精细化监管模式构建［J］．中国行政管理，2010（9）：113-117.

［6］陈淑君，马保生．黑龙江省社会保障发展现状及对策研究［J］．哈尔滨商业大学学报（社会科学版），2016（4）：82-89.

［7］崔晶，宋红美．城镇化进程中地方政府治理策略转换的逻辑［J］．政治学研究，2015（2）：55-68.

［8］戴建兵，曹艳春．论我国适度普惠型社会福利制度的构建与发展［J］．

华东师范大学学报（哲学社会科学版），2012（1）：26-31.

[9] 杜治政．生物—心理—社会医学模式的实践与医学整合［J］．医学与哲学，2009（17）：1-5.

[10] 范柏乃．我国城市居民生活质量评价体系的构建与实际测度［J］．浙江大学学报（人文社会科学版），2006（4）：122.

[11] 方巍．发展型社会政策的重新审视［J］．学习与实践，2012（9）：66-73.

[12] 冯兰刚，赵国杰，魏晓瑞．农村居民幸福指数研究及路经选择——以山东省为例［J］．河北经贸大学学报，2015（4）：82-86.

[13] 冯泽昀，王海银，杨晓娟，等．芬兰医疗卫生体制经验及对我国的启示［J］．中国医院管理，2016（10）：78-80.

[14] 弗雷德·鲍威尔，何文辉．国家、福利与公民社会［J］．马克思主义与现实，2003（2）：60-69.

[15] 龚玲，王鑫强，齐晓栋．情绪调节策略与生活满意度的关系：人际关系的中介作用［J］．西南师范大学学报（自然科学版），2013（6）：145-149.

[16] 龚秀全，高菁颖．中国社会医疗保险管理应谨慎私有化——基于美国 Medicare 私人计划改革的经验［J］．毛泽东邓小平理论研究，2017（2）：101-107.

[17] 国家统计局课题组，章国荣，盛来运，王冉．中国农民工生活质量指数评价研究［J］．统计研究，2007（2）：3-8.

[18] 国务院：建立全国统一城乡居民基本养老保险制度［J］．决策导刊，2014（2）：10.

[19] 何平，李实，王延中．中国发展性福利体系的公共财政支持研究［J］．财政研究，2009（6）：2-11.

[20] 何少锋．马鞍山市公立医院改革的做法及体会［J］．卫生经济研究，2011（5）：7-9.

[21] 何雪松，杨超．共享发展：宏观社会工作的当代取向［J］．学习与探索，2016（7）：46-49.

[22] 贺买宏，王林，贺加，巘怡．我国卫生资源配置状况及公平性研究

[J]．中国卫生事业管理，2013（3）：197-199.

［23］侯小伏，牛千．社会养老与医疗保险参与现状与效果评价——来自2017年山东省城乡居民的调查［J］．东岳论丛，2018（3）：118.

［24］胡芳．荷兰生活质量指标体系及对我国的启示［J］．社会工作与管理，2007（1）：20-22.

［25］黄立清，邢占军．幸福指数量表在我国内地城市居民中的初步试用研究［J］．中华行为医学与脑科学杂志，2005（5）：464-465.

［26］黄银丰．德国以租赁繁荣促住房市场稳定的良好做法［J］．时代金融，2016（17）：209.

［27］黄增付．土地经营权流转与乡村秩序整合［J］．南京农业大学学报（社会科学版），2018（1）：94-105.

［28］纪竹荪．我国国民生活质量统计指标体系的构建［J］．统计信息与论坛，2003（4）：16-17.

［29］建设部政策研究中心课题组．全面小康社会的居住目标［J］．中国科技产业，2004（7）：37.

［30］景天魁．民生建设的“中国梦”：中国特色福利社会［J］．探索与争鸣，2013（8）：4-10.

［31］卡玛·乌拉，永年．非物质导向的不丹国民幸福指数［J］．博鳌观察，2013（3）：71.

［32］康君，刘珍．荷兰生活质量指标研究的新进展［J］．东岳论丛，2013（6）：71-76.

［33］柯燕，梅志罡．澳门生活质量指标体系的构建［J］．统计与决策，2007（12）：65-67.

［34］李建秋．国有资产股权划转养老保险基金的效应分析［J］．福建农林大学学报（哲学社会科学版），2016（4）：61-66.

［35］李君如．马克思主义中国化政治经济学的最新成果——十八届五中全会的重大理论贡献［J］．理论与改革，2016（1）：1-6.

［36］李雪章，李维昌．马克思恩格斯的思想政治教育利益观论析［J］．思想理论教育导刊，2016（4）：53-57.

[37] 李勇，朱浩. 社会事业积分评价制度的探索 [J]. 浙江社会科学，2016 (7)：90-97.

[38] 李越，崔红志. 农村老年人口主观生活质量与客观生活质量差异及形成机理的实证分析——基于对江苏省姜堰市坡岭村农户问卷调查的数据 [J]. 农村经济，2013 (12)：6-10.

[39] 李桢业. 城市居民幸福指数的省际差异——沿海地区12省（区、市）城市居民统计数据的实证分析 [J]. 社会科学研究，2008 (3)：41-48.

[40] 李正龙. 居民生活质量的统计分析与综合评价 [J]. 安徽大学学报(哲学社会科学版)，2008 (1)：102-107.

[41] 林洪，李玉萍. 国民幸福总值（GNH）的启示与国民幸福研究 [J]. 当代财经，2007 (5)：14-17.

[42] 林卡. 社会质量理论：研究和谐社会建设的新视角 [J]. 中国人民大学学报，2010 (2)：105-111.

[43] 林闽钢. 福利多元主义的兴起及其政策实践 [J]. 社会，2002 (7)：36-37.

[44] 林闽钢. 西方“福利社会”的理论和实践——兼论构建中国式的“福利社会”[J]. 江苏社会科学，2010 (4)：46-51.

[45] 林晓珊. 浙江城市居民生活质量的区域差异：一项基于客观指标的聚类分析 [J]. 西北人口，2010 (3)：95-100.

[46] 林志群. 联合国《住房指标调研项目》成果简介（一）[J]. 中国房地产，1994 (2)：8-14.

[47] 刘小康. 新一轮事业单位改革“纯化”取向的反思 [J]. 北京行政学院学报，2013 (1)：18-23.

[48] 刘一颖. 当前我国公民政治参与研究 [J]. 网络财富，2010 (11)：42-43.

[49] 刘应杰. 德国房价不涨的调控经验 [J]. 人民论坛，2012 (s1)：44-46.

[50] 刘雍潜，杨现民. 大数据时代区域教育均衡发展新思路 [J]. 电化教育研究，2014 (5)：11-14.

[51] 刘渝琳，王路，赵卿．中国老年人口生活质量评价指标体系的构造[J]．重庆大学学报（自然科学版），2005（8）：154-158.

[52] 刘钊，娄成武．我国部分城市事业单位分类体制改革方案的文本分析[J]．东北大学学报（社会科学版），2013（1）：62-67.

[53] 楼苏萍，王佃利，曹现强．山东省城市公共服务绩效调查和问题研究[J]．机构与行政，2016（8）：8-13.

[54] 卢淑华，韦鲁英．生活质量主、客观指标作用机制研究 [J]．中国社会科学，1992（1）：121-136.

[55] 栾美薇．劳动就业存在的问题及对策分析 [J]．边疆经济与文化，2016（10）：47-49.

[56] 罗萍，姜星莉．试论生活质量评估的客观指标、主观指标及主、客观指标辐合趋势 [J]．市场与人口分析，2002（2）：50-56.

[57] 马晓静，王小万，郑英，等．居民健康指标体系研究 [J]．医学与哲学，2008（21）：4-5.

[58] 马晓燕，国忠金，陈涛，李嫦虹．基于集对分析的城市居民幸福指数测评——以济南、青岛、泰安、滨州为例 [J]．数学的实践与认识，2011（22）：7-15.

[59] 孟慧新，Miguel A. Salazar，胡晓江．农民工的权利观、剥夺感与社会参考框架 [J]．学海，2013（3）：72-84.

[60] 孟学峰，柴林涛，刘珍．基于输出型指标的生活质量评价研究 [J]．调研世界，2012（3）：38-41.

[61] 牛千，邢占军．幸福指数输出型指标体系探索性建构：基于文献研究及质性访谈 [J]．南京社会科学，2017（8）：82.

[62] 潘屹．中国道路与中国特色福利制度建设研究 [J]．社会科学辑刊，2016（5）：21-28.

[63] 彭华民，黄叶青．福利多元主义：福利提供从国家到多元部门的转型[J]．南开学报（哲学社会科学版），2006（6）：40-48.

[64] 彭念一，李丽．我国居民生活质量评价指标与综合评价研究 [J]．湖南大学学报（社会科学版），2003（5）：22.

[65] 钱雪飞. 统分结合测量与评价居民幸福指数 [J]. 南通大学学报（社会科学版），2010（3）：64-69.

[66] 曲夏夏，邢占军. 和谐社会构建进程中生活质量的提升：发展的视角 [J]. 山东社会科学，2014（4）：77-79.

[67] 曲夏夏. 生活质量提升与和谐社会构建 [J]. 理论导刊，2013（11）：78-80.

[68] 全面建设小康社会统计监测课题组. 2007 年中国全面建设小康社会进行监测报告 [J]. 统计研究，2009（1）：5-9.

[69] 上海市城市社会经济调查队课题组. 城市居民生活质量评价指标体系的构建 [J]. 上海统计，2002（12）：18.

[70] 尚晓援. “社会福利”与“社会保障”再认识 [J]. 中国社会科学，2001（3）：113-121.

[71] 孙喜成，赵海燕. 浅析促进我国农民增收的必要性与措施 [J]. 商场现代化，2010（13）：173-174.

[72] 孙秀林，梁海祥. 社会质量测量与评价指标的信度与效度分析——以社会经济保障维度为例 [J]. 江海学刊，2014（6）：105-109.

[73] 田凯. 关于社会福利的定义及其与社会保障关系的再探讨 [J]. 上海社会科学院学术季刊，2001（1）：157.

[74] 万国威. 我国社会福利制度的理论反思与战略转型 [J]. 中国行政管理，2016（1）：15-22.

[75] 汪杨. O2O，商业革命的春天 [J]. 金融经济，2014（3）：5.

[76] 王春萍. 基于公理化方法的贫困评价与度量研究 [J]. 社会科学辑刊，2007（2）：72-75.

[77] 王国新. 城市生活品质客观评价指标体系构建与运用——基于杭州和南京的比较研究 [J]. 经济地理，2009（9）：1484.

[78] 王庆石，马怡宁. 统计指标的客观性与主观性 [J]. 统计与决策，1993（5）：30-31.

[79] 王素英. 健全社会福利制度　发展社会福利事业 [J]. 社会福利，2013（3）：6-7.

[80] 王芝华. 构建包容性社会政策价值取向的四个维度 [J]. 求实，2016 (9)：54-61.

[81] 王志章，韩佳丽. 农业转移人口市民化的公共服务成本测算及分摊机制研究 [J]. 中国软科学，2015 (10)：101-110.

[82] 王智慧，李卫平. 2008 年奥运会对北京市民幸福指数相关指标的影响 [J]. 北京体育大学学报，2009 (3)：15-19.

[83] 王卓祺，雅伦·获加. 西方社会政策概念转变及对中国福利制度发展的启示 [J]. 社会学研究，1998 (5)：46-52.

[84] 温海红，王怡欢. 社区养老服务政策实施效果评价体系构建及其应用——以西安市为例 [J]. 社会保障研究，2017 (1)：14-22.

[85] 吴斌才. 多重属性、混合供给与公益事业单位改革取向 [J]. 重庆社会科学，2016 (2)：55-59.

[86] 吴东民，谢静. 文化生活质量指标体系的构建与测试研究 [J]. 学习与实践，2012 (3)：116-122.

[87] 吴继霞，黄希庭. 诚信结构初探 [J]. 心理学报，2012 (3)：354-368.

[88] 吴忠民. 贫困问题与当代中国的贫困 [J]. 文史哲，1999 (6)：97-102.

[89] 肖巍，钱箭星. 公平的发展：2015 后议程之“钥” [J]. 复旦学报 (社会科学版)，2015 (5)：131-138.

[90] 邢伟. 社会事业也要转变发展方式 [J]. 中国发展观察，2012 (5)：34-36.

[91] 邢占军，高红，王吉刚. 对我国居民政治生活质量评价的思考 [J]. 西北农林科技大学学报 (社会科学版)，2014 (1)：143-150.

[92] 邢占军，李莎. 生活质量视角下的社会凝聚研究 [J]. 社会科学研究，2011 (2)：120-124.

[93] 邢占军，刘珍，吕林. 基于输出型指标的我国公民幸福指数评价研究 [J]. 山东社会科学，2015 (6)：37-44.

[94] 邢占军，王宪昭，焦丽萍等. 几种常用自陈主观幸福感量表在我国城市居民中的试用报告 [J]. 健康心理学杂志，2002 (5)：325-326.

[95] 邢占军，张秀吉. 社区化建设中的农民生活质量研究——以山东省齐河县为例 [J]. 求索，2011 (4)：72-74.

[96] 邢占军，赵晏. 以公共政策为导向的加拿大生活质量指标体系研究 [J]. 山东社会科学，2011 (1)：30-35.

[97] 邢占军. 国民幸福：执政理念与评价指标 [J]. 中共杭州市委党校学报，2007 (3)：4-6.

[98] 邢占军. 焦虑之下的幸福指数 [J]. 探索与争鸣，2012 (7)：13-15.

[99] 邢占军. 幸福指数的指标体系构建与追踪研究 [J]. 数据，2006 (8)：10-12.

[100] 邢占军. 主观幸福感测量与评价研究综述 [J]. 心理科学，2002 (3)：336-338.

[101] 邢占军，牛千. 获得感：供需视阈下共享发展的新标杆 [J]. 理论学刊，2017 (5)：107-112.

[102] 熊跃根. 如何从比较的视野来认识社会福利与福利体制 [J]. 社会保障研究，2008 (1)：87-102.

[103] 徐建平. 解读《信息惠民国家试点城市工作意见》[J]. 中国建设信息化，2015 (9)：8-9.

[104] 徐乐. 当代中国公民政治参与现状分析 [J]. 法制博览，2016 (5)：132-133.

[105] 徐仲安，张晓林，刘双艳. 中国农村居民幸福指标体系的构建——以四川省茂县为案例 [J]. 中央民族大学学报（哲学社会科学版），2013 (1)：31-37.

[106] 许欣欣. 中国城镇居民贫富差距演变趋势 [J]. 社会学研究，1999 (5)：68-76.

[107] 严国萍. 当代中国碎片化社会福利体制的形成与突破 [J]. 中国行政管理，2014 (7)：25-30.

[108] 燕丽娜. 从社会分层看我国社会福利体系的完善 [J]. 兰州学刊，2011 (1)：191-195.

[109] 杨金侠. 公共卫生服务均等化不能缺位 [J]. 中国卫生，2017 (3)：34-35.

[110] 杨京英，何强，于洋. OECD 生活质量指数统计方法与评价研究 [J]. 统计研究，2012 (12)：18-23.

[111] 姚云云，刘金良. 我国社会福利发展诉求与政策回应——基于发展性福利政策的选择 [J]. 西安电子科技大学学报 (社会科学版)，2013 (1)：18-23.

[112] 尹逊涛. 我国发展绿色贸易必要性之浅析 [J]. 商业经济，2005 (9)：111-112.

[113] 游春. 事业单位推行职业年金制度的几个问题 [J]. 保险研究，2012 (10)：123-127.

[114] 郁建兴，何子英. 走向社会政策时代：从发展主义到发展型社会政策体系建设 [J]. 逻辑学研究，1997 (6)：28-36.

[115] 张凤珍，李卫平，谢忠萍. 现代社会体育与提升国民幸福指数关系初探 [J]. 体育与科学，2007 (5)：57-58.

[116] 张建平. 我国环境污染治理投资状况亟待改变 [J]. 中国投资，1996 (8)：28-30.

[117] 张建育，贺小华. 大学生情绪调节自我效能感、人际关系困扰和主观幸福感的关系 [J]. 赣南师范学院学报，2016 (2)：110-113.

[118] 张藕香. 农户分化视角下防止流转土地“非粮化”对策研究 [J]. 中州学刊，2016 (4)：49-54.

[119] 张汝伦. 经济全球化和文化认同 [J]. 哲学研究，2001 (2)：17-24.

[120] 张贤明，王丹宏. 论改革发展成果共享的三重特性 [J]. 理论探讨，2015 (5)：5-9.

[121] 张勇. 我国居民客观生活质量现状评价 [J]. 学术交流，2009 (5)：131-134.

[122] 赵茂林. 论生产性劳动与非生产性劳动 [J]. 理论探讨，2004 (2)：98-99.

[123] 赵明，张正军. 政府决策民众参与的困境与出路的实证分析 [J]. 四川行政学院学报，2015 (2)：48-51.

[124] 赵彦云，李静萍. 中国生活质量评价、分析和预测 [J]. 管理世界，2006 (3)：32-40.

[125] 赵晏，邢占军，李广．政府公共服务质量的评价指标测度 [J]．重庆社会科学，2011 (10)：113-120.

[126] 郑大喜，肖亚琴．新医改形势下构建我国老年人长期照护体系的思路探讨 [J]．医学与社会，2011 (3)：12-14.

[127] 郑庆东．关注教育领域综合改革 [J]．天津教育，2014 (1)：14.

[128] 郑梧桐．浅谈工会经费收缴审计监督 [J]．中国工会财会，2011 (5)：26-27.

[129] 郑逸芳，程璆，许佳贤．角色代偿意识与家庭照料对已婚女性劳动参与的影响——基于 CGSS2012 数据的实证分析 [J]．中国人力资源开发，2017 (3)：135-143.

[130] 周慧．老年人社区照顾：老龄化社会养老的有效模式 [J]．新西部(旬刊)，2013 (4)：167-168.

[131] 周沛．社会福利理论：福利制度、福利体制及福利体系辨析 [J]．国家行政学院学报，2014 (4)：80-85.

[132] 周晓焱，张建华．包容性增长视角下的中国发展性福利政策论析 [J]．西北农林科技大学学报（社会科学版），2011 (6)：113-118.

[133] 周长城，吴淑凤．建立人民生活质量指标体系的理论依据 [J]．武汉大学学报（哲学社会科学版），2001 (3)：381-384.

[134] 周长城，刘红霞．生活质量指标构建及其前沿述评 [J]．山东社会科学，2011 (1)：26-29.

[135] 周长城，饶权．政策层面的生活质量指标体系 [J]．江苏社会科学，2002 (1)：177-181.

[136] 朱成全，汪毅霖．自由发展视野下幸福指数体系的构建 [J]．南京社会科学，2009 (11)：97-102.

[137] 杜波．基于公共政策的生存环境质量评价指标体系构建与应用研究 [D]．济南：山东大学，2012.

[138] 高红．中国居民政治生活质量指标体系的构建研究 [D]．济南：山东大学，2013.

[139] 李莎．基于公共政策的社会生活质量指标体系构建与应用研究 [D].

济南：山东大学，2012.

［140］李晓壮．地方政府社会建设绩效评估研究［D］．北京：北京工业大学，2012.

［141］刘珍．公共政策视角下的输出型生活质量指标体系构建研究［D］．济南：山东大学，2012.

［142］任刚成．个案工作方法在老年人精神关爱方面的研究［D］．沈阳：辽宁大学，2015.

［143］万国威．社会福利转型下的福利多元建构：兴文县留守儿童的实证研究［D］．天津：南开大学，2013.

［144］王晓晨．中国基础教育均衡发展问题研究［D］．长春：吉林大学，2015.

［145］臧其胜．态度、行动与结构：福利中国的演进逻辑［D］．南京：南京大学，2014.

［146］张姣姣．城市独居老人生活质量评价指标体系构建研究［D］．杭州：杭州师范大学，2012.

［147］张蕾．社会凝聚评价指标体系的构建及其应用研究［D］．济南：山东大学，2013.

［148］周士义．公共政策导向的经济生活质量指标体系的构建及其应用研究［D］．济南：山东大学，2012.

［149］邹珺．合作医疗的制度分析［D］．北京：中国社会科学院研究生院，2003.

四、外文文献

［1］U. Bronfenbrenner. The ecology of human development：Experiments by nature and design［M］．Cambridge，MA：Harvard University Press，1979.

［2］M. Castells. The urban question：A Marxist approach［M］．London：MIT Press，1977.

［3］John Rawls. A theory of justice［M］．The Belknap Press of Harvard University，1999.

［4］N. Johnson. Mixed economies of welfare：A comparative perspective

[M]. Prentice Hall Europe, 1999.

[5] Midgley James. Social welfare in global context [M]. London: Sage Publications, 1997.

[6] W. C. Runciman. Relative deprivation and social justice: A study of attitudes to social inequality in twentieth-century England [M]. Berkeley and Los Angeles: University of California Press, 1966.

[7] Baumeisterrf, Campbelljd, Kruegerji, et al. Psychological science in the public interest: Does high self-esteem cause better performance, interpersonal success, happiness, or healthier lifestyles [J]. Psychological Science in the Public Interest, 2011 (3): 1-44.

[8] M. Bishop. Quality of life and psycho-social adaptation to chronic illness and disability: Preliminary analysis of a conceptual and theoretical synthesis [J]. Journal of Rehabilitation, 2005 (4): 230-248.

[9] Blau Peter, Duncan Otis Dudley. The American occupational structure [J]. American Journal of Sociology, 1967 (2): 296.

[10] Donald G. Reid, Roger C. Mannel. Leisure and youth unemployment: A Canadian example [J]. World Leisure & Recreation, 1997 (4): 10-13.

[11] G. L. Engel. The need for a new medical model: A challenge for biomedicine [J]. Dimensions of Behavior, 1977, 196: 3-21.

[12] Eunja Kim, Douglas A. Kleiber, Nancy Kropf. Leisure activity, ethnic preservation, and cultural integration of older Korean Americans [J]. Journal of Gerontological Social Work, 2002, 36 (1-2): 107-129.

[13] B. L. Fredrickson, T. Joiner. Positive emotions trigger upward spirals toward emotional well-being [J]. Psychological Science, 2002, 13 (2): 172.

[14] H. B. G. Ganzeboom, P. M. D. Graaf, D. J. Treiman. A standard international social-economic index of occupational status [J]. Social Science Research, 1992 (1): 1-56.

[15] N. Gilbert. Remodeling social welfare [J]. Society, 1998 (5): 8-13.

[16] H. H. Noll. Towards a European system of social indicators: Theoreti-

cal framework and system architecture [J]. Social Indicators Research, 2002 (58): 51-52.

[17] D. Keltner, G. A. Bonanno. A study of laughter and dissociation: Distinct correlates of laughter and smiling during bereavement [J]. Journal of Personality & Social Psychology, 1997 (4): 687-702.

[18] S. Nolenhoeksema, J. Larson, C. Grayson. Explaining the gender difference in depressive symptoms [J]. Journal of Personality & Social Psychology, 1999 (5): 61-72.

[19] J. Rex, R. Moore, A. Shuttleworth, et al. Race, community and conflict: A study of Spark brook [J]. American Sociological Review, 2004 (6): 1029.

[20] S. M. Shaw. Dereifying family leisure: An examination of women's and men's everyday experiences and perceptions of family time [J]. Leisure Sciences, 1992 (4): 271-286.

[21] A. Strauss, J. M. Corbin. Basics of qualitative research: Grounded theory procedures and techniques [J]. Modern Language Journal, 1990, 77 (2): 129.

[22] Ted Robert Gurr, Why men rebel [M]. Princeton: Princeton University Press, 1970.

[23] Tony Bennett. Cultural studies: A reluctant discipline [J]. Cultural Studies, 1998, 12 (4): 528-545.

[24] B. Turner. Contemporary problems in the theory of citizenship [J]. Citizenship and Social Theory, 1993 (2): 109.

[25] R. Veenhoven. The four quality of life: Ordering concepts and measures of the good life [J]. Journal of Happiness Studies, 2000 (1): 112.

[26] Yoshi Iwasaki, Ingrid E. Schneider. Leisure, stress, and coping: An evolving area of inquiry [J]. Leisure Sciences, 2003 (2-3): 107-113.

[27] Yoshitaka Iwasaki, Kelly J. Mackay, Jennifer B. Mactavish, et al. Voices from the margins: Stress, active living, and leisure as a contributor to coping with stress [J]. Leisure Sciences, 2006 (2): 163-180.